DI TIE YUN YING PING GU

地铁运营评估

王江 著

中国铁道出版社
CHINA RAILWAY PUBLISHING HOUSE

内 容 简 介

随着我国城市化进程日益加快，城市交通总量急剧增长，发展地铁是实现城市交通可持续发展战略的重要手段之一。本书通过借鉴和学习国内外城市运营管理地铁的先进理论和经验，主要从运营安全、运营服务、运营地铁法制化建设、满意度调查等方面提出对地铁运营状况进行系统评估的方法，并在实际案例中综合运用所述方法评估分析，提出合理化建议。本书适用于地铁运营管理人员、专业技术人员、大专院校的学生以及从事实际评估工作的专家参考。

图书在版编目（CIP）数据

地铁运营评估/王江著．—北京：中国铁道出版社，2008.6

ISBN 978-7-113-08988-7

Ⅰ．地…　Ⅱ．王…　Ⅲ．地下铁道运输—运营—评估

Ⅳ．U231

中国版本图书馆 CIP 数据核字（2008）第 083306 号

书　　名：地铁运营评估

作　　者：王　江

责任编辑：熊安春　杨　哲

电话：（路）021-73078　（市）010-51873078

封面设计：马会敏

责任印制：金洪泽　陆　宁

出版发行：中国铁道出版社　北京市宣武区右安门西街 8 号　邮政编码：100054

印　　刷：北京市兴顺印刷厂

版　　次：2008 年 6 月第 1 版　2008 年 6 月第 1 次印刷

开　　本：787 mm×1 092 mm　1/16　印张：17.25　字数：420 千

印　　数：1～3000 册

书　　号：ISBN 978-7-113-08988-7/U·2234

定　　价：28.00 元

序

在过去的几十年间，世界上许多国家的城市化进程日益加快，许多城市正面临着由城市规模扩张、城市功能复杂化而引起的一系列问题。就城市交通而言，随着城市人口、出行密度、出行距离与机动车保有量的不断增加，城市道路及交通工具的运能不足，已经使得城市公共交通成为居民工作和生活中的突出问题，而且成为制约城市经济发展的难题。

从全球范围来看，地铁很早就作为公共交通在城市中出现，随着科学技术和城市化的发展，地铁作为一种大容量的交通工具对于城市居民出行的重要性与日俱增。我国发展地铁的历史也并不短，早在40多年前北京就开始了地铁建设。除了北京之外，上海、广州、天津、深圳等很多城市也已经有地铁线路在运营。因此，从中国的角度来研究地铁运营评估问题，对地铁工程进行全面、科学和细致的运营情况评估，发现安全隐患、找出提高服务质量的关键，对于地铁运营公司以及行政主管部门，无疑都具有十分重要的意义。

王江博士的这本专著以介绍现代城市地铁运营评估相关理论、方法为目标，较为全面地阐述了地铁运营评估过程，特别是针对运营安全、运营服务评价指标体系的建立进行了较为详尽的研究。他总结了全球学者们创建的不同的评价方法与评价模型，并对这些方法和模型的科学性和可行性进行深入地探讨。通过这样的方式，该书将很多创新性观点和理论纳入到研究范畴中。

我非常高兴地向管理人员、专业技术人员、大专院校的学生以及从事实际评估工作的专家推荐该书。对于任何试图深入了解地铁运营评估理念和过程、任何想在地铁运营领域开拓事业的企业家来说，阅读本书也会使您受益匪浅。

深圳大学校长 章必功

2008.5.27

前　　言

随着我国社会经济的不断发展，城市化进程日益加快，许多城市正面临着由城市规模扩张、城市功能复杂化而引起的一系列问题。就城市交通而言，一方面，城市人口、出行密度、出行距离与机动车保有量不断增加，城市交通总量成急剧增长趋势；另一方面，城市道路及交通工具的运能不足，又导致交通阻塞、车速下降、乘车拥挤和事故频繁等现象出现。过饱和的城市道路，超负荷的客运交通，使得出行难、乘车难、行车难不仅成为居民工作和生活中的突出问题，而且成为制约城市经济发展的难题。

在此情况下，建设高效的公共交通系统，优先发展城市公共交通就成为缓解交通拥挤形势、实施城市经济可持续发展战略的必然选择。从我国和世界其他各国的经验来看，仅仅依靠常规公交汽车、电车，是很难提高整个公共交通系统的客流分担比重的；而地铁系统凭借其路权专用、运量大、速度快、准时、无污染的特点，不仅可以解决城市交通问题，更重要的是可以促进城市的改造和发展，逐步实现城市的可持续发展战略。

随着运营地铁的城市不断增加以及一些城市线网化运营态势的出现，为了提高运营效率、服务水平和经济效益，社会各方面对地铁运营评估的关注与重视也是前所未有的。2004 年，国务院颁布实施《国务院关于投资体制改革的决定》，要求建立项目后评价制度。考虑到地铁工程是以政府预算内资金和公共财政资金为主的建设项目，因此有必要在地铁工程建成并正式投运一段时期后，对地铁运营情况进行后评价，在总结经验教训的基础上调研论证，建立地铁工程定期运营安全报告和评估制度。

作为一种大容量的城市交通工具，地铁的开通对缓解城市的交通压力，解决居民出行难题，减少环境污染等方面做出了重要贡献。由于地铁建设于地下，具有封闭性强、起停频繁、客流量大且客源复杂、应急疏散难度大等固有特点，一旦发生事故，不仅会损坏地铁设备，而且可能造成人员伤亡，产生不良的社会影响。因此，对地铁工程进行全面、科学和细致的运营情况评估，及时发现并排除安全隐患、找出提高服务质量的关键，对于运营地铁的公司以及行政主管部门，都具有重要的意义。

本书的研究目的在于，通过借鉴和学习国内外城市运营管理地铁的先进理论和经验，主要从运营安全、运营服务、运营地铁法制化建设、满意度调查等方面对地铁运营状况进行全面系统地评估，以寻找和发现地铁运营过程中存在的问题和不足之处，最后可以提出合理化意见和建议。

本书主要从理论与经验研究结合的角度，综合运用安全系统工程理论、服务质量评价理论、满意度等相关理论和方法，采用抽样问卷调查、专家访谈等定性调查方法，又采用层次分析评价法、模糊数学分析评价法等量化评价方法，定性分析和定量分析相结合，力争使运营安全、运营服务、满意度调查、客流分析等的结果真实可信。

在本书的编写过程中，参考了大量的国内外相关书籍和论文，在此，对这些作者表示衷心的感谢。

由于地铁运营评估的研究涉及面广泛，应用分析方法各异，因此，其内容的取舍不易掌握，编写难度较大，加之著者水平有限，书中有不足之处，恳切地期待专家和读者批评指正。

目　　录

第1章 绪 论

1.1 研究背景

随着我国社会经济的不断发展,城市化进程日益加快,许多城市正面临着由城市规模扩张、城市功能复杂化而引起的一系列问题。除了人口急剧膨胀引发的就业、住房挑战之外,就城市交通而言,一方面,城市人口、出行密度、出行距离与机动车保有量不断增加,城市交通总量成急剧增长趋势;另一方面,城市道路及交通工具的运能不足,又导致交通阻塞、车速下降、乘车拥挤和事故频繁等现象出现。过饱和的城市道路,超负荷的客运交通,使得出行难、乘车难、行车难不仅成为居民工作和生活中的突出问题,而且成为制约城市经济发展的难题。此外,机动车辆产生的废气、噪声等对环境造成的污染,以及能源紧缺问题也越来越引起人们的重视[1]。

当城市社会经济可持续发展,尤其是城市道路交通面临着前所未有的压力,简单的扩建道路、增加车辆已然无法解决这一重大问题时,建设高效的公共交通系统(常规公交汽车、电车和轨道交通),优先发展城市公共交通就成为缓解交通拥挤形势、实施城市经济可持续发展战略的必然选择。

公共交通一直被视为城市的命脉。任何一个现代化的大城市如果想要快速、可持续地发展,都必须具备高效、安全、畅通的交通网络。而从我国和世界其他各国的经验来看,仅仅依靠常规公交汽车、电车,是很难提高整个公共交通系统的客流分担比重的;而轨道交通,尤其是地铁系统,凭借其路权专用、运量大、速度快、准时、无污染的特点,不仅可以解决城市交通问题,更重要的是可以促进城市的改造和发展,逐步实现城市的可持续发展战略。因此可以说,发展地铁是解决国内外大城市交通诸多矛盾的战略选择和有效方式。

1.2 国内外地铁运营现状

纵观地铁发展历史,从1863年世界上第一条地铁线路在伦敦建成并投入运营之后,到2004年为止,世界已有115个城市建成了长达7 000 km的地铁线路。地铁在国内外许多城市交通运输中肩负着重要作用,已成为一个城市综合经济实力强、城市化进程加快、居民生活水平提高的重要标志。

1.2.1 国外地铁运营现状

(1)英国

英国是世界上最早将轨道交通用于城市交通的国家,而伦敦地铁是世界上最古老的地铁系统之一,其线路总里程和车站数量至今仍居世界之首。伦敦现有12条线路,总长度达到408 km,其中160 km在地下,车站总数达274个(见图1.1),在市区任何一个地点,市民都可以在步行10 min之内进入四通八达的地铁站。尤其值得称道的是,伦敦的地铁与火车站、港口、机场等其他交通枢纽连为一体,既方便乘客换乘、节省出行时间,又大大缓解了地面交通压力[2]。

图1.1 英国伦敦地铁

在运营管理方面,伦敦地铁运用先进的智能化管理系统,从进站、买票、检票、出站和车站信息查询全部是自助式服务,大大提高了地铁的运营效率及服务水平。

(2)法国

自从1900年7月,法国第一条地铁线在巴黎顺利开通之后,巴黎至今共建设了14条地铁线路和两条支线,线路总长超过200 km,其中约16 km为高架线路,其余均采用地下线路(见图1.2)。车站总数为372个,换乘站55个,平均站距约500 m,日客运量为450万人次,每日运营时间20 h。列车上均安装了自动驾驶系统。驾驶员的主要任务是非高峰时间的列车驾驶和检查车站上乘客的上下车情况。

(3)美国

图 1.2　法国巴黎地铁

纽约的公共交通以地铁为主,其营业线路总长居世界首位,日客运量已达到2 000万人次,占该市各种交通工具运量的60%。此外,纽约是世界上唯一一个每天24 h运营地铁的城市。目前纽约地铁(见图1.3)拥有25条线路,设立468个车站,线路总长达370 km,其中60%为地下线路。

亚特兰大市人口约45万,人口密度较小。1979年建成第一条地铁线路,目前运营里程达到53 km。亚特兰大市在建设地铁的过程中重视与其他各种交通方式的整合,将各种城市交通枢纽作为整体进行统一地规划和建设,使得地铁与其他交通方式的换乘非常便捷,极大地提高了地铁的运营效率[3]。

图 1.3　纽约地铁站

(4)日本

1927年12月,东京—上野之间2.2 km的地铁通车运营,这是日本国内的第一条地铁。之后,作为城市交通体系中的重要组成部分,东京(见图1.4)、大阪、名古屋等众多城市都积极推动地铁建设。在线路布置上,地面、高架、地下等相互结合、灵活布置,同时以地铁车站为基础,发展建设了地下街。

图1.4 日本东京新干线

2004年,日本地铁平均日客运量1 326万人次,占国内日客运总量的5.5%。特别是首都(东京)、中京(名古屋)、京阪神(京都、大阪和神户)三大都市圈拥有地铁625.6 km,占全日本地铁的88.6%。2004年,三大都市圈地铁日客运量分别是823、110、288万人次,分别占各都市圈日客运量的12.6%、8.1%和10.5%。至2005年7月为止,日本共有10座城市拥有地铁,运营42条线路,营业总里程达700.9 km。

(5)俄罗斯

俄罗斯是世界上最早建造地铁的国家之一。莫斯科地铁(见图1.5)一直以快速、舒适、便宜著称,目前已成为仅次于纽约、伦敦、巴黎和东京的世界第五大地铁系统。莫斯科地铁正式开通于1935年5月,当时全线仅11.6 km,横跨首都东北至西南的全部中心地段,列车运行极其准时,高峰时每隔90 s发车一趟。

图1.5 俄罗斯莫斯科地铁

经过70年多年的建设，目前莫斯科地铁网由9条辐射线和一条环形线组成，最长的线路40多km，最短的12.1 km，总长度255 km。地铁每天营运20 h，运送旅客900万人次，几乎相当于莫斯科市人口的总数，地铁网络承担了全市客运量的50%左右。地铁一般在莫斯科地下20～40 m深处，升降一次约用2 min，全市的主要商店、公园、广场、体育场、图书馆和影剧院附近，都有地铁的出入口，人们乘坐时速90 km左右的地铁列车出行，非常方便、安逸。

(6)墨西哥城

墨西哥城是拉美第一个修建地铁的都市，由于政府的充分重视，墨西哥城地铁(见图1.6)建设与发展十分迅速，如今已是拉美规模最大、最现代化的地铁网络。地铁1号线于1969年9月竣工通车，线路全长12.7 km，设有车站14座。此后，墨西哥城陆续共建设有11条地铁线路，其中包括1～9号地铁线和向附近州延伸的A、B两条地铁线，线网总长201.5 km，每天运送450万人次，年客运量达16.46亿人次，仅次于莫斯科和东京。墨西哥城建成的以城市轨道交通为骨干的公共交通系统网络，已基本能满足居民的出行需求[4]。

图1.6　墨西哥城地铁

(7)西班牙

西班牙是个地铁普及、地铁产业发达的国家，主要城市都有地铁，小到几十万人的比尔巴鄂，大到300万人的马德里，运行总里程310 km。仅首都马德里就有11条轨道交通线路，总长176 km，车站202个，运行列车235列，运送乘客占公交出行总量的40%～50%。并还有1条长为54.7 km的机场联络线，可在市内办理登机手续，已于2003年投入使用。马德里、巴塞罗那、瓦伦西亚市还在建设新的地铁线路。

1.2.2　国内地铁运营现状

(1)北京

1965年2月，根据“适应军事需要，兼顾城市交通”的建设方针，国务院成立了北京地铁领导小组，地铁工程(苹果园至北京站共23.6 km)于7月1日正式破土动工。1969年10月1日，北京地铁一期工程建成通车试运行，标志着北京成为我国最早修建、运营地铁的城市。

经过40多年的发展，目前北京地铁公司经营的线路包括1号线、2号线、5号线、13号线和八通线，运营线路总里程114 km，共有70座运营车站。其中，1号线全长31.04 km，23座运营车站；2号线全长23.61 km，18座运营车站；13号线全长40.85 km，16座运营车站；八通线全长18.9 km，13座运营车站。北京地铁（见图1.7）目前日客运量150万人次左右。

图1.7　北京地铁

（2）上海

经过近20年的建设，上海地铁（见图1.8）线路不断延伸、交织，目前已初具规模，给居民的出行带来了便捷。截至2005年底，运营线路6条，总长147 km，车站总计82座，覆盖徐汇、长宁、静安、黄浦、闸北、普陀、卢湾、虹口、闵行、宝山、浦东新区11个行政区域，线网规模位列全国之首；全年运送乘客6.49亿人次，日均客运量178.4万人次，占全市公共交通客运总量的13%左右；单日最高客流量超过243万人次。

图1.8　上海地铁

（3）广州

广州地铁1号线工程于1993年12月破土动工，1997年6月开通从西朗站至黄沙站的长5.4 km的首期段，1998年12月全线建成1号线，1999年6月正式投入运营。线路里程为18.48 km,设有16个车站,最高速度80 km/h,运行速度为35 km/h,最小发车间隔为2 min,可满足2023年预测客流量的要求。

2号线工程贯通城市中心区的海珠、越秀和白云三个区,线路全长为23.21 km。其中高架线路长10.68 km,地下线路长11.1 km,地面线长0.27 km,过渡段长1.16 km。全线设20座车站,其中地下站10座,高架站9座,地面站1座。

3号线呈南北"Y"字形走向,向北与机场快线衔接,向南延伸至广州新城。全长36.86 km,共设18座车站,1座车辆段,新建2座主变电站,1座控制指挥中心。

4号线从奥林匹克中心站至冲尾工程共设18座车站,其中大学城专线段已于2005年底建成投入运营,另有奥林匹克中心站至车陂南站计划于2010年底建成。

广州地铁(见图1.9)每个地铁站都设有空调和通风系统、自动售检票系统、自动扶梯、自动防灾报警系统和消防系统、供电系统、通信信号系统,以及残疾人专用设施:盲人指引地砖、残疾人专用电梯等。此外,还设有银行办事点、磁卡电话、自动提款机等。站内还有站名牌、路标等各类指示牌。

图1.9 广州地铁

(4)香港

香港地铁(见图1.10)从1979年开始运营,至今已有6条地铁行车线和1条机场快线,线路全长约115 km,设有53个车站(14个地面站,其余为地下站),每日运行时间约19.5 h。香港地铁发展迅速,客流量充足,收入来源多元化,盈利能力非常强。目前世界上多数地铁公司都处于亏损状态,而香港地铁则是个特例。据香港地铁公司公布的资料,他们仅凭票务收入就可以实现盈利。2005年,香港地铁运行车线年运量为8.6亿人次,日均运送乘客超过250万人次(单日载客最高量为338万人次),承担了香港特区公共交通客流总量的25.2%,过海客流的61.2%。2005年公司资产总值为1136亿港元,税后利润84.5亿港元。

香港地铁有着其独特的运营模式和经营理念。地铁的投资、建设与运营均由

图 1.10 香港地铁

香港地铁有限公司承担。地铁公司是一家上市公司,第一大股东为香港政府。香港地铁的建设资金来源于财政拨款与商业融资。财政拨款转为政府对地铁公司的持股;对商业融资,政府仅提供担保,地铁公司负责偿还本息。由于政府将地铁项目周边土地的开发权交给地铁公司,地铁公司通过地产交易、物业开发得到的收入可以在很大程度上偿还商业融资的本息,补充地铁建设的资金需求。

在运营方面,地铁公司通过与政府签订营运协议,实现对社会与市民的服务承诺,同时获得和保持地铁的专营权。政府赋予地铁公司征订票价的自主权,地铁公司确定票价时考虑的因素主要有运营成本、合理回报率和通货膨胀率等,票价调整通过法定程序进行。香港地铁始终按照商业化原则开展运营业务,使地铁的服务质量与经济效益均达到了世界先进水平。

(5)天津

天津地铁(见图 1.11)第一条线路利用人防设施于 20 世纪 80 年代借鉴北京地铁模式建成通车,全长 7.4 km,设车站 6 座,日客运量约 3 万人次。2001 年该线停止运营,和新建设的天津地铁 1 号线建设同期进行改造。

天津地铁 1 号线,北起北辰区刘园,南至津南区双林,全长 26.188 km,共设车站 22 座,其中高架站有 8 座,地下站有 13 座,地面车站有 1 座,已于 2006 年 6 月建成通车。

2006 年 7 月,天津地铁 2 号线工程可行性研究报告获得国家发改委正式批复,部分车站已经启动建设,整条线预计于 2010 年完工。地铁 2 号线工程线路全长22.56 km,拟设车站 19 座,工程总投资达 109.23 亿元。地铁 2 号线是贯穿城市东西的主骨架线路,将强化城市核心区与市区边缘及大型居住区之间的联系;缓解城市客运交通压力,促进中心城区发展规划、海河两岸综合开发等目标的实现;同时将对疏解市中心区人口、促进中心城区边缘的发展,形成合理的城市土地利用布局起到重要作用。按照规划,地铁 2 号线要将天津站与天津机场两大交通枢纽连接起来,为此,2 号线还将延长到天津机场。

图 1.11　天津地铁

2007 年 1 月,天津地铁 3 号线工程可行性研究报告获得国家发改委批复。地铁 3 号线是贯穿城市西南至东北的主骨架线路,工程总投资 119.45 亿元。地铁 3 号线正线全长 29.51 km,其中地面线 0.61 km,高架线 6.87 km,地下线 21.43 km,过渡段 0.60 km。全线共设站 22 个,其中地面站 1 个,高架站 4 个,地下站 17 座。

1.3　研究目的与意义

1.3.1　研究目的

随着运营地铁的城市不断增加以及一些城市线网化运营态势的出现,为了提高运营效率、服务水平和经济效益,社会各方面对地铁运营评估的关注与重视也是前所未有的。本书的研究目的在于:

(1)借鉴和学习国内外城市运营管理地铁的先进理论和经验。

(2)从运营安全、运营服务、运营地铁法制化建设、满意度调查等方面对地铁运营状况进行全面系统地评估。

(3)寻找和发现地铁运营过程中存在的问题和不足之处。

(4)提出合理化意见和建议,以便及时排除安全隐患,提高服务质量。

1.3.2　研究意义

2004 年,国务院颁布实施《国务院关于投资体制改革的决定》,要求建立项目后评价制度。考虑到地铁工程是以政府预算内资金和公共财政资金为主的建设项目,因此有必要在地铁工程建成并正式投运一段时期后,对地铁运营情况进行后评价,在总结经验教训的基础上调研论证,建立地铁工程定期运营安全报告和评估制度。

为了解决现代城市日趋拥挤的交通问题,近年来城市轨道交通发展迅猛,特别是地铁的建设步伐很快。作为一种大容量的城市交通工具,地铁的开通对缓解城市的交通压力,解决居民出行难题,减少环境污染,提高城市形象等方面做出了重要贡献。由于地铁建设于地下,具有封闭性强、运行速度高、起停频繁、客流量大且客源复杂、应急疏散难度大等固有特点,一旦发生事故,不仅会损坏地铁设备,而且可能造成人员伤亡,产生不良的社会影响。因此,对地铁工程进行全面、科学和细致的运营情况评估,发现安全隐患、找出提高服务质量的关键,对于运营地铁的公司以及行政主管部门,都具有重要的意义。

1.4 研究内容、方法与思路

1.4.1 研究内容

1. 地铁运营评估理论发展和方法研究

通过对国内外地铁运营评估理论和方法的研究,结合地铁发展概况和现状分析,选取科学的评估方法,建立评估指标体系。

2. 客流分析与预测

客流是地铁安排运力、编制列车开行计划、组织日常行车和分析运营效果的基础。分析客流情况,为今后的运营安排提供参考依据。

3. 地铁运营安全评估

阐述安全方面的相关理论,介绍安全分析与评价方法,分析事故原因及危险因素和安全影响因素,构建安全评价指标体系,从人员、设备、环境、管理四个方面对地铁运营安全进行全面评估。

4. 地铁运营服务评估

主要从运行服务、乘客服务、设备服务三个方面切入,深入考虑影响地铁运营服务的因素,细化评价指标,确定指标计算方法和评价标准,对地铁运营服务进行全面评估。

5. 地铁运营法制化建设

促进地铁运营的全面法制化建设,主要应从立法、执法、司法三个角度进行分析,通过制定法律法规来规范各方行为和维护各方利益,降低地铁运营过程中的不确定性因素的影响,保证公平和公正,最终为地铁运营提供有法可依,执法必严,违法必究的良好法律环境,保障地铁持续、稳定和高效地运行,这也是世界轨道交通发展的重要趋势。

6. 满意度分析

对员工满意度、乘客满意度、常客满意度以及非乘客意见进行调查和分析，从“以人为本”的角度出发，考虑当前地铁实际运营情况与员工以及乘客的需求、期望的吻合程度，力求客观地评价地铁运营情况，改善运营环境，提高运营质量。

1.4.2　研究方法

本书主要从理论与经验研究结合的角度，综合运用安全系统工程理论、服务质量评价理论、满意度等相关理论和方法，采用抽样问卷调查、专家访谈等定性调查方法，又采用层次分析评价法、模糊数学分析评价法等量化评价方法，定性分析和定量分析相结合。具体有：

(1)运用安全系统工程理论，全面系统地分析地铁运营安全涉及的分析方法、理论，确定体现运营安全的指标。

(2)运用服务质量评价理论，结合地铁实际情况，分析地铁服务的特征，确定体现运营服务的指标。

(3)运用满意度理论，分析地铁员工、乘客、非乘客对地铁运营的满意度情况，确定满意度指标。在此基础上，理论与实际结合起来，集思广益，对调研方案进行广泛深入的讨论，设定科学合理的调研指标，形成一套确实可行的、科学的调研方案。

(4)定性与定量相结合。注重调查和分析方法的科学性和可操作性，既采用历史资料统计、专家访谈和问卷调查等定性的方法，又采用层次分析法、模糊评价法、数学规划、博弈论、随机分析等定量化的工具，使运营安全、运营服务、满意度调查、客流分析等结果真实可信。

(5)实证分析，比较与统计分析相结合。我们将以深圳为例，对调研结果进行认真统计分析，以便充分了解深圳地铁运营的现状，同时参照上海、广州、香港等城市的地铁运营状况或相关国际标准，比较分析深圳地铁运营状况的优劣。

(6)静态与动态分析相结合。截面数据可以反映某事物在特定时间的一种状态，给我们提供的是静态层面的信息；时间序列数据可以反映事物的变化情况，反映的是动态层面的信息。在此项目中，运用静态分析有助于我们分析地铁运营的现状，运用动态分析有助于揭示其内在发展规律。

(7)整体采用“自下而上”和“自上而下”相结合的方法。“自下而上”强调一切以数据、资料显示的事实为根据，提出实现目标的具体方案；“自上而下”强调对战略执行当局的思路、理念及期望的理解及体现。两者的有效结合，将增加方案的先进性、科学性、可行性与可操作性。

1.4.3 拟解决的关键问题

(1)选取科学合理的地铁运营评价模式和评价方法。

(2)建立系统完善的地铁运营评价体系、评价指标和评价标准。

(3)深入透彻地评估城市地铁运营情况,发现问题,提出建议。

1.4.4 地铁运营评估的整体思路

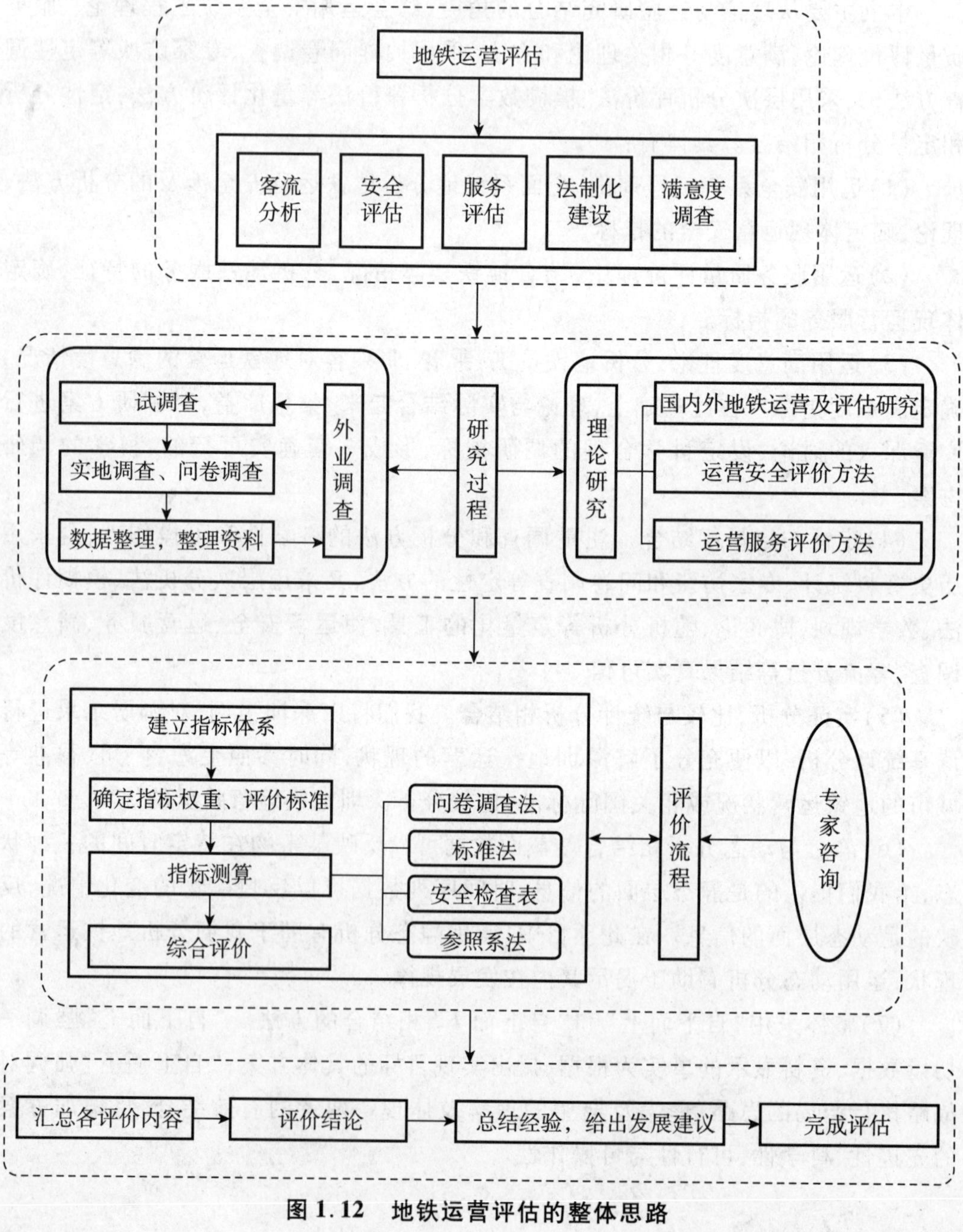

图 1.12 地铁运营评估的整体思路

第 2 章　客流分析与预测

乘客是地铁运送的对象，因而，客流与地铁运营有着密不可分的关系，客流的时空特征、发展趋势等都可能对地铁的运营安全、运营服务水平、乘客满意度产生一定程度的影响。通过客流分析，可以掌握现状客流的特征，了解地铁运营的效果，考察运力配送、服务相关设施配备等是否能符合当前的客流需求。通过客流预测，可以了解未来的客流发展趋势，针对安全、服务将来可能存在的问题提前做好基础准备工作。本章中的客流相关概念主要是针对地铁而言的。

2.1　客流概述

2.1.1　客流概念

地铁客流是指在单位时间内，地铁线路上乘客流动人数和流动方向的总和。从客流的概念我们可以看出，客流不仅是乘客在空间上的位移和位移的数量，还是带有方向和起止位置。

客流可以依照时间分布特征、空间分布特征和来源进行分类。依照时间分布特征可以分为全日客流、全日分时客流和高峰小时客流；依照来源分类可以分为基本客流、转移客流和诱增客流；依照空间分布特征，可以分为断面客流与车站客流。以下介绍一些基本概念：

(1)基本客流，是指地铁线路既有客流与按照正常增长率增加的客流之和。

(2)转移客流，是指由于地铁具有快速、准时、舒适、整洁等优点，而使原来选择常规公交、自行车出行的客流转移到地铁出行。

(3)诱增客流，由于地铁线路投入运营后促进了沿线经济的发展、土地开发、商业繁荣、住宅区形成规模所诱发的新增加的客流。

(4)断面客流，是指通过地铁线路各区间的客流。

(5)车站客流，是指在地铁车站上下车换乘的客流。

(6)断面客流量，是指在单位时间内通过地铁线路某一地点的客流量。很明显，通过某一断面的客流量也就是通过该断面所在区间的客流量。断面客流量有上行和下行之分。单位时间可以是 1 小时，也可以是 1 天。计算公式见 2－1。

$$p_{i+1}=p_i-p_{下}+p_{上} \tag{2-1}$$

式中 p_{i+1}——第 $i+1$ 个断面的客流量；

p_i——第 i 个断面的客流量；

$p_{下}$——在车站下车人数；

$p_{上}$——在车站上车人数。

(7)最大断面客流量,是指在单位时间内,通过铁路线路各个断面的客流量一般是不相等的,其中的最大值称为最大断面客流量。一般而言,上、下行方向的最大断面量不在同一个断面上。

(8)高峰小时断面量,在以小时为时间单位计算断面客流量时,全日分时最大断面客流量一般是不相等的,其中的最大值称为高峰小时最大断面客流量。地铁系统的高峰小时一般出现在早晨和傍晚,因而称为早高峰小时和晚高峰小时。

(9)车站客流量,包括全日、高峰小时和超高峰期在地铁车站上下车和换乘的客流量,以及经由不同出入口、收费区的进出站客流量和方向别的换乘客流量。

超高峰期是指在高峰小时内存在的一个上下车客流特别集中的客流段,大约 15 ~ 20 min。

高峰小时断面量是决策是否修建地铁,确定车辆类型、列车编组、行车密度等的基本依据;车站高峰小时和超高峰期客流量是确定车站规模、站台、售检票等辅助设备容量和能力的基本依据。

客运需求是位移欲望和购买力的统一。客流是实现了的客运需求,客运需求是潜在的客流。客运需求具有以下特征:

(1)广泛性。客运需求是广泛性需求,城市的各项功能活动都不能离开它。

(2)派生性。大多数情况下,乘客实现位移是为了通过它的完成来满足工作、生活等方面的需要,而不是为了位移本身。

(3)时间性。客运需求按照一天的各个小时、一周的正常工作日和双休日在有规律的变化。

(4)空间性。客运需求的空间特性是指潜在客流在路线、方向和车站间分布的不均衡性。

2.1.2 影响客流的因素

影响客流的因素有很多,有经济性的,也有非经济性的。主要包括:土地利用、城市布局发展模式、人口规模、票价水平、政府的交通运输政策、网络规模及形态、运输能力配置、交通衔接配置等等。

1. 土地利用和城市布局发展模式

土地利用与客流的关系可以用“源”和“流”来形容,城市各个区域的功能布局就决定了出行活动、出行流量以及出行方向。用地规划对城市布局发展模式有着重要影响,城市规模的扩大过程总是伴随着客流的大幅增长。

地铁建设有两重意义:①满足沿线建成区既有客流的交通需求;②引导城市沿轴线发展,促进沿线土地开发,支持城市空间发展规划。地铁线路走向符合城市发展导向、沿线土地开发强度高,那么客流量就比较高,否则客流量就会降低。

2. 人口规模

城市中的出行量与人口规模、出行率也有着密切的关系。因此,除了分析常住人口、暂住人口和流动人口外,还应该分析人口的年龄、职业、居住等特征。据调查资料显示,不同的人群的出行率也是不同的。

3. 票价

票价对客流的影响与收入水平对客流的影响是综合产生作用的。地铁的客源一般来自中、低收入人群,他们对票价是很敏感的。一般来说,票价提高,则客流量降低。客流对票价的敏感性主要表现为三个特征:工作日客流受票价提高的影响最小;非高峰尤其是晚上和周末的客流受票价影响最大;乘车距离越远,受票价影响越小。根据北京和上海地铁票价调整前后的客流量变化情况来看,票价每提高10%,客流量则减少3%～4%,但对超过平均乘距的乘客来说,票价提高10%,客流减少不到1%。

地铁作为公益性项目,其票价水平难以适用成本加利润的制定原则,而应根据乘客的承受能力以及系统服务的特点、水平和优势,与常规公交之间保持合理的比价关系,使乘客出行效益和出行费用相匹配,寻求票价水平和客流量之间的平衡点,从而提高其票务收入。

此外,生活水平的提高,收入的增加,在出行方式的选择增多的情况下,服务水平成为了影响客流及潜在需求的关键因素。

4. 交通运输政策

城市确定的以公共交通为主,个体交通为辅的交通运输政策,优先发展公共交通、大力发展轨道交通、控制自行车与私人汽车的发展,这对引导市民出行利用公共交通与轨道交通方式有着非常重要的意义,对客流也有着重要影响。

5. 网络规模及形态

一条地铁线有若干个车站,而车站作为服务于客流的窗口,其分布对城市地域的覆盖范围是非常有限的,如果乘客出行的可达性较差,客流吸引力就比较低。随着地铁网络规模的不断扩大,车站分布的地域覆盖范围也在不断扩展,提高了系统的可达性和客流吸引力,就会使各条地铁线的客流量逐步增加。另一方面,随着网络规模的扩大,如果网络编织过密或者网络构架形态不合理,可能会造成地铁线路之间相互分流,从而会使部分线路的客流量下降。

6. 运输能力配置

客流规模是交通供给和交通需求之间动态平衡的结果,在交通供给水平比较低的情况下,就会造成部分客流需求被抑制。地铁的运输能力配置决定了其交通供给水平,在运能不足时,就会出现行车间隔增大、候车时间增加、列车车厢超员拥挤等现象,致使服务水平降低,部分客流就可能转移至其他交通方式,限制了地铁客流量的增长。相反,如果运能配置适当,使地铁的优势得到充分发挥,提高乘客使用地铁的出行效益和舒适性,就会增加系统的吸引力和客流量。

目前,各大城市在公共交通发展战略的指导下,正在加紧修建城市地铁,甚至在同时实施几条线路。为了保证客流量按预期情况稳步增长,应抓住限制运能发挥的关键环节,其中重要的一环就是列车配置数量。列车车辆购置的周期比较长,因此应尽早制定和落实列车购置计划,确保列车按期到位,以免造成有线无车、互相借调、运能匮乏的被动局面。

7. 交通衔接配套

建立与其他交通方式之间的合理的衔接关系,有利于地铁客流的增长。地铁与其他交通方式之间,应该形成以地铁为骨干、各种方式合理分工、相互补充的协作关系,建立和完善以地铁车站为中心、各种交通方式换乘方便的综合交通体系,这样可以为地铁积聚和疏散大量客流,增加地铁的间接吸引客流量。

在地铁建设中,应该结合车站工程的实施,同步建成各种交通方式的衔接配套设施,满足自行车停放、出租车和常规公交车停靠的要求。此外,可以考虑根据地铁线路走向,对沿线的公交线路进行调整,取消或缩短部分并行公交线路,增设地铁主要车站向各个方向辐射的公交线路,把郊区公交站场归并到地铁的起讫站,改变竞争的局面,形成互相提供客源的关系,对地铁和常规公交的客流增长都是非常有利的。

2.1.3 客流调查

客流是动态变化的,对地铁运营客流进行调查,将得到的调查数据进行统计分析,可以了解客流在时间、空间上的动态变化规律,既可以对现有线路的运营客流进行特征分析,还可以为客流预测提供参考依据。

1. 客流调查种类

根据不同的情况和不同的需要,客流调查分为:全面客流调查、乘客情况抽样调查、断面客流调查和节假日客流调查等。

(1)全面客流调查

全面客流调查是一种全线客流的综合调查,通常也包含了乘客情况抽样调查。这种类型的客流调查时间长、工作量大、需要较多的调查人员。但在对调查资料进行整理、统计和分析的基础上,能对地铁系统的客流现状及客流规律有一个全面清晰的了解。

全面客流调查有两种调查方式,即随车调查和站点调查。随车调查是在车门处对全天运营时间内所有运行列车的上下车乘客进行调查,站点调查是在车站检票口对全天运营时间内所有在车站上下车乘客进行调查。轨道交通系统多采用后者。全线客流调查一般应连续进行二天或三天,在全天运营时间内,调查全线所有车站的所有乘客的下车地点和票种情况,并将调查资料以5 min或者15 min作为间隔分组记录下来。

(2)乘客情况抽样调查

乘客情况抽样调查通过问卷方式进行,调查内容包括乘客构成情况和乘客乘车情况两项。

乘客构成情况调查在车站进行,调查内容有年龄,性别,居住地,出行目的等。调查时间可选择在客流比较正常的运营时间段。

乘客乘车情况调查调查内容有年龄,性别,职业,家庭住址,到达车站的方式和时间,上、下车站,下车后到达目的地的方式和时间,乘坐列车节省时间等。

进行抽样调查,必须要先确定抽样方法和抽样数。抽样方法主要有简单随机抽样、分层抽样、整群抽样和多阶段抽样等。

(3)断面客流目测调查

断面客流目测调查是一种经常性的客流抽样调查,调查人员用直接观察法估计各车辆内的乘客人数。根据需要,可选择一个或多个断面进行调查,一般是对最大客流断面进行调查。

(4)节假日客流调查

节假日客流调查是一种专题性客流调查,一般是通过问卷方式进行。重点对春节、元旦、国庆节、双休假日和若干民间节日期间的客流进行调查。调查的内容包括机关、学校、企业等单位的休假安排,都市旅游业、娱乐业的发展程度,城市居民生活方式的变化等等。

2. 客流调查统计指标

客流调查完成后,需要对相应的调查资料进行整理汇总,计算各项指标,以便与历史数据或者预测数据进行比较,分析变化趋势和原因。计算指标如下:

(1)乘客人数

☆ 分时与全日各站上下车人数

☆ 分时与全日各换乘站换乘人数

☆ 各站与全线高峰小时乘客人数

☆ 各站与全线全日乘客人数

☆ 高峰小时乘客人数占全日乘客人数的比例

(2)断面客流量

☆ 分时和全日各断面客流量

☆ 分时和全日最大断面客流量

☆ 高峰小时最大断面客流量

(3)运送距离

☆ 本线乘客乘坐不同站数的人数及所占比例

☆ 跨线乘客乘坐不同站数的人数及所占比例

☆ 乘客平均乘车距离

(4)乘客构成

☆ 全线持不同票种乘客人数及所占比例

☆ 车站别按年龄、出行目的、家庭住址等统计的乘客人数及所占比例

☆ 车站三次吸引乘客人数及所占比例

☆ 从不同距离,以三种方式到达车站的乘客人数及所占比例

☆ 需不同时间,以三种方式到达车站的乘客人数及其所占比例

(5)车辆运用

☆ 客车公里 = 客运列车数 × 列车编组辆数 × 列车运行距离

☆ 客位公里 = 客车公里 × 车辆定员

☆ 客流密度(单位:人/车) = (客运量 × 平均运距)/客车公里

☆ 客车满载率 = 乘客密度/车辆定员 ×100%

☆ 断面满载率 = 单向最大断面客流量/(客运列车数 × 列车编组辆数 × 车辆定员) ×100%

2.2 客流分析

在地铁系统的运营过程中,对客流的动态变化进行实时跟踪和系统分析,掌握客流变化规律是地铁系统运输组织工作得以顺利进行的前提。客流因时因地而变化,这种变化是城市社会经济活动、地铁系统本身特征的反映。客流分析的核心是分析客流的时空分布特征、变化规律。

2.2.1 客流的时间分布特征分析

1. 一日内小时客流分布

一日内小时客流量用以确定地铁出入口、通道等设备容量,是计算全日行车计划和车辆配备计划的基础。小时客流量随城市生活的节奏和出行特点变化,在一日之内呈起伏状分布,夜间客流量稀少,黎明前后渐增,上班上学时间达到高峰,以后客流渐减,至下班或放学时间又出现第二个高峰,进入晚间客流又逐渐减少。地铁的运能、线路走向、所处交通走廊的特点以及车站所在地的用地性质,是影响地铁客流时段分布的主要影响因素。一日内小时客流通常是双峰型。反映地铁线路分时客流不均衡程度的系数可以表示如下:

$$\alpha_1 = \frac{p_{\max}}{\sum_{t=1}^{H} p_t / H} \quad (2-2)$$

式中　α_1——单向分时客流不均衡系数；

$p_{\max}$——单向高峰小时最大断面客流量；

p_t——单向分时最大断面客流量(人)；

H——全日营业小时数(个)。

α_1 是大于 1 的。趋向于 1，表明分时客流分布比较均衡，越大则表明客流分布越不均衡。当 $\alpha_1 \geqslant 2$ 时，分时客流分布不均衡程度很大。位于市区范围内的地铁的 α_1 值通常为 2 左右。分时客流分布不均衡程度很大的情况下，为实现运输组织合理性和运营经济性，可考虑采用小编组、高密度行车组织方式，即在客流高峰时间段开行较多的列车以满足乘客运输需求，而在客流低谷时间段则减少开行列车数以提高车辆平均满载率。但这个方案的前提是线路的客流量较小还没有达到设计流量。

2. 一周内全日客流变化

一周内各日客流的变化是以周为循环周期的，主要是因为人们的工作与休息是以周为循环周期进行的。在以通勤、通学客流为主的地铁线路上，双休日的客流会有所减少；而在连接商业网点、旅游景点的轨道交通线路上，双休日的客流又往往会有所增加，见图 2.1。另外，星期一与节假日后的早高峰出现较其他工作日的早高峰要早，星期五与节假日前的晚高峰相比其他工作日的晚高峰要早，双休日的早高峰时间出现时间相比工作日要推迟，而晚高峰相比要提前。依据一周内客流的变化规律，为满足不同客运的需求及提高运营经济性，地铁系统在一周内一般采取不同的行车计划和列车运行图。

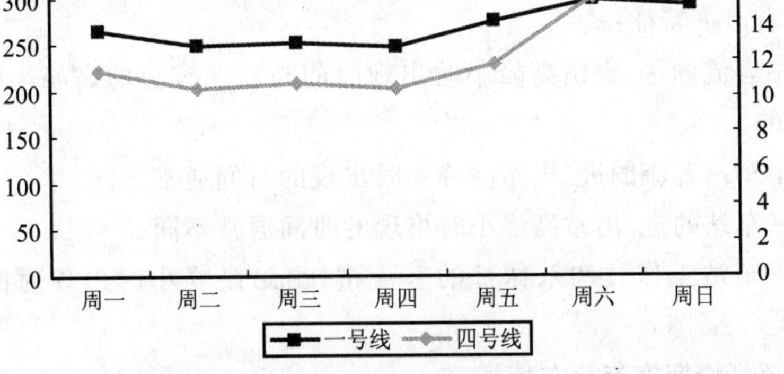

图 2.1　深圳地铁一周内全日客流情况

由图 2.1 可知，深圳地铁的客流量在双休日的客流相比工作日增加，主要是地铁沿线处于商业网点和旅游网点的连线上。

3. 季节性或短期性客流变化

在一年内，客流还会存在季节性变化。旅游旺季，流动人口的增加会引起地铁线路客流增加，而学生高考，梅雨季节等原因又会导致 6 月份客流通常是全年的低谷。短期性客流激增通常发生在举办重大政治、商务或文体活动或遇到天气骤然变化的时候。对于客流的季节性变化，地铁运营部门可以采取实行分号列车图来缓解运力紧张的状态。另外，如果短期客流增加幅度较大，运营部门还需要针对某些作业环节、设备运用等采取紧急调整措施以适应乘客需求。

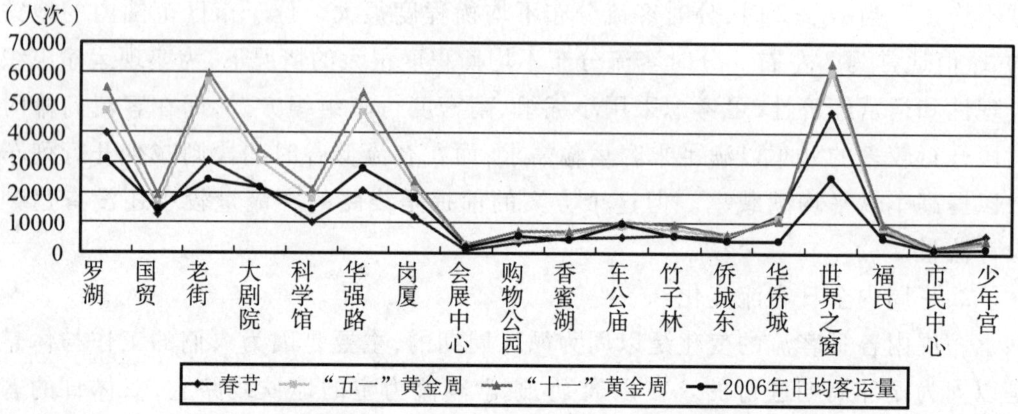

图 2.2 2006 年深圳地铁各站节假日日最高客运量与年日均客运量比较图

由图 2.2 可以看出，节假日期间，由于外出购物或旅游的出行量增加，使得靠近商业网点和旅游景点的地铁站客流会明显增多，运营部门可以考虑适当延长营运时间，增加班次。

4. 车站高峰小时客流变化

车站高峰小时客流是确定车站设备能力或容量的基本依据。在分析时，应该先确定进、出站高峰小时出现时间，然后分析客流量的大小。研究表明，车站高峰小时客流具有以下特征：

(1) 车站客流的进、出站高峰小时出现时间与断面客流的高峰小时出现时间一般是不同的。

(2) 各个车站客流的进、出站高峰小时出现的时间通常不同。

(3) 同一车站的进、出站高峰小时出现的时间通常不同。

(4) 同一车站工作日和双休日的客流进、出站高峰小时出现时间通常也不相同。

5. 车站超高峰期客流分布特征

确定车站设备容量和能力的时候，有必要适当考虑车站客流在高峰小时内分布的不均衡性，主要是为了避免因超高峰期内高度集中的客流而影响乘客不能顺畅快捷的进出车站，甚至影响正常运营秩序的情况发生。超高峰系数被用来反映超高峰期的客流强度，它是指单位时间内的超高峰期平均客流量与高峰小时平均客流量的比值。一般取值范围在1.1～1.4。通常情况下，对终点站、换乘站和客流较大的中间站通常取最高限值，其余车站取最低限值。

2.2.2　客流的空间分布特征分析

1. 线路客流分布特征

地铁线网的各条线路因其所在的城市客流走廊带不同、沿线用地性质不同，使得其客流规模和分布规律各不相同，也就是客流不均衡。各条线路的客流不均衡包括现状客流分布不均衡和客流增长不均衡两个方面，可以通过运营期间的客流统计数据分析各条线路的客流分布特征。

2. 上下行方向客流分布特征

在地铁线路上，由于客流的流向原因，上下行方向的最大断面客流通常是不均衡的。在放射状的地铁线路上，早、晚高峰小时的上下行方向的最大断面客流量不均衡尤为明显。可以采用上下行方向不均衡系数来描述地铁线路上下行方向客流不均衡程度，计算公式如下：

$$\alpha_2 = \frac{\max\{P_{\max}^{上}, P_{\max}^{下}\}}{(P_{\max}^{上}, P_{\max}^{下})/2} \tag{2-3}$$

式中　α_2——上下行方向客流不均衡系数；

$P_{\max}^{上}$——上行方向最大断面客流量(人)；

$P_{\max}^{下}$——下行方向最大断面客流量(人)。

α_2 值大于1。α_2 趋向于1表明上下行方向客流比较均衡，α_2 越大表明上下行方向客流越不均衡。当 $\alpha_2 \geq 1.5$ 时，表明上下行方向客流的不均衡程度比较大。通常位于市区范围内地铁、轻轨线路的 $\alpha_2 < 1.5$；而通往远郊区市域轨道交通线路的 α_2 值有可能 >3。

表2－1　深圳地铁1号线上下行断面客流量变化情况（单位：千人）

上行34.1	45.6	61.4	73.0	73.5	75.4	65.3	58.9	54.6	50.6	42.4	37.8	34.7	31.1	
罗湖	国贸	老街	大剧院	科学馆	华强路	岗厦	会展中心	购物公园	香蜜湖	车公庙	竹子林	侨城东	华侨城	世界之窗
下行31.3	42.4	64.0	75.7	75.8	78.9	67.1	61.4	57.1	53.5	44.0	38.4	34.8	30.9	

由表2－1的数据计算得知，深圳地铁1号线上下行方向客流不均衡系数 α_2 为1.02，反映深圳地铁1号线上下行方向客流比较均衡。

3. 线路断面客流的分布特征

在地铁线路上，由于线路行经区域的用地开发性质不同，所覆盖客流集散点的规模和数量不同，因而出现线路各个车站乘降人数不同，线单向各个断面的客流存在不均衡现象是不可避免的。断面客流量的分布通常呈现阶梯形或者凸字形。梯形表示断面客流一端大一端小,凸形表明断面客流为中间大,两头小。见图 2.3。

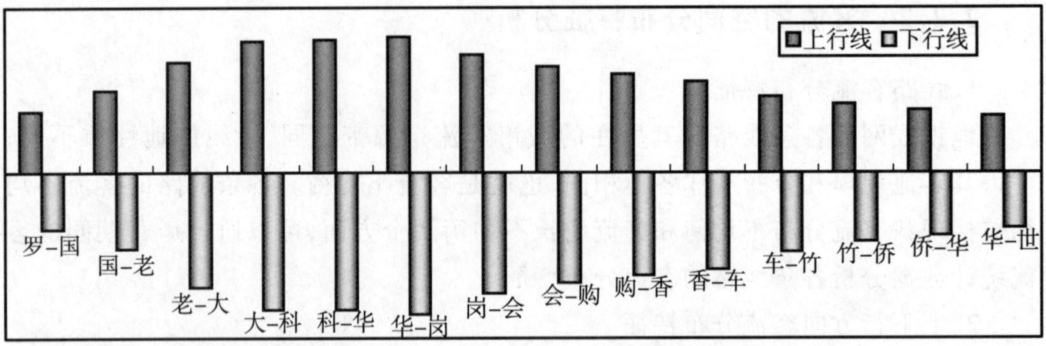

图 2.3 深圳地铁 1 号线上下行方向断面客流分布情况

地铁线路单向各个断面客流不均衡系数可按下式计算:

$$\alpha_3 = \frac{P_{\max}}{\sum_{i=1}^{K} P_i / K} \tag{2-4}$$

式中 α_3——单向断面客流不均衡系数;

P_i——单向断面客流量(人);

K——单向线路断面数(个)。

α_3 大于1。α_3 趋向于1表明断面客流比较均衡, α_3 越大表明断面客流越不均衡。当 $\alpha_3 \geqslant 1.5$ 时,表明断面客流的不均衡程度比较大。位于市区范围内地铁、轻轨线路的 α_3 值通常小于 1.5;而通往远郊区市域轨道交通线路的 α_3 值通常为 2 左右。

通过计算得出深圳地铁 1 号线上行断面客流不均衡系数为 1.43,下行断面客流不均衡系数为 1.46,下行断面客流比上行断面客流较为不均衡。两个不均衡系数虽都小于 1.5 但较为接近,不均衡的程度较低。

4. 各个车站乘降人数分布特征

地铁线路各个车站的乘降人数不均衡,甚至相差悬殊情况并不少见。

在不少线路上,全线各站总的乘降量主要集中在少数几个车站。此外,新的居民住宅区形成规模和新的地铁线路投入运营,也会使车站乘降量发生较大的变化及带来不均衡的加剧或新的不均衡。

车站乘降人数的不均衡决定了各个车站的客运工作量、客运人员配备、日常运营管理的重点以及设备容量或能力的配置。

5. 车站内客流分布特征

通过分析地铁车站内乘客流向及行程轨迹发现,车站内客流在空间上分布也是不均衡的，包括经由不同入口的客流不均衡，通过不同收费区的客流不均衡，通过同一收费区不同检票机的客流不均衡以及上下行方向客流不均衡等。

掌握客流在站内的空间分布特征对自动售票机等设备的合理配置和优化布局有重要的指导意义[1]。

2.3 客流预测

地铁系统的运营，不但要以现状客流作为主要依据，还要以近、远期预测客流作为依据。

2.3.1 客流预测模型

当前，城市交通客流预测一般有以下几种模型：

(1)趋势外推客流预测模型

趋势外推是指将相关公交线路和自行车的现状客流向地铁线路转移，得到虚拟的交通基年流量，然后依据相关公交线路的客流增长规律来确定地铁客流的增长率，并据此推算地铁远期客流。预测增长率时可采用指数平滑法、多元回归预测等方法。

这是种基于现状的预测方法，能较好反映近期交通量的增长情况，但是没有考虑土地利用等客流影响因素的变化，远期预测结果精度低。

(2)四阶段客流预测模式

四阶段客流预测模型包括出行生成、出行分布、方式划分和出行分配四个阶段，是以市民出行OD调查为基础，得到现状全方式出行分布，在此基础上再预测规划年度的全方式出行分布，再通过方式划分得到地铁的站间OD客流。

这是一种在现状OD调查以及未来城市发展规划、土地利用基础上，定量预测城市远期客流的预测模型，客流预测精度较高。但是对基础数据要求高，操作比较复杂。

(3)三次吸引客流预测模型

三次吸引客流预测模型认为，可以确定一个地铁车站对客流的吸引范围，这个吸引范围是以车站为圆心、一定的到达车站时间或到达车站距离为半径的圆来确定的。在分析车站吸引范围内土地利用性质以及确定合理步行区与接运区的基础上，可以预测通过步行、自行车和常规公交三种方式到站乘车的人数，分别称为一次、二次、三次吸引客流，并且在车站客流量的基础上进一步推算线路的断面客流量。

客流预测结果应包括：站间方向分别到发客流量，全日和高峰小时的客流量，总客运量，各站乘降量，全日客流的时段和断面分布，以及总客运量占全市公交总运量比重等。

2.3.2 客流预测方法

客流预测的方法有许多种，主要是定量预测方法和定性预测方法两大类。定量预测方法有时间序列客流预测方法和因果关系客流预测方法两类。定性预测方法中使用较多的有德尔菲(Delphi)法等。

1. 时间序列客流预测方法

基本思路：根据客流从过去到现在的变化规律来预测未来的客流。这类方法的主要优点是需要的数据少、运用表较简便，只要采用时间段的统计客流数据变动趋势没有特别大的异常波动，预测结果一般较好。但是无法反映客流变动的原因，也不能指明影响客流因素变动时客流的变化趋势与结果是这类方法的缺点。常用的时间序列客流预测方法有移动平均法、指数平滑法、月度比例系数法、自回归分析法和随机时间序列预测模型等。

(1)移动平均法

移动平均法是借助移动平均数修匀原始客流时间数列的变动，以描述其趋势的方法。所谓移动平均，就是按原始客流时间数列的一定项数计算移动平均数，逐项移动，边移动边平均，得出一组移动平均数，即由这组移动平均数构成的新的客流时间数列。新的客流时间数列可以把原始客流时间数列中的某些不规则变动，特别是周期性变动加以修匀，从而显示出客流长期变化的基本趋势。用移动平均法修匀原始客流时间数列比较客观，也比较容易得到客流变化的趋势。但移动平均法对原始客流时间数列两端的值无法进行修匀计算。因此每一次移动平均都会使数列变短，使进一步观察受到影响。另外，当原始客流时间数列的最后几项变动较大时，预测客流的可靠性也会受到一定影响。

(2)指数平滑法

也称为时间数列的指数平滑法，它也是通过修匀历史数据中的随机成分去预测未来，但使用的修匀方法与移动平均法不同，它引入一个人为确定的系数以体现不同时期因素在整个预测期中所占的权数。指数平滑法对实际客流时间数列的长度没有特别要求，资料较少时也能进行预测，但一般仅适用于原始客流时间数列变化较稳定的情况，另外只要正确选择加权指数，也能对近远期数据的不同影响作用作出合理的反映。这种方法的局限性是不能将其他因素对客流变化的影响考虑进去。

(3)月度比例系数法

它的基本思路是根据客流变化的月度循环特征和规律性，预测未来月份的客流。它根据过去若干年的月度客流统计资料，计算出平均的每月客流在年度客流中所占的比例，进而在未来年度总预测客流已经得出的前提下，按比例系数计算该年度各月份的预测客流。使用月度比例系数法时，必须根据客流的实际变动不断对比例系数进行重新计算并加以调整。

(4)自回归分析法

也称鲍克斯—詹金斯(Box - Jenkins)法，它是通过分析原始客流时间数列的不同自相关系数来选择适当的预测模型。当原始客流时间数列内的数值在某一固定间隔期具有较高的相关系数时，就可应用自回归模型来进行客流预测。自回归分析法在客流的短期预测方面具有一定的精度，因而得到较广泛的应用。但该方法需要较多的历史数据和较深的数学知识。计算量大，计算也比较复杂。

(5)随机时间序列预测模型。

这种方法主要是把时间序列作为随机变量的序列加以处理，认为时间序列是时间的一组变量，其中，单个时间序列值的出现具有不确定性，但整个时间序列却具有固有的规律性。研究这些规律、进行简化、建立时间序列模型，可用于预测。对于平稳时间序列，主要有 3 种预测模型，即自回归移动平均模型，简称 ARMA 模型；自回归模型，简称 AR 模型；移动平均模型，简称 MA 模型。对于非平稳时间序列，需用差分法进行处理使其平稳化。该方法的特点与自回归分析法类似，在客流的短期预测方面有较好的精度，但需要较深的数学知识，方法较复杂，同时需要较多的历史数据，计算工作量也较大。

2. 因果关系客流预测方法

由于客流的变动与经济的和非经济的因素存在密切的关系，而这些因素之间又都是相互影响的，因此可以通过研究影响客流的因素来预测未来的客流。

时间序列客流预测方法与因果关系客流预测方法的区别在于前者的自变量是时间，而后者的自变量是除时间以外的其他因素。主要优点是能够考虑较多的对客流可能产生影响的因素，揭示引起客流变化的原因。同时在数据量足够多的情况下，常能得到较好的预测精度。缺点是由于自变量的选择、有关参数的确定本身带有主观性和预测性，预测的准确性可能会受到影响。常用的因果关系客流预测方法有回归预测法、引力模型和乘车系数法等。

(1)回归预测法

回归预测法是通过回归分析，建立一个合适的因变量和自变量之间的函数关系，来近似地表达客流和影响客流因素之间的平均变化关系。它包括一元线性回归预测、一元非线性回归预测、多元线性回归预测和逐步回归分析预测等方法。当研究客流与一个影响客流因素之间的关系时，称为一元回归预测。研究客流与多个影响客流因素之间的关系时，称为多元回归预测。如果客流在函数关系式中表现为自变量的一次函数，就称为线性回归预测，否则称为非线性回归预测。

(2)引力模型

引力模型因数学关系式与物理学的万有引力定律近似而得名。在研究地区间人的流动问题时,研究者发现人的流动数量似乎都是正比于地区人口的总数而反比于地区间的距离,这种现象正如物体之间的引力关系,于是提出了引力模型来预测客流。在对早期提出的引力模型进行修正的基础上,现在使用的一些引力模型考虑了对地区间客流有影响的人口等各种吸引因素,又考虑了对地区间客流有影响的距离阻力因素。引力模型简单易懂,但在利用该模型进行客流预测时,参数的确定往往比较困难。

(3)乘车系数法

该方法是一种传统的客流预测方法,是一种以总人口和人均乘车次数来预测旅客发送量的方法。乘车系数是一定吸引范围内旅客发送量与总人口的比值,它可根据历年资料和可能发生的变化进行确定。这种方法的局限性是乘车系数本身的变动有时难以预料。此外,在计算总人口时,间接吸引范围的人口确定也比较复杂。

3. 德尔菲法

在历史客流数据较少的情况下,借助预测者的专业知识和实际经验,并综合考虑多种影响因素对客流进行预测称为定性预测。德尔菲法就是目前采用较多的定性预测方法之一,它又称专家调查法。

虽然参加定性预测的专家意见是一种主观判断,受到对问题认识差异的影响,但主观判断并不就是主观随意性,只要有相当数量对问题有研究的专家参加定性预测,尽管专家的预测结果不会完全一样,但会是围绕一个中心值波动,那么,这个中心值就是确定预测结果的客观基础。

为了避免个人知识、经验和素质的局限性影响预测的精确度,德尔菲法选择一组专家作为征询意见的对象,同时为了防止互相影响而不能做到独立判断,专家的意见一般以匿名方式填写。调查的组织者将调查问卷寄给专家,征询他们的意见,在收到专家的意见后,将专家的意见进行归纳汇总形成新的调查问卷,然后对专家进行再征询,对经过归纳汇总的意见进行分析、判断和提出新的意见。经过这样多次反馈,当专家的意见逐步趋于一致,预测的结果也就基本形成。

实际的地铁运营过程中,可以根据需要调查反映客流的时空特征的各个指标,进行分析,掌握客流现状特征,对现阶段运营效果进行判断;而后依据手中掌握的资料进行客流预测,了解客流未来发展趋势,并依据预测结果对未来的运营安全及服务提供基础资料。

2.4 小 结

本章介绍了主要介绍了客流的相关概念,客流分析方法和客流预测模型及方法。在对地铁运营系统进行评估的时候,客流分析和预测主要是作为辅助分析方法，从实际分析中发现问题，掌握客流规律，有利于适时调整相关计划或设备配备。通过预测未来客流变化情况，可为保证安全运营和高质量的服务提高参考依据，毕竟客流量的增加，地铁负荷增加，车站客流量增加，对地铁运营安全和相应的服务设备设施的要求就可能变化了，需要及时地采取改进措施，这样才能在保证安全的前提下，更好地为乘客服务。

第3章 地铁运营安全评估

近年来,地铁凭借其运送量大、快速、准点、低能耗、少污染、乘坐方便舒适等优点迅速发展,在城市经济的可持续发展中起着日益重要的作用。作为大容量的公共交通工具,其安全性直接关系到广大乘客的生命安全,对城市的经济活动、市民的日常生活都有着举足轻重的影响。运营安全是轨道交通系统实现顺畅、高效运营的前提和保证,运营安全是轨道交通系统的生命线,没有运营安全,就没有生产效率、谈不上服务水平,也不可能产生经济效益和社会效益。因此,“安全第一,预防为主”需要在轨道运营中给予高度重视。地铁,作为轨道交通的一种方式,它的安全问题,正逐渐引起社会各界的广泛关注。

安全评估是保障地铁系统安全的重要手段。地铁运营安全评估是以地铁运营过程中存在的安全影响因素和事故危险因素为出发点,结合地铁运营系统自身的特点,从人员、设备、环境和管理四个方面综合考察地铁运营的安全状况,达到提前发现安全隐患,及时进行改善,保证地铁安全稳定持续运营的目的。因此,本章有关地铁运营安全评估的研究无论是在理论层次,还是在实际运用,都具有重要意义。

3.1 国内外地铁安全现状

3.1.1 国外安全现状

近年来,全球地铁交通事故不断,并引发了大范围的人员伤亡:2007 年 7 月 7 日,伦敦地铁发生爆炸案,至少造成 49 人死亡,700 多人受伤;2005 年 1 月 18 日,曼谷一列地铁与停在车站的另一列地铁相撞,造成 200 多人受伤;2003 年 2 月 18 日,韩国大邱市地铁一号线中央路区段内发生了该国历史上最为严重的地铁纵火案,造成 198 人死亡,146 人受伤;2003 年 1 月,英国伦敦一地铁列车撞上月台引发大火,至少造成 32 人受伤;同年 9 月,一列慢速行驶的地铁列车在国王十字地铁站出轨,并导致地铁停运数小时。2001 年 8 月,英国伦敦发生地铁爆炸意外,造成 6 人受伤;2000 年月,美国纽约地铁列车出轨 89 位乘客受伤;2000 年 3 月,日本日比谷线地铁列车发生出轨意外,造成了 3 人死亡、44 人受伤;1999 年 5 月,白俄罗斯地铁车站因人数过多，造成54人被踩死；1998年元旦，俄罗斯莫斯科发生地铁爆炸意外，造成3人受伤；1995年10月28日，阿塞拜疆巴库地铁因车辆电气设备故障，诱发火灾，列车第3、4节车厢着火，浓烟毒雾造成558人死亡，269人受伤；1995年3月，东京地铁车站发生沙林毒气事件，造成12人死亡，5 000多人受伤。

国外地铁事故发生原因有：爆炸、火灾、出轨、投毒等，以火灾和爆炸等发生频率较高，虽然没有呈现一定的规律，但是安全事故所引发的经济损失和人员伤亡以及由此造成的社会影响，向着更大范围程度发展。根据地铁事故发生的趋势来看，国际地铁安全面临的巨大考验就是如何应对突发性的地铁大灾难，即地铁应急救援系统是否能在灾难发生之后真正最大限度地减少人员伤亡和最快恢复地铁运营秩序。其中，英国伦敦地铁爆炸案发生之后，在短短的几天中，伦敦地铁就正常运营了，这说明伦敦地铁应急管理已经发展至比较成熟的阶段。

3.1.2　国内安全现状

(1)北京

2001年12月4日晚，北京地铁一号线一名女子在站台上候车，当车驶入站台时，被拥挤人流挤下站台，当场被列车压死；2005年8月26日，北京地铁一号线一列列车在运营中由于车辆老旧，导致风扇短路在运营中失火。2007年9月至11月期间，北京地铁共发生5次乘客跳下站台或者跌落站台的事件。

(2)上海

2007年7月15日下午3时34分，上海轨道交通一号线上海体育馆站下行(往莘庄方向)站台上，一名男青年在上车时被夹在屏蔽门和已开动的列车之间，跌入隧道当场死亡；从1995年7月至今，上海轨道交通共发生了近70起自杀性伤亡事故，只有17人被救起，地铁自杀已成为比设备故障还要严重的“头号杀手”。

2002年4月4日，上海地铁二号线因机械故障车门无法开启，停运半小时；2003年2月14日，上海二号线中央控制室自动信号系统发生故障，停运20 min；2003年3月20日，上海地铁三号线闸门自动解锁脱钩故障，停运1 h多；2003年7月15日上海地铁一号线莲花路到莘庄的列车突然停电，被迫停运62 min。

(3)广州

2004年7月21日11时55分，广州地铁一号线出现了运营6年来的首次大停电事故，导致公园前—芳村路段停止运营近2 h，一号线其他路段亦因此受阻，3 900人最后退了票。

此外，2001年5月22日，台北地铁淡水线士林站附近轨道发生裂缝，地铁被迫减速，并改为手动驾驶，10万旅客上班受阻。

我国地铁发展起步比较晚，虽然没有发生重大伤亡事故，但是跳轨自杀，跌落站台、相关设备故障中断运行等事故却频频发生，地铁的运营安全受到质疑。

3.1.3 地铁安全研究现状及趋势

国际地铁安全研究注重结合实践完善研究理论和方法,通过多年来对地铁事故实际案例的积累与归纳,形成比较成熟的理论体系与方法,比较有代表性的是英国伦敦的风险管理体系、美国的安全认证体系。我国在构建地铁安全理论体系方面还处于探寻摸索的阶段,现有地铁安全方面的研究还未能系统的应用于实践,总体归纳主要注重四个方面:

第一大类是地铁工程技术方面。包括地铁行驶线路的安全设计,地铁车载设备的安全型设计,信号系统联锁技术的研究,智能监视系统以及屏蔽门设备的有关探讨等等,现今的技术研究也和国际接轨,在世界地铁研究领域也处于领先的位置。

第二大类是地铁应急系统和应急预案方面。这个方面国外的相关研究要领先一步,尤其是高科技手段应用进行人员疏散、事故报警机制等处理方面。我国也积极进行仿真模拟的地铁事故人员疏散,事故演练,但就技术含量而言还应注意与国际接轨。

第三大类是地铁安全文化建设方面。虽然我国地铁安全研究硬件设施等还不能接轨国际,但是对地铁安全文化研究却具有一定的成就。安全专家金磊在有关安全文化建设的论文"倡导大安全观的建设"中,从韩国大邱地铁火灾的惨剧谈到了我国地铁安全文化建设的必要性和紧迫性,并且从城市安全的角度论述了地铁安全文化建设的意义和途径。

第四大类是地铁安全经济学。地铁作为一项公众服务设施,它的营利模式很久以来就成为了很多专家学者的研究重点,而且至今仍是一个世界性的难题。

总体而言,这四大方面的安全研究还未能从整个地铁系统出发,探讨适合我国地铁特点的研究模式。而随着地铁安全工作的不断深入,地铁安全研究将朝着更全面更具体的方向发展。近几年举行的"城市交通首届中青年专家论坛"将地铁安全的讨论重点放在如何建立系统的地铁管理体系,加强地铁系统的软件环境建设,营造地铁安全文化氛围。安全评价重点及事故分析方法、人—机关系的安全理论及技术、轨道交通重大事故应急预案研究、重大事故与灾害分析、安全施工技术与管理事故救援与运营的恢复以及灾害下专用防护技术都是大会的热点讨论专题。同时对于地铁安全理论的研究方面,也着重从系统论的观点,从事故预防、安全保障以及事故应急救援角度,搭建整体的安全研究的框架结构体系,将系统理念贯穿于整个安全研究之中。

而这种研究理念也符合了国际先进的安全理论的要求。这也说明地铁的整体安全研究已经成为一种国际趋势,人们对于地铁安全的认识已经上升到一定的高度,对于它的研究也更加全面,更加深入。

3.2 地铁运营安全评估的含义、目的和意义

地铁是城市快速轨道交通的一部分，具有运量大、快速、正点、低能耗、少污染、乘坐舒适方便的优点，常被称为“绿色交通”。与此同时，因地铁建设于地下，又具有封闭性强、运行速度高、起停频繁、客流密集且来源复杂、乘客自助乘车、应急疏散难度大等固有特点，事故一旦发生，后果极为严重，损失重大。不仅会造成设备设施的损坏，而且会造成乘客的伤亡，产生不良的社会效果。因此地铁作为一类特殊的人员密集公共场所，需要对其运营安全进行评估，以发现其薄弱环节，预先采取措施将事故消灭于萌芽状态是极为重要的。

地铁运营安全评估就是以实现地铁运营系统安全为目的，以安全系统工程原理和方法为基础，通过分析地铁事故原因、危险因素，以及地铁运营系统安全影响因素，建立评价指标体系，对地铁运营安全进行评估，以期发现地铁运营中的安全薄弱环节，提出合理、可靠的改善措施或建议。这对提高地铁运营系统安全总体水平具有十分重要的意义。需要说明的是，GB/T 50438—2007《地铁运营安全评价标准》（于 2008 年 5 月 1 日开始实施），主要是从生产建设的角度来评价地铁运营安全，而本章主要是从安全管理的角度出发，因此指标可能会有部分出入。

进行安全评估，有以下意义：

1. 地铁运营安全评估是体现“以人为本”，保障社会公共安全的首要环节。

作为城市的主要的公共场所之一，地铁车站不仅是乘客换乘车辆的中转场所，同时有的车站还兼负地下通道的职能，日客流量达到几十万人次，地铁车厢和车站人口高度密集。一旦发生事故，后果不堪设想。从伦敦国王十字站大火，日本东京地铁毒气事件，到现今韩国大邱地铁大火，莫斯科地铁爆炸，伦敦地铁连环爆炸，地铁事故造成一次次无法估量的人员伤亡和财产损失，从根本上反映出了亟待完善的城市公共安全状况。生命是宝贵的，如果生命都受到了威胁，还怎么体现“以人为本”？还怎么体现公共安全？随着地铁在交通中位置和角色的变化，地铁的安全已经成为城市公共安全的一种标志。因此，社会各界及广大乘客对于地铁安全寄予了很高的期望，这就需要及时对运营安全进行评估，最大限度地排除安全隐患，地铁安全评估工作任重而道远。

2. 地铁运营安全评估为地铁公司做好地铁安全工作提供了参考依据。

尽管国内城市如北京、上海、广州自开通地铁以来，就在实践中不断积极探索和积累，并且总结出了一些适合自身特点的安全管理办法，但是还没有形成一套成熟的体系。本章中涉及的理论、方法以及建立的指标体系都可以作为城市地铁安全评估的参考依据。既可以与已建设地铁的城市间进行信息交流分享，也可以为计划建设地铁的城市提供安全工作的指导。

3.3 理论基础与方法

3.3.1 安全系统工程

1. 安全、危险和风险

(1)安全

安全,是一个永恒的话题,任何行业都离不开安全。安全是指在生产活动过程中,能将人或物的损失控制在可接受水平的状态。也就是说,安全就意味着人或物遭受损失的可能性是可以接受的,若这种可能性超过了可接受的水平,即为不安全。该定义具有下述含义:

①这里所讨论的安全只是指生产领域中的安全问题,既不涉及军事或社会意义的安全与保安,也不涉及与疾病有关的安全。

②安全不是瞬间的结果,而是对于某种过程状态的描述。

③安全是相对的,绝对安全是不存在的。

④构成安全问题的矛盾双方是安全与危险,而非安全与事故。衡量一个生产系统是否安全,不应该仅仅依靠事故指标。

⑤不同的时代,不同的生产领域,可接受的损失水平是不同的,因而衡量系统是否安全的标准也是不同的。

(2)危险

危险(Hazard),作为安全的对立面,是指在生产活动过程中,人或物遭受损失的可能性超出了可接受范围的一种状态。危险与安全一样,也是与生产过程共存的过程,是一种连续的过程状态。危险包含了尚未为人所认识的以及虽为人们所认识但是尚未为人所控制的各种隐患。同时,危险还包含了安全与不安全矛盾斗争过程中某些瞬间突变发生外在表现出来的事故结果[8]。

(3)风险

危险的出现概率、发生何种事故及其发生概率、导致何种损失及其概率都是不确定的。这种事故形成过程中的不确定性,就是广义上的风险(Risk)。

为简单起见,大多数文献将风险 R 表达成为损失程度(或后果)C 与发生概率 P 的乘积,即 R = P × C。但是风险既然是对系统危险性的度量,仅仅以事故来衡量系统的危险性是不够充分的。从整个系统的角度出发,风险是系统危险影响因素的函数,可以表达为下式:

$$R = f(R_1, R_2, R_3, R_4, R_5) \tag{3-1}$$

其中, R_1 代表人的因素, R_2 代表设备的因素, R_3 代表环境的因素, R_4 代表管理的因素, R_5 代表其他因素。

2. 系统

由相互作用和相互依赖的若干组成部分结合成的具有特定功能的有机整体称为系统，而这个系统本身又是它所从属的一个更大的系统的组成部分。一般来讲，系统一般具有以下特性：

(1)整体性

系统是由两个或两个以上可以相互区别的要素(元件或子系统)有机结合起来的整体。要素间不是简单的组合，而是组合后构成了一个具有特定功能的整体。

(2)相关性

系统内各要素之间是有机联系、相互作用、相互制约和相互依赖的。部分要素的变化会影响另一些要素的变化。例如人的不安全行为可以造成物和环境的不安全条件，也是管理不善的表现。反之，物和环境的不安全因素也可引起人的不安全行为，增加管理难度。

(3)目的性

系统通常都具有某种特定的目的，完成某项功能。没有目标就不能称之为系统。

(4)层次性

系统有序主要表现在系统空间结构的层次性和系统发展的时间顺序性。系统可分为若干子系统，而该系统又是其从属系统的子系统，这就反映了系统空间结构的层次性。

(5)环境适应性

任何系统都处在一定的物质环境中，并与外界环境发生物质、能量和信息交换，系统必须适应外界环境的变化，并使之保持最佳适应状态。因此，在研究系统的时候必须重视环境对系统的作用。

3. 系统工程和安全系统工程

系统工程是以系统为研究对象，以达到目标总体最佳效果为目标，为达到这一目标而才采取组织、管理、技术等多方面的最新科学成就和知识的一门综合性的科学技术。

所谓安全系统工程，是指采用系统工程方法，识别、分析、评价系统中的危险性，根据其结果调整工艺、设备、操作、管理、生产周期和投资等因素，使系统可能发生的事故得到控制，并使系统安全性达到最好的状态[9]。

它的最终目的是消除危险，防止灾害，避免损失，保证人财产安全。安全系统工程的内容包括3个方面：系统安全分析，系统安全评价和安全预测。

3.3.2　常用安全评估方法

安全评估的方法有很多种，可以用于地铁安全评估的方法有：安全检查表法、预先危险行分析、事故树分析、事件数分析、原因－后果分析、故障类型、影响和危险度分析、概率安全评价法以及层次分析法、模糊综合评价法等。

3.3.2.1 安全检查表法

1.定义及内容

安全检查是运用常规、例行的安全管理工作及时发现不安全状态及不安全行为的有效途径,也是消除事故隐患、防止伤亡事故发生的重要手段。安全检查表是安全检查的工具,也是依据。安全检查表(Safety Checklist Analysis,SCL)是依据有关安全的规范、标准、制度及其他系统分析的结果,系统地对一个生产系统或者设备进行科学的分析,在对其危险源充分分析的基础上,分成若干单元或者层次,列出所有的不安全元素,以提问的方式把找出的不安全因素确定为检查项目,将检查项目按系统或者子系统顺序编制成的表格。而安全检查表法就是制定安全检查表,并依据此表实施安全检查和诊断的系统安全分析方法。这种方法简单明了,现场操作和管理人员都易于理解与使用。显然,安全检查表分析法的核心是安全检查表的编制和实施。

安全检查表应列出所有可能导致事故发生的不安全因素和岗位的全部职责,其内容主要包括:分类、序号、检查内容、回答、处理意见、检查人、检查时间、检查地点、备注等。通常检查结果用"是(√)"(表示符合要求)或"否(×)"(表示还存在问题,有待进一步改进)来回答检查要点的提问。另外,也可用其他简单的参数来进行回答,也可以用打分的形式(需指定评分标准)表示检查结果。有改进措施栏的应填上整改措施意见。

2.形式

安全检查表的形式比较多,可根据不同的检查项目设计检查表,也可按照统一要求的标准格式制作。在进行安全检查时,利用安全检查表能够做到目标明确、要求具体、查之有据。对发现的问题做出简明确切的记录,并提出解决的方案,同时落实到责任人,以便及时整改。安全检查表的基本格式如表3－1所列。

表3－1 安全检查表的基本格式

<table>
<tr><td>检查时间</td><td>检查单位</td><td>检查部门</td><td>检查结果</td><td>安全要求</td><td>整改期限</td><td>整改负责人</td></tr>
<tr><td></td><td></td><td></td><td></td><td></td><td></td><td></td></tr>
<tr><td>序号</td><td colspan="4">安全检查内容</td><td colspan="2">结论与说明</td></tr>
<tr><td></td><td colspan="4"></td><td colspan="2"></td></tr>
</table>

3.安全检查表的编制依据及方法

(1)编制依据。编制安全检查表的依据主要有以下几个方面:

①有关规程、规定和标准。如编制采煤工艺过程和割煤机的安全检查表,应以《煤矿安全规程》、《操作规程》、《作业规程》等三大规程中有关规定作依据,对

检查涉及的工艺指标应规定出安全的临界值,超过该指标的规定值即应报告并作处理,以使检查表的内容符合法规的要求。

②本单位的经验。由本单位工程技术人员、生产管理人员、操作人员和安全技术人员共同总结生产操作的经验,分析导致事故的各种潜在的危险因素和外界环境条件。

③国内外事故案例。认真收集以往发生的事故教训以及在生产、研制和使用中出现的问题,包括国内外同行业、同类事故的案例和资料。

④系统安全分析的结果。根据其他系统安全分析方法(如事故树分析、事件树分析、故障类型及影响分析和预先危险分析等)。对系统进行分析的结果,将导致事故的各个基本事件作为防止灾害的控制点列入检查表。

(2)编制方法

依据检查对象,安全检查表编制人员可由熟悉系统安全分析的本行专家(包括生产技术人员)、管理人员以及生产一线有经验的工人三结合组成。编制主要步骤如下:

①确定检查对象与目的;

②剖切系统。依据检查对象与目的,把系统剖切成若干子系统、部件或元件;

③分析可能的危险性。对备"剖切块"进行分析,找出被分析系统(部件或元件)存在的危险因素,评定危险程度和可能造成的后果;

④检查要点。根据危险性大小及重要度顺序。对应所定出的检查项目,以提问的形式列出要点并列成表格。

4. 安全检查表的特点

安全检查表是进行系统安全性分析的基础,也是安全检查中行之有效的基本方法。具有明显的特点:

(1)通过预先对检查对象进行详细调查研究和全面分析,所制定出来的安全检查表比较系统、完整,包括控制事故发生的各种因素。可避免检查过程中的走过场和盲目性,从面提高安全检查工作的效果和质量。

(2)安全检查表是根据有关法规、安全规程和标准制定的。因而检查目的明确,内容具体,易于实现安全要求。

(3)对所拟定的检查项目进行逐项检查的过程,也是对系统危险因素辨识、评价和制定出措施的过程。既能准确地查出隐患,又能得出确切的结论,从而保证了有关法规的全面落实。

(4)检查表是与有关责任人紧密相连的,所以有利于推行安全生产责任制。检查后能够做到事故清、责任明、整改措施落实快。

(5)安全检查表是通过问答的形式进行检查的过程,使用起来简单方便,便于安全管理人员和广大职工掌握和接受,可经常自我检查。

总之,安全检查表不仅可以用于系统安全设计的审查,也可以用于生产工艺过程中的危险因来辨识、评价和控制,以及用于行业标准化作业初安全教育等方面,是一项进行科学化管理简单易行的基本方法,具有实际意义和广泛的应用前景。

5. 安全检查表评价法

用安全检查表进行评价,目前已被国内外采用,方法虽然很简单,但是效果却很好,各国都很重视。为了使评价工作得到关于安全程度方面量的概念,开发了许多行之有效的评价计值方法。依据评价计值方法的不同,安全检查表可以分为逐项赋值法、加权平均法、单项定性加权计分法及单项否定计分法。

(1)逐项赋值法

这种方法应用比较广泛。它是针对安全检查表的每一项检查内容,按照重要程度不同,由专家赋予一定的分值。评价时,单项检查完全合格者给满分,部分合格者就按规定的标准给分,完全不合格者计零分。依照检查表逐项逐条检查评分,检查完毕后累计所有各项的得分,这样就得到了系统评价的总分。依据实际评价得分的情况,按照标准规定评价系统总体安全等级的高低。逐项赋值法可由下式表示:

$$m = \sum_{i=1}^{n} m_i \tag{3-2}$$

式中 m——企业安全评价的结果值;

n——评价项目的个数。

(2)加权平均法

这种记分方法是把企业的安全评价按照一定的专业分成若干个评价表,所有评价表不管检查项目的多少都按照统一记分体系分别评价记分,10 分或者 100 分制都可以。评价按照各评价表的内容对总体安全评价的重要程度,分别赋予权重系数,所有权重系数之和为 1。权重系数可由统计均值法、二项系数法、两两比较法、环比评分法、层次分析法等确定。按照各评价表评价所的分值,分别乘以权重系数之后求和,所得到的结果就是企业安全评价的结果值。见式(3-3):

$$m = \sum_{i=1}^{n} k_i m_i \text{,且 } \sum_{i=1}^{n} k_i = 1 \tag{3-3}$$

式中 m——企业安全评价的结果值;

m_i——按照某一评价表的实际评分值;

k_i——按某一评价表实际评价值的相应权重系数;

n——评价表个数。

(3)单项定性加权计分法

这种方法是把安全检查表中的所有检查评价项目视为同等重要。评价时,对检查表中的检查项目分别赋予定性等级的评价,比如:“优,良,中,差”,或者“可靠,基本可靠,基本不可靠,不可靠”等。同时,对应不同定性等级赋予相应的权重

值,累计求和后得出最终评价值。见式(3－4):

$$s = \sum_{i=1}^{n} \omega_i k_i \tag{3-4}$$

式中　S——最终评价值;

n——评价等级数;

ω_i——评价等级的权重;

k_i——取得某一评价等级的项数和。

(4)单项否定计分法

这种方法一般不单独使用,只适用于企业系统中的某些非常敏感又具有特殊危险的子系统,如起重设备,煤气站等。这类系统常常存在若干危险因素,只要有一处处于不安全状态,就有可能导致严重事故的发生。因此,在这类系统的安全评价表中某些项目就被确定为对系统整体安全状况具有否决权的项目。这些项目中只要有一项被评定为不合格,则该系统整体安全状况就为不合格。这种方法已经在机械工厂和核工业设施以及铁路运输企业的安全评价中采用,也可用于地铁安全评估。

3.3.2.2　预先危险分析

1.基本含义

预先危险分析(PHA)是一种定性分析系统危险因素和危险程度的方法。它是在一项生产或工程活动(包括设计、施工、生产)之前,特别是在设计初始阶段,对系统存在的危险性类别、出现条件、导致事故的后果等进行宏观的概略地分析,尽可能评价出潜在的危险性。因此,该方法也是一份实现系统安全危害分析的初步或初始的计划,是在方案开发初期阶段或设计阶段之初完成的。

预先危险分析的目的不是分析系统本身,而是预防、控制或减少危险性,从而提高系统的安全性和可靠性。重点在于识别系统中可能存在的危险源,确定安全性关键部位;识别出危险源可能导致的危害后果,依据风险程度评价危害的程度;确定安全性设计准则,提出消除或控制风险的措施。

2.预先危险分析的优点

(1)分析工作做在行动之前,可及早采取措施排除、降低或控制危害,避免由于考虑不周而造成的损失。

(2)对系统开发、初步设计、制造等的分析结果可以提供应遵循的注意事项和指导方针。

(3)分析结果可为制定标准、规范和技术性文献提供必要的资料;

(4)依据分析结果可以编制安全生产检查表以保证安全改进措施,还可作为安全教育材料。

3.预先危险分析的步骤

(1)明确所分析的系统的功能及分析范围。

(2)调查、搜集资料。包括搜集其他类似系统的资料和使用类似设备、工艺、材料的系统的资料。

(3)系统功能分解。为了便于分析,将系统进行功能分解,弄清其功能、构造、作业过程及设备等。

(4)危险源识别。危险源是导致事故的根源,它包含3个要素:潜在危险性、存在状态和触发因素。首先,考虑的就是系统存在的能够致害的能量(包括致害物质),致害能量(致害物质)决定了危险源的潜在危险性。其次明确危险源存在的状态,以及是否采取了有效的约束措施(包括具体设备设施、管理制度、作业规范等)。最后,致害能量或物质的转移是需要条件的,包括直接导致危险源约束条件破坏的因素,还包括导致危险源进入危险的物理或者化学状态的因素。这些因素可能来自系统内部,如设备故障,人的因素,也可能来自系统外部,如自然灾害。确定这些因素,以便为制定防范措施提供依据。

(5)风险分级。系统风险就是系统中所有可能发生的危害性事件的风险总和。风险分级时要考虑事故发生的可能性和后果的严重程度。一般分为4级:

Ⅰ级:安全的;一般不会发生事故或者后果轻微,可以忽略;

Ⅱ级:临界的;由导致事故的可能性,且处于临界状态,暂时不会造成人员伤亡和财产损失,但应该采取措施予以排除或控制;

Ⅲ级:危险的;导致事故发生,人员伤亡或者财产损失的可能性很大,必须立即采取措施进行控制;

Ⅳ级:灾难性的;很可能导致事故发生、重大人员伤亡或巨大财产损失,必须立即采取措施加以消除。

(6)制定风险控制措施。针对识别的危险因素进行风险控制,需要从降低事故发生的可能性和降低事故后果的严重程度两方面入手。即采取预防性措施降低事故发生的概率,采取保护性措施及应急性措施降低事故后果的严重性。

(7)汇总分析结果。汇总审查结果,依据风险等级,按照轻重缓急制定风险控制措施。将分析结果汇总成PHA结果表,见表3-2。

表3-2 PHA结果汇总表格式示例

系统: 运行方式: 分析日期:

序 号	危险源	事故情况	事故原因	事故可能性	危害后果	风险等级	控制措施

运用预先危险性分析法(PHA)可以判断地铁系统发生事故和职业危害的可能性及其严重程度。

3.3.2.3 因果图分析法

因果分析图因其形状像鱼刺及树枝,又称鱼刺图或树枝图。因果图分析法是将事故的各种原因进行分析和归纳，用简明的文字和线条表示原因和结果的方法。该方法开始主要用于质量管理，在系统安全分析中把因果图法移植过来，目前已成为一种重要的危险辨识与系统安全分析方法。

1. 因果图的结构与内容

因果图结构如图3.1所示，其中包括：

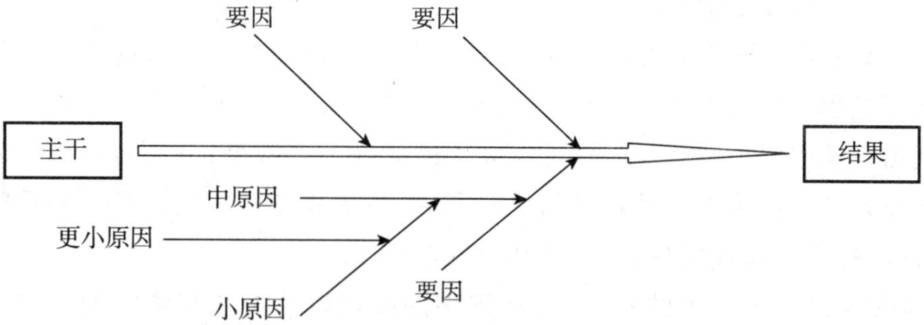

图3.1　因果分析图

(1)结果，指事故的类别或后果。

(2)原因，指引起结果的影响因素，根据归纳、分析结论，分门别类分层次列出。其中对引起事故或结果起主要作用的因素称为要因；把引起要因的原因称为中原因；因引起中原因的原因称为小原因；依此类推。

(3)支干，把表示结果与原因，原因与小原因之间的箭线称为支干。中央支干称为主干。

2. 因果图分析步骤

(1)确定对象。将需要分析的事故作为将要研究的"结果"确定下来。

(2)收集资料。通过调查或者其他途径将与所分析问题有关的设备设施、环境、操作、管理等方面的资料尽可能详尽地收集起来。

(3)原因分析。分析导致结果的原因，并根据事故分析的实际情况，采用逻辑推理的方法，归纳出有关原因的层次关系。

(4)作图。将分析的结果按照逻辑关系和规定标画在图上。

3. 作图注意事项

因果图分析法要求全面罗列原因，层层剖析，分清主次，切忌只罗列表面现象，实际分析时需要注意如下几方面：

(1)集思广益，从不同的角度，采取不同方式去探索、分析造成问题结果的各项因素；广泛收集资料时，要注意分析各项因素之间的内在联系。

(2)将各因素的逻辑关系画在图上，并经过认真分析，找出关键因素。

(3)确定关键因素后，应到现场去落实并拟定措施解决。

(4)措施实施后，再进行调查，检查其效果。

因果分析图法可以用来分析地铁事故的原因。

3.3.2.4 故障类型、影响和危险度分析

故障类型和影响分析(Failure Modes and Effects Analysis,FMEA)和故障类型、影响和危险度分析(Failure Modes,Effects and Criticality Analysis,FMECA)都是重要的安全分析方法。前者是定性分析,可对故障严重程度进行分级;后者可对故障所带来的风险作定量评价。

FMEA是对系统各组成部分、元件进行分析的重要方法。系统的子系统或元件在运行过程中会发生故障,而且往往可能发生不同类型的故障。这种分析方法首先找出系统中各子系统及元件可能发生的故障及其类型,分析故障模式对邻近子系统或元件的影响以及最终对系统的影响,并将故障模式按其影响的严重程度进行分级,提出消除或控制这些影响的措施。

FMECA是在FMEA的基础上,将识别的故障模式按照其影响的严重程度和发生概率进行综合评价,具有完全意义上的风险评价功能。对故障严重等级为Ⅳ级——致命的故障类型一般需要作危险度分析。它的分析内容包括:故障类型和影响分析以及危险度分析。

(1)故障类型和影响分析的程序

①掌握和了解对象系统

包括:了解分析对象的系统、装置或设备;确定分析系统的物理边界,划清对象系统、装置、设备与子系统、设备的界限,圈定所属的元素;收集元素的最新资料,包括其功能、与其他元素之间的功能关系等。

②对系统元件的故障类型和产生原因进行分析

在对系统元素的故障类型进行分析时,要将其看作是故障原因产生的结果。首先,找出所有可能的故障类型,同时尽可能找出每种故障类型的所有原因,然后确定系统元素的故障类型。

故障类型的确定。若分析对象是已有元素,则可以根据以往运行经验或试验情况确定元素的故障类型。若分析对象是设计中的新元素,则可以参考其他类似元素的故障类型,或者对元素进行可靠性分析来确定元素的故障类型。

元素的故障是故障原因对元素功能影响的结果。故障原因可以从内部原因和外部原因两个方面来分析。外部原因主要是元素运行的外部条件方面的问题,同时也包括邻近的其他元素故障。

③故障类型对系统元件的影响

分析故障类型的影响,通过研究系统主要的参数及其变化来确定故障类型对系统功能的影响,也可以根据故障后果的物理模型或经验来研究故障类型的影响。

④汇总结果和提出改进措施

根据故障类型和影响分析表,系统地、全面和有序地进行分析,最后将分析结果汇总于表中,可以一目了然的显示全部分析内容,对照故障严重等级标准进行故障划分。严重度等级分为以下4级:

Ⅰ级:轻微的——不足以造成人身伤害、职业病、财产损失或系统破坏,但需要额外的维护或修理。

Ⅱ级:临界的——可能造成轻伤、职业病、少量财产损失、轻度的系统破坏(造成生产延误、系统可靠性或功能下降)。

Ⅲ级:严重的——可能导致严重伤、严重职业病、重大财产损失、严重的系统破坏(造成长时间停产或生产损失)。

Ⅳ级:致命的——可能导致死亡或系统损失。

(2)危险度分析

危险度分析的目的在于评价每种故障类别的危险程度。通常,采用概率—严重度来评价故障类型的危险度。概率是指故障类型发生的概率,严重度是指故障后果的严重程度。采用该方法进行危险度分析时,通常把概率和严重度分别划分为若干等级。

当用危险度一个指标来评价时,可按下式计算危险度:

$$C = \sum_{i=1}^{n} (\alpha\beta\kappa_1\kappa_2\lambda t) \tag{3-5}$$

式中 C——系统的危险度;

n——导致系统重大故障或事故的故障类型数目;

λ——元素的基本故障率;

t——元素的运行时间;

α——导致系统重大故障或事故的故障类型数目占全部故障类型数目的比例;

β——导致系统重大故障或事故的故障类型出现时,系统发生重大故障或事故的概率,其参考值见表3-3;

k_1——实际运行状态的修正系数;

k_2——实际运行环境条件的修正系数。

表3-3 β值

故障影响	肯定造成损失	很可能造成损失	可能造成损失	没有影响
发生概率 β	$\beta=1$	$0.1 \leq \beta < 1.0$	$0 < \beta \leq 0.1$	$\beta=0$

3.3.2.5 事故树法

事故树分析(Fault Tree Analysis,FTA)是对既定的生产系统或作业中可能或已经出现的事故条件及可能导致的灾害后果,按工艺流程、先后次序和因果关系绘成的程序方框图,表示导致灾害、伤害事故的各种因素之间的逻辑关系。用以分析系统的安全问题或系统的运行功能问题,并为判明灾害、伤害的发生途径及与灾害、伤害之间的关系,提供一种最形象、最简洁的表达形式。

事故树分析的完整程序如下:

(1)熟悉系统,要详细了解系统状态及各种参数,绘出工艺流程图或布置图。

(2)调查事故,收集事故案例,进行事故统计,设想给定系统可能要发生的事故。

(3)确定顶上事件,要分析的对象事件即为顶上事件。对所调查的事故进行全面分析,从中找出后果严重且较易发生的事故作为顶上事件。

(4)确定目标值,根据经验教训和事故案例,经统计分析后,求解事故发生的概率(频率),作为要控制的事故目标值。

(5)调查原因事件,调查与事故有关的所有原因事件和各种因素。

(6)画出故障树,从顶上事件起,一级一级的找出直接原因事件,到所要分析的深度,按其逻辑关系,画出故障树。

(7)分析,按故障树结构进行简化,确定各基本事件的结构重要度。

(8)事故发生概率,确定所有原因发生概率,标在故障树上,并进而求出顶上事件(事故)发生概率。

(9)比较,分可维修系统和不可维修系统进行讨论,前者要进行对比,后者求出顶上事件发生概率即可。

(10)结果分析。

原则上是上述10个步骤,在分析时可视具体问题灵活掌握,如果故障树规模很大,可借助计算机进行。目前我国事故树分析一般都考虑到第7步进行定性分析为止,也能取得较好效果。

事故树在地铁安全评价中多数用来分析子系统的事故与故障情况,探讨事故和故障的溯源所在,依据所分析的情况给出适当的解决措施和建议。

以2000年8月30日巴黎地铁出轨事件为例。2000年8月30日,据巴黎当地媒体报道,30日中午1点半钟,巴黎地铁12路线一列地铁列车以35~40 km的时速行驶,在即将驶入罗莱特圣母站时,包括机车的列车第一节车厢突然翻倒在旁边逆行的轨道上。出轨车厢止住时与当时对面方向驶来停在站台上的另一列列车只有1 m距离。这是30多年来巴黎地铁首次出现这样的事故。历时两个月,专家调查组对事故进行了事故树分析。

调查组从事故的结果开始,逐步的向下探寻事故的原因,同时,专家咨询小组判断树权因子引发事故的可能性大小。关于道岔问题,调查组勘查过失事地段的铁轨,没有发现可以导致失事的异常损坏,那么道岔硬件和设计失误的问题就不是导致出轨事故的主要原因;此外,失事地铁机车经检查后被认定失事时工作状态正常。与此同时,调查组发现,在进站前地铁驶过一段坡度为4%的弯道,地铁当时车速是62 km/h,这超过了该路段行驶的安全时速。专家解释巴黎地铁在一些线路可以以80 km/h的高速飞驰,而在出事的这条线路上,地铁的最高速度只能是58 km/h。由此可见,驾驶问题成为地铁出轨事故的主要致因,失事时司机应负主要责任。见图3.2。

事故树还可以最小割集,即能够引起顶上事件发生的最低限度的基本事件的集合,来确定引发事故的最少因子的组合,这样识别了导致事故的基本事件(基本的设备故障)与人为失误的组合,可为人们提供设法避免或减少导致事故基本原因的线索,从而降低事故发生的可能性。而且由于它直观的表达,也便于查明系统内固有的或潜在的各种危险因素,为设计、施工和管理提供科学依据。

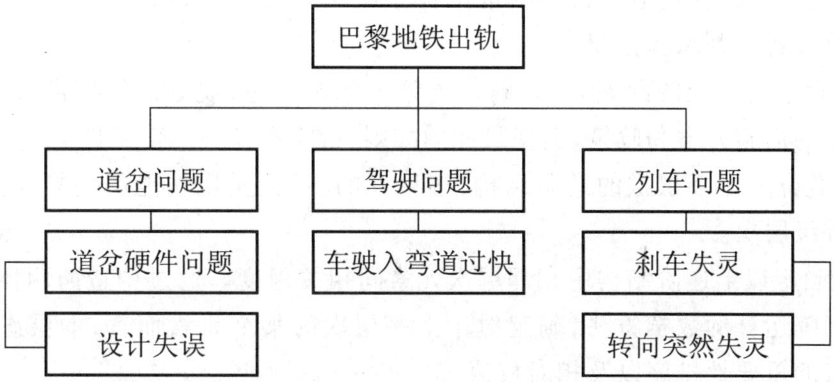

图3.2 巴黎出轨事故树分析

3.3.2.6 概率安全评价法

概率安全评价,也称概率风险评价,是一种定量评价法。此法是先求出系统发生事故的概率,可以用故障类型及影响和致命度分析、事故树定量分析、事件树定量分析等方法计算发生事故的概率。在求出事故发生概率的基础上,进一步计算风险率大小,确定系统的安全程度。也就是用风险大小衡量系统的危险程度是否超过可接受的安全标准,以便决定是否需要采取相应的安全措施,使系统达到社会所接受的安全水平。

概率安全评价的标准是风险,它的大小取决于两个方面:一是事故发生的概率;二是造成后果的严重度。事故发生概率是单位时间内事故发生的可能性,损失严重度是指发生一次事故损失的大小。风险可以表示为:

$$R = S \times P \tag{3-6}$$

式中 R——风险,事故损失/单位时间;

S——损失严重度,事故损失/事故次数;

P——事故发生概率(频率),事故次数/单位时间。

式中的单位时间可以是年,月,日,小时等,事故损失可以用人员伤亡,经济损失后者工作日损失等来表示。由于受系统复杂程度及数据源的限制,计算事故发生的概率相当困难,往往用事故发生频率来近似概率,因此,可用一定时间内事故发生次数来表示概率。

由上式可见,风险率是表示单位时间内事故造成损失的大小。如果事故发生的概率很小,即使后果很严重,风险也不会很大;如果事故发生的概率很大,而每次事故的后果却不严重,那么风险同样也不会很大。

3.3.2.7 *层次分析法*

层次分析法(Analytic Hierarchy Process,即 AHP),又称多层次权重解析方法。是 20 世纪 70 年代初期由美国著名运筹学家萨蒂教授首次提出来的。该方法是定量分析与定性分析相结合的多目标决策分析方法,把数学处理与人的经验和主观判断相结合,能够有效地分析目标准则体系层次间的非序列关系,有效地综合测度评价决策者的判断和比较。

(1)通过对系统的深刻认识,确定该系统的总目标,规划决策所涉及的范围、所要采取的措施方案和政策、实现目标的准则、策略和各种约束条件等。

(2)建立一个多层次的递阶结构,按目标的不同、实现功能的差异,将系统分为几个等级层次。

(3)确定以上递阶结构中相邻层次元素间相关程度。通过构造两两比较判断矩阵及矩阵运算的数学方法,确定对于上一层次的某个元素而言,本层次中与其相关元素的重要性排序以及相对权值。

(4)计算各层元素对系统目标的合成权重,进行总排序,以确定递阶结构图中最底层各个元素的总目标中的重要程度。

(5)根据分析计算结果,考虑相应的决策。图 3.3 给出了层次分析法在铁路安全评价中的应用。

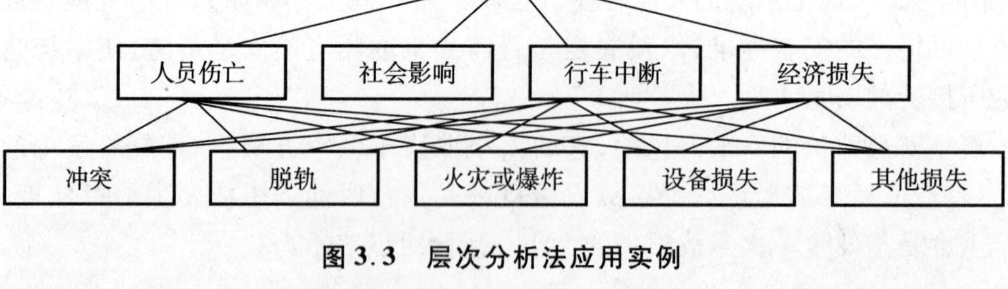

图 3.3 层次分析法应用实例

层次分析方法因为具有定性定量的优点,之后又应用于各种生产领域的评价指标体系中,同时也广泛的应用于铁路以及其他部门的安全评价中。本文所涉及的安全评价方法正是借鉴了层次法在铁路安全评价中的应用,再结合地铁本身的特点进行具体的分析。该种方法总体而言,可将复杂的大型系统转化为层次分明的结构,从排序权重矩阵分析影响因素的重要程度。

3.3.3　国外地铁安全评价方法综合应用

国外的安全管理是比较先进的，本小节主要就英国伦敦的风险评估体系，美国纽约的安全认证体系，日本东京的应急响应管理以及丹麦哥本哈根的安全站点作大体的介绍，从中吸取成功经验为搭建安全评价指标体系提供帮助。

3.3.3.1　英国伦敦地铁风险评估体系

英国伦敦地铁始建于1863年，是世界上历史最为悠久的地铁系统。目前地铁网总长392 km，设275座车站，有1.6万名职工。伦敦交通的70%依靠地铁，每天的客运量约300万人次，特别是上下班高峰时达到40万人。每小时开出的列车达90班次，每小时能够运送10万多人，运送速度比地面运送速度快一倍以上。

伦敦地铁运营至今，有几个方面堪称世界之最。地铁通车全世界最早，早期运营之后就开始不断增加和扩延线路；其次，伦敦的地铁网在全世界是最密集和复杂的，但是交汇换乘却非常方便，地铁站相隔在百米之内；还有就是伦敦地铁的各种指示和标示也是最多最方便的，换乘站的换乘线路、车站出口以及每个出口都通向那些地面场所，都有清楚标志。

目前，伦敦的地铁主要由英国地铁公司管理，该公司成立于1985年，下设许多专业管理部门，铁轨、信号、车站管理、保安、服务等各部门之间分工协作，从成立到现在，已经形成一整套严格有序的管理模式。

对于地铁的安全管理，由于多年积累的经验和不断的探索，伦敦地铁总结出了一套适用于自身情况的安全管理办法，在地铁的安全评估阶段也有自己专属的风险评价方法适用。英国伦敦地铁公司风险评价方法（London Underground Limited Quantified Risk Assessment（LUL QRA））主要是分析和预测某种重大危险有害因素对乘客及其工作人员可能造成的伤害，它通过确定人员伤害（伤亡）与主要危险因素的定量关系，以确定危险因素的伤害程度，更好的掌握发生危险有害因素的原因，从而采取一定的方式、方法进行控制和改进。此种方法需要大量的原始数据作为依据[10]。

风险控制系统确保为工作场所提供足够的预防措施，它是由一组流程组成，如图3.4，包括：

（1）所有地铁组成系统的行动和采取的措施。

（2）遵循上级安排及有关的规章制度和法律。

（3）整个系统如图协调进行。

整个伦敦地铁的安全评估工作围绕这个大的框架展开，同时由于不同的情况需要不同的风险评估技术。针对这一点，地铁公司运用了不同的风险评估工具，大体包括：LUL定量风险评估（LUL QRA）、乘客风险评估（Customer Risk Assessment，简称CRA），工作场所风险评估（Workplace Risk Assessment，简称WRA）。

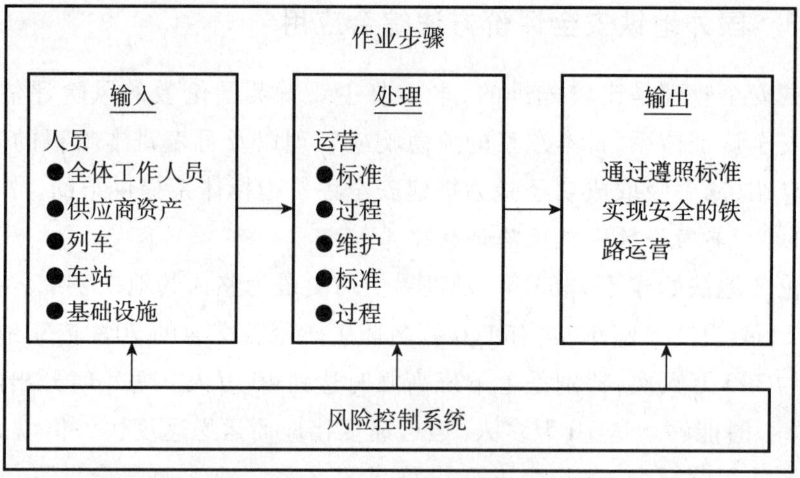

图 3.4 风险控制系统

LUL 定量风险评估(LUL QRA)评估直接关系安全运营的可能对乘客和其他公众造成影响的风险因素。评估过程中,许多故障能够引起这些主要危险,评估的结果受到诸如涉及的人员数目和安全措施,同时还有减轻风险的措施的成败等因素的影响而有所不同。LUL 定量风险评估(LUL QRA)利用故障树和事件树分析来对与这些危险有关的风险建模。这项技术适用于对复杂的事件组合来建模。这些事件组合中的单个事件有可能很少发生,另外根据控制系统的成败,这些事件组合的结果也不同。LUL 定量风险评估(LUL QRA)对每一条运营线的风险进行评估,用乘客风险评估(CRA)的方法进行补充。乘客风险评估(CRA)对详细而精确的地点的风险进行评估。乘客风险评估(CRA)和工作场所风险评估((WRA)方法利用风险矩阵方法。乘客风险评估(CRA)评估特定区域中乘客的特定风险,包括铁路线,同时也考虑了每一个特定区域的特点。与 LUL QRA 相比,乘客风险评估(CRA)方法最典型的是用来评估更低结果的危险(lower consequence hazards)。乘客风险评估(CRA)确定了死亡事故风险或特定区域的明确的主要危险,这些就被提出来合并到 LUL 定量风险评估(LUL QRA)中。WRA 应用一个可靠的方法来评估地铁从业人员面临的风险。它通过分析所有工作和工作环境来确定危险群等,其中和任务以及任务的执行地点有关的可预见的危险,是该项评估的重点。

LUL 定量风险评估(LUL QRA)可用来从主要危险中推导出对雇员的风险。例如在列车间迎面碰撞、列车火灾或者脱轨事故中,列车操作员的死亡风险。它也可以用来确定车站工作人员的死亡风险,例如在车站火灾事故中的死亡风险。安全评估确定了危险,它可能影响没考虑到的组,将被记录在案,并适用合适的工具进行评估。通过风险评估工具得到了相关的安全评估报告的大体框架,其中的细则由职业健康和安全立法确定。其中包括伦敦地铁部门的控制标准、英国健康和安全主管(HSE)指南和工作规程。见表3-4[11]。

1.定量风险评估

表3-4 LUL控制标准实例

主　　题	健康和环境控制标准
健康危险	1.对健康的物质危险
噪　　声	2.噪声
肺炎病菌	3.军团病(大叶性肺炎)
人工操作	4.人工操作
显 示 屏	5.显示屏设备
石　　棉	6.控制石棉

定量的风险评估方法来评估可能对地铁乘客和其他公众造成的伤亡主要的风险。其中包括通过其他LUL集团成员、其他列车运营公司、其他车站运营公司和铁路网络的行为而引发的运营中的风险。也包括铁路网络系统工作的前提下,所控制的基础设施进行运营时给乘客造成的风险。

LUL QRA确定每年由于运营而造成的预计的死亡总数。通过估计由于每一条LUL线路上的主要危险而导致的乘客和其他社会公众死亡的风险来计算。把每一条线路上的估计值求和,来确定由于运营引起的总的风险。依据导致结果相类似已否对主要危险进行分组[12]。

每一个结果对应形成了故障树图形分析中的一个重大事件。把和每一个重大事件相联系的风险用图表的形式表示,即QRA风险概括图。QRA风险概括图突出了占有支配地位的重大事件。同时LUL QRA使用故障树和事件树分析。故障树图形分析对导致一个主要危险的事件组合的发生频率进行估计。这些事件每年的发生概率使用事故数据,或者当事故数据难以获得时,使用定性判断来确定。当涉及人的失误时,用关于人的因素的评估来预计人的错误的概率。事件树用图形的方式表示事件是如何升级的,包括控制和降低风险的措施的失败。死亡数的估计通过事故数据分析、专家判断和结果分析来进行。

使用故障树和事件树的组合方法,根据可获得的数据和专家判断,提供了对整个风险水平的估计[13]。这种方法的优点是:

(1)当有很少或没有历史证据可供评估时,不太可能存在事件或风险的组合也可以评估。

(2)考虑事件之间的依赖关系,定性的研究所有控制措施的效果。

(3)对确定风险的相对重要性给出了有力的指导。

(4)如果运营活动改变相应的引起风险概括图的改变,评估同样可以进行。

同时顺应事件不断发展变化,相关的评估工作进行的同时,至少每三个月开一次会对工作进展进行评估。

2.乘客风险评估

特定地点的乘客风险评估,系统地分析乘客的路线来确定乘客面临的本地危险和风险。这个过程通过确定非致命性风险和提供可能影响致命风险的特定场所的危险的有关信息来对LUL、QRA进行补充。

乘客风险评估包括下列有组织的对大多数乘客乘车路线的物理仿真,来确定乘客所面临的风险的相对影响。这个仿真过程一直从乘客进入车站开始(从进站到上车),到乘车旅行,直到乘客离开车站(从下车到出站)结束。任何换乘车站和乘客使用车站的类型也纳入考虑范围。

3. 工作场所风险评估

工作场所风险评估确定工作场所对雇员的风险。经过广泛的咨询、协商,其中包括使用事故记录来帮助确定什么是有可能发生的以及可能发生的频率,之后总结为一个关键程序清单。工作场所风险评估按照这个关键程序清单,来对工作进行分析,确定危险群。每一个程序由一些相关联的任务组成。它经过评估来确定与任务和执行任务的场所有关的可预见的危险。对每一个工作场所考虑工作的所有部分和执行工作时面临的危险,进行分级评估。这些危险包括:

- 滑倒、摔倒和坠落,包括有障碍的或光滑的表面、在高处工作和在不同高度的层面之间移动;
- 和机器一起工作,包括接触运动中的火车以及高温工作;
- 坠落的物体,包括装载的货物、设备或高空坠落的工具或建筑故障;
- 电力方面的工作,包括电弧放电、低压或高压工作、供电中断的影响、可燃物的点燃;
- 动手或动口的攻击;
- 用手动工具工作;
- 在受限制的空间工作包括易燃的、有毒的、缺氧的和氧气浓度高的空气中,或被困在受限制的空间中;
- 火灾和爆炸,包括使用压缩气体和高压气筒和软管;
- 化学的健康危险,例如有毒的、腐蚀性的或有刺激性的物质;
- 生物的健康危险,包括接触被污染的物质和水或体液;
- 物理的健康危险,包括热、冷、灰尘、烟、气、噪音、辐射和通风;
- 任务设计的工效学和其他基本因素,包括操作显示屏设备、人工操作、重复性的任务和在狭窄的或不舒服的位置工作;
- 由压力、工作方式和精神创伤导致的心理紧张状态。

当确定健康风险存在时,将按照相关的规范要求,进行详细而精确的健康风险评估。在这些情况下,将向伦敦地铁职业健康机构的专家征求意见。按照要求,伦敦地铁职业健康机构将派专家就风险评估方面提出职业保健的建议。

4. 风险分级系统

对每一个风险评估方法开发了风险分级系统。按照安全控制标准中确定的标准,通过确定以下方面来对风险进行分级:

(1)危险事件有可能引起的伤害的严重程度。

(2)有可能引起这个严重程度伤害的事件发生的可能性[14]。

这个风险分级方法允许不同方法评估的风险之间进行比较,并且提供给风险分配权重的手段。各种形式的风险评估确定的风险被分为高、中、低三类。

LUL、QRA 中,对于某一特定的运营线路,来自重大事件中每一事件的风险的相对严重程度分为高、中、低三类,如下所示:

- 高:当这个风险导致的统计上的死亡人数大于每年 1 个时;
- 中:当这个风险导致的统计上的死亡人数在每年 0.001 和 1 之间时;
- 低:当这个风险导致的统计上的死亡人数小于每年 0.001 个时。

LUL、QRA 评估的风险的相对严重程度,也可以由 SQE 风险评估发展经理在公司的级别上进行分类,来确定整个 LUL 网络的风险的相对严重程度和权重区域。对于这种分类方式,每一个重大事件的影响程度分为:

- 高:在风险概括图中占 50% 以上,因此是占支配地位的因素;
- 中:在风险概括图中占 10% 到 50% ,因此是重要的因素;
- 低:在风险概括图中占 10% 以下,因此是次要因素。

为确定风险的相对严重程度,工作场所风险评估和乘客风险评估都使用风险分级矩阵。对受风险影响的可能性和伤害的严重程度的定性判断,使用相应的评分系统来进行分类[15]。对每一个严重程度和可能性的评分所得分数相加给出整个风险的等级。对于这种分类方式,每一个风险的影响程度分为:

- 高:如果它的分数超过 20 分;
- 中:如果它的分数在 14 到 20 分之间;
- 低:如果它的分数低于 14 分。

评估高等级风险,现确定风险的可接受程度,是否需要采取立即行动来消除或降低相关风险。随后对风险等级进行评估。在考虑选择消除或降低风险后依然存在的任何高等级风险,将被定期评估。

评估中等级风险,确定是否存在任何进一步的合理可行的风险降低措施能降低风险,特别是在控制措施被证明无效或只是部分有效的情况下。

低等级风险被认为是能得到广泛接受的。然而,如果确定了一个低成本的风险降低措施,并且是合理可行的,它将被评估和执行[16]。

3.3.3.2　美国纽约地铁 SSC 安全认证体系

纽约的地铁营运线路总长居世界首位,日客运总量已达到 2 000 万人次,占该市各种交通工具运量的 60% 。经过一个世纪的发展,纽约市目前拥有地铁线路 26 条,地铁车站 468 个,车厢 6 400 多节,线路总长近 370 km。地铁年客运量达 14 亿人次。据统计,在每天进入曼哈顿中央商务区的客流中,搭乘地铁到达的为 62.8% 。

纽约地铁的安全评定通常由美国交通部以及官方运输管理部进行,通过各种评定检测之后,由国家交通系统中心提交一个安全风险认证报告,即 SSC(Safety and Security Certification)。SSCP 安全风险认证计划是运输组织为了协助管理有效的认证程序而采用的基本工具,SSCP 为整个工程的参与成员提供了程序如何执行的大体步骤和工作流程[17]:包括系统风险因素的确定,工程中可操作性的安全风险指标,设计检验报告与安全风险指标的相关联系,工程建设及是否依据设计检验报告执行,为工程人员提供培训课程,强调系统安全性和应急预案的重要性及实施,提供运营和检修安全指南,为运营检修职工提供有关规章制度和安全进程的课程,联系公共安全机构(例如消防局和警局)获得支持,安全隐患安全漏洞的识别以及相关的解决措施,实现 SSC 的同时应保证地铁运营与其他交通系统及相联系统的协调性 SSCP 的主要内容归纳见表 3 – 5[18]。

表 3 – 5 SSC 实施内容

		内 容
第一部分	介绍	负责部门;目的;目标;定义;职责;范围;认证修订
第二部分	项目管理	工程队伍;安全风险评估委员会;防火救灾安全委员会;系统改革运营委员会
第三部分	认证过程和手续	大体框架;评估因子;标准检查记录;细则及运营前期检查;测试及监督;综合测评与综合测评许可;计划与进程管理;培训项目;应急训练
第四部分	风险及薄弱环节管理	大体框架;风险识别和分析;危险及薄弱环节评估;解决过程;公开条目清单
第五部分	一致性认证	保险条例;例外特殊情况
第六部分	文件章程	要求;职责
第七部分	陈述职责	阶段报告;最终认证;最终认证报告

作为 SSC 方法中的第一步,待认证系统安全因子的识别是整个过程的基础。这些因子包括地铁系统中所有能够对运输部门、乘客、职员、合同商、应急反应者或者普通公众产生影响的因子。这些因子的确定同时也定义了工程认证项目的影响范围。待辨别的因子由很多条目组成,这些条目构成了整个系统的主要部分。而且在系统主要机体使用之前,若还未得到有关安全的认可,则这些条目需要进行逐个的安全认证。而这些条目所罗列出来的清单在 SSC 项目中被称为待认证条目清单 CIL[19]。

待认证因子分解为 CIL 的过程需要工程团队中地铁技术工程的协助,如图 3.5所示。在技术工程的辨别之下,待认证的考察因子,特别是专有部门中的组成(如机车控制系统升级,新型车厢等)就可以分解为如图的很多方面,一再的细分,使考察的工作更加细致到位,而且安全认证考察的客观性和公正性也将提高。

待认证因子以及分解因子的主要组成如表 3 – 6 所示,工作的最后一步则是提交一份验证报告。

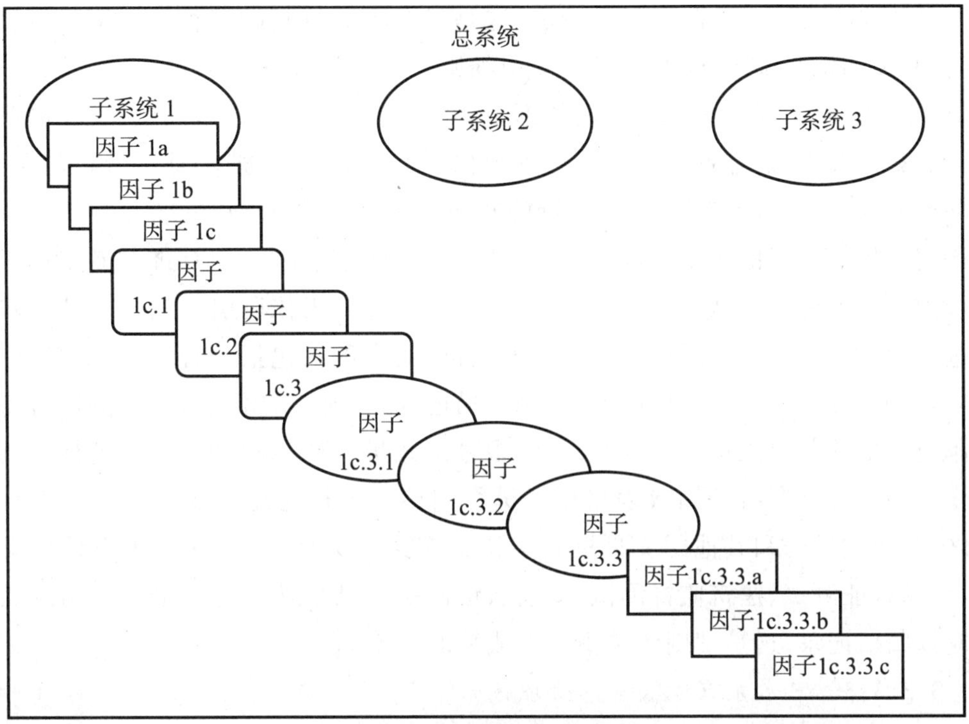

图 3.5　待证因子分解图例

表 3-6　因子的具体组成

系统	车辆	车厢;联动装置;车门,车门控制系统;推动装置;车厢附属;刹车系统;驾驶室及控制室;通讯系统;电梯;HVAC;火灾/照明/烟雾通风口
	信号	联动合锁回路/设备;主线控制和指示;区间交叉警示装置;换道线路接口;LRT 信号;信号标志;车身保护
	通讯	无线电系统;中央控制调度;SCADA;火灾单元通信;安全系统;防火系统;公共广播系统
	牵引电力系统	电力闭合回路;高压接电装置;AC/DC 转换器;DC 接电装置;电池及充电器;悬链线;杂散电流保护装置
土木工程装置	道路及其结构	道路使用权;隧道;天线;路面标志;地下指示;路障警示牌
	通道和店铺	电力安全供给;机车乘坐;通道和其他;候车厅等建筑(面积);防火系统;电梯/扶梯
	站台/停靠点	月台;残障人士通道;电梯和逃生通道;紧急照明系统;接地线
	运营和检修项目	运营进程标准;应急运营进程;手册和规章;培训和认证;本地应急反应培训;应急预案
	信号系统,预装设备,交通信号控制,稳性电梯,售票系统	
	计划,进程和培训测试计划	
	限度测试,综合测试,前期道路测试	

SSC 方法的第二步制定安全标准,这是一个不断反复的进程。其基本过程主要遵照一个路线:制定标准—确定实施细则—需求测试—标准执行,然后再不断改进,重复而行。安全标准制定的依据主要有:前任合同中技术问题,现存的部门设计和执行标准,运输部门在运营过程中积累的经验,风险薄弱环节分析的结果,运输产业安全的实践和报告,已实行的官方编制的安全编码、标准和规则以及当地部门和机构组织的规章制度[20]。在制定标准的过程中,个个标准的制定都必须结合前一步骤中的待认证因子的清单进行,这样进行工作所引发的执行冲突较单独进行而言就比较少。进行必需的安全测试,其中测试包括:测试名称,测试的进程阶段,所牵涉的合同,测试的目的,测试描述,测试前期的准备工作,测试所需的资源应上报的部门机构,器材和设施的型号以数量,所需测试的时间,进行完测试工作之后将所有资料绘制成表格形式进行归档。进行完建设发展阶段的初级步骤之后,测试报告和其他的文件资料应该提交给有关部门,以此作为设计质量测试、产品认证测试、建筑监督测试、安装认证测试的结果认证。安全相关的测试结果应该归档记录,这是细则清单中不可或缺的组成部分。

3.3.3.3 日本东京地铁应急管理体系

日本的城市地铁始建于东京。1920 年 3 月 23 日东京成立了地下铁道株式会社。并于 1927 年 12 月 30 日建成了东京第一条地铁,(12 号线。又称大江户线)建成通车时线路总长 43 km,开创了亚洲城市地铁建设的纪元。至今,日本已有 9 个城市(东京、大阪、名古屋、横滨、札幌、仙谷、京都、神户、福冈)共建有 600 多 km 地铁,是亚洲目前拥有运营地铁线路最长的国家之一。

由于日本地震灾难的频发性,地铁作为受影响最小的交通工具在国家交通体系中所具有的地位不言而喻。特别在东京地铁建成通车以来,还经历了战争时期的民用避难和军用物资运送的场所。地铁每年输送乘客 46.93 亿人次,相当于每个日本人每年乘坐 47 次。日本的主营地铁路线年输送乘客约 24 亿人次,仅次于莫斯科,居世界第二位。

日本的自然灾害频发,因此日本人的防微杜渐和未雨绸缪的安全意识很强,从地铁安全面采取的措施也可以看出这一点。

1. 及时更新地铁设施设备

经过了近 30 年的城市地铁高速建设发展期,至 20 世纪 80 年代末,日本的东京、大阪、名古屋等大城市,已基本完成了中心城区地下轨道交通网络的规划与建设。新线建设大幅减少,不少老线结构、设备老化、功能缺陷,环境质量差,换乘不便。经济和科技的飞速发展,为日本地铁的更新改造创造了极好的条件。日本从各个方面进行了地铁的硬件和软件的改造。地铁车站的更新装修、运营列车的空调化、环境设施的自动化和舒适化、以人为本的标志系统设置、各种交通系统之间的高效有序换乘、地铁车站与周边地区的联动开发与连通搞活等,使原有地铁进入了一个全新的改造时代,从而更好地发挥了功能与作用。

2. 注重提高地铁科技含量

20世纪90年代,日本的隧道盾构技术进入了“多元复合型”的全新时代。为了提高地下空间的利用效率、降低建设成本。1990年第一台水平双圆MF型盾构应用于京叶线东京地下车站,双线区间隧道建设施工取得成功,从而引发了日本隧道盾构掘进机的革命。多种形式的高性能复合型盾构掘进机开始研制与开发,加快了地铁的区间隧道和车站的暗挖施工建设,更有效的保证了安全。除了在工程方面注重国际领先的科技应用,在乘客服务方面也善于运用新科技手段实现有效管理,而且更体现了人性化安全的理念[21]。在每个地铁站里,设有专门直梯,为残障、妇女、儿童专用。而在很多的扶手上,也都在入口文字和箭头的旁边,标记着盲文,有的扶手是不锈钢的,还照样刻着盲文以方便使用,针对东京地铁骚扰事件频发,开辟了女性专用车厢,让乘客的权益得到更大的保障。

3. 合理加强地铁应急措施

在地铁防火的应急措施方面,确定了防火应急的基本思路,加强地铁防火措施的同时,综合考虑发生火灾时如何确保旅客安全地回到地面。对于火灾发生的条件,不仅考虑到有人利用车下机器发出的火花或打火机放火等情形,还增加了使用汽油在列车内和车站商店等位置放火等易燃火源火灾的情形。虽然目前日本地铁使用的车辆符合现行的有关标准,具备一定的防火能力。但作为进一步的安全考虑,为了防止在应对发生易燃火源火灾时火势在列车蔓延,将禁止在车辆天花板上使用对易燃火源火灾防火能力差的材料以及燃烧时溶化飞溅的材料。在有关车辆材料燃烧试验的规定中,追加了测定材料是否溶化飞溅一项的同时,还增加了测定其在易燃火源火灾时防火能力的试验。

另外,为了防止火灾时浓烟向相邻车厢扩散,还要求在车厢连接处安装平时不开的贯通门。作为地铁车站和地下隧道的火灾应对措施,现行规定要求必须设置两条以上安全通道,同时应对易燃火源火灾时,在确保旅客安全避难的同时,为了能使消防工作顺利进行,个别车站必须装备确保旅客安全避难时间的排烟设备[22]。有关排烟设备的排烟能力测定,现行标准是依据具有代表性的地铁车站为基准来测定的。考虑到个别车站结构复杂以及深度不同,在新标准中制定了面向个别车站的排烟设备排烟能力测定方法。另外,在排烟能力的测定方法中,还增添了在易燃火源火灾情况下的测定方法。确保旅客安全避难的同时,为了能方便消防救援活动的进行,要求在建设月台和车站大厅时,设置能阻断从燃烧处产生的浓烟和火焰的防火门。为了确保旅客的逃生路线,不在死胡同处设立商店,如果设立了商店,则必须设置火灾自动报警装置,如果是24小时营业型的商店则还要设置救火装置。为了保证能顺利展开有组织的消防救助,还要配备无线通信辅助设备以保证消防队员和地面的通信。

根据地铁车站的规模,还要求配备消防器械的紧急电源插座。有关引导旅客避难的应对措施方面,为了能更为切实地进行旅客安全避难引导,要求采取印制完备的指导手册以及张贴路标等措施。指导手册中详细规定了火灾发生时驾驶方面的注意事项,比如在行驶中发生火灾时要继续将车开到下一车站等。同时针对车站构造以及工作人员等情况制订了面向个别车站的指导手册,规定了旅客避难引导方法等火灾发生时负责人应该采取的措施。还统一了消防器械、紧急报警装置等标识在宣传画里的使用标准。在标明车站以及车辆内部的避难路线和消防器械配置图的同时,还要求平时在车站内和列车上广播有关内容以提高旅客的安全意识。有关与消防机构的合作方面,要求将车站结构、各类防火设备位置等与消防有关的信息提交给消防机关,并要定期和消防机构联合举行演习训练。

3.3.3.4 丹麦哥本哈根地铁安全评估体系

哥本哈根地铁的安全评估理论基础由安全专家的理论发展而来。安全专家在原有安全分析的模型的基础上,发展了一套关于系统的风险因素和进程的模型理论,包括:损害和损失;未预计事件;后援及时因素;管理因素;外部原因。将事后原因和建设中的风险因素依据已有的规则进行分类。

最具有特色的是哥本哈根地铁的安全站点运动。为了加强地铁系统的安全预防工作,委托人邀请了合同方参加了一个联合运动,称为“安全站点”。所有的合同方都乐意参与运动,这个运动的目标在于实现比平均水平的更低的事故率。运动应用了一系列的工具,包括:标号、在所有的建设站点标上旗帜、粘贴专门的安全标语、发放丹麦语和英语的安全文件和新闻传单。由工头带领,各个工作团队之间进行“安全站点”的竞赛。奖励是一件带有运动标语的T恤,一本证书和一顿晚饭。获胜的团队将在新闻传单中展示出来。竞争中的信使将获得一本证书。对这个团体来说赢得这个奖励是非常光彩的,同时运动也受到合同方,安全团队,安全联合机构和安全权威人士的一致好评。

综合四个城市的地铁安全管理的特点,可以从中得到很多搭建地铁安全评价指标体系以及完善现有的安全评价工作的启发。

(1)伦敦地铁风险管理体系最突出的特点就是评价工作的细则化,细至车门压伤手指也有对应的安全评分、危险等级、处理措施,这是伦敦地铁通过多年事故实际案例积累后不断进行安全评价细则规范化努力的结果。现期对国内地铁而言,安全评价指标体系还不能达到细则化的要求,但是首先可以确立一个大体的架构,然后在今后的工作中,以架构为基础,通过事故记录以及安全信息的有效管理,则地铁安全的细则化规范是可以实现的。

(2)纽约地铁的安全评价指标体系而言,特点在于整个工作流程的严谨设计和监督执行[23],以待认证因子的分解工作为例,其分析过程类似于现状评价分析中的事故树分析环节,但是区别在于待认证因子在分解之后,确认引发的原因还要再进行一次有关机构的审核才能作为考察的标准之一。

(3)东京的应急管理体系以及哥本哈根的安全站点的经验,我们可以借鉴到地铁运营系统的安全整改措施中,分别从乘客、员工的角度来考虑措施的有效执行。

3.4 地铁运营系统相关分析

3.4.1 地铁运营系统的运营模式

地铁运营系统是由车站、乘客、车辆、轨道、运营设备等因素相互交织在一起的系统。地铁运营就是通过地铁列车运行,为乘客提供适时空间位移服务的过程。一般而言,地铁运营系统有3种运营模式:正常运营状态,非正常运营状态和紧急运营状态,如图3.6所示。

(1)正常运营状态:是指列车白天和夜间的运营状态与计划运行图基本相符的状态。白天运营状态又分为高峰时段和非高峰时段。针对这两种不同时段的运营状态的特点,地铁又采取了不同的客运组织方案和运行管理模式。

(2)非正常运营状态:指因各种原因造成了列车晚点、区间堵塞、车站乘客过度拥挤、道岔故障、列车故障、沿线设备故障等影响到了正常的地铁运营秩序的情况。当列车运营处于这种状态时,由行车指挥系统针对应对方案及时进行调整,可在较短时间内使地铁运营恢复正常,没有对乘客的人身安全造成影响。

(3)紧急运营状态:指发生火灾、爆炸、水灾、地震以及雨雪风暴等自然灾害,或设备故障导致大范围停运等情况时,地铁部分区间或全线无法运营的情况。在这种状态下,有可能出现人员伤亡的严重后果,必须立即采取紧急事故抢险救援

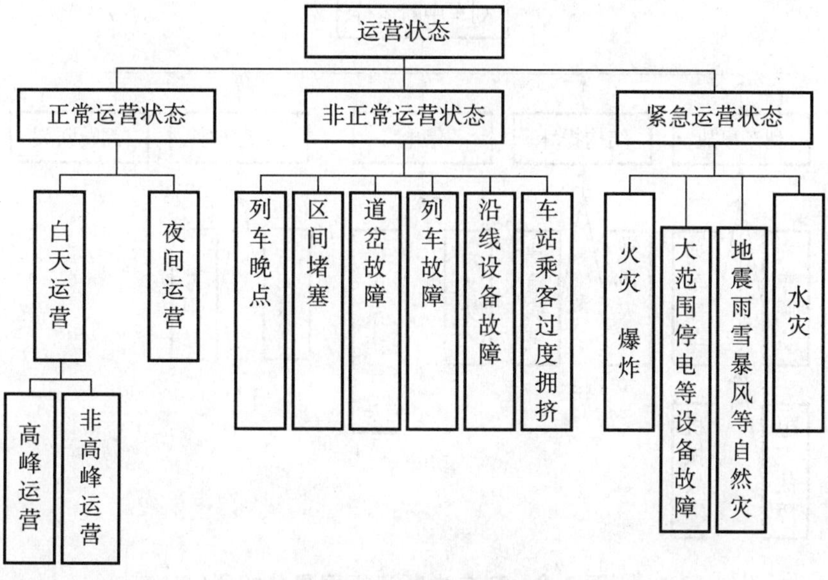

图3.6 地铁运营模式图

措施进行自救、减灾和抢险。

3.4.2 事故原因及危险因素分析

地铁运营事故主要是指造成列车运行中断和人员伤亡。对国内外的地铁事故进行分析,发现造成地铁运营事故的主要原因可以用因果分析图表示如下:

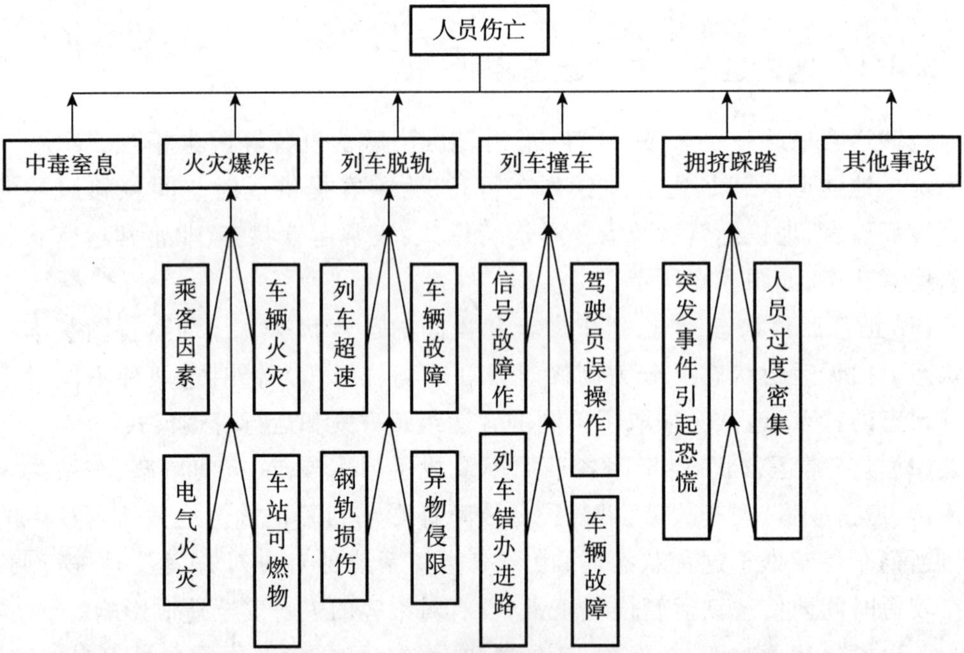

图 3.7 人员伤亡因果分析图

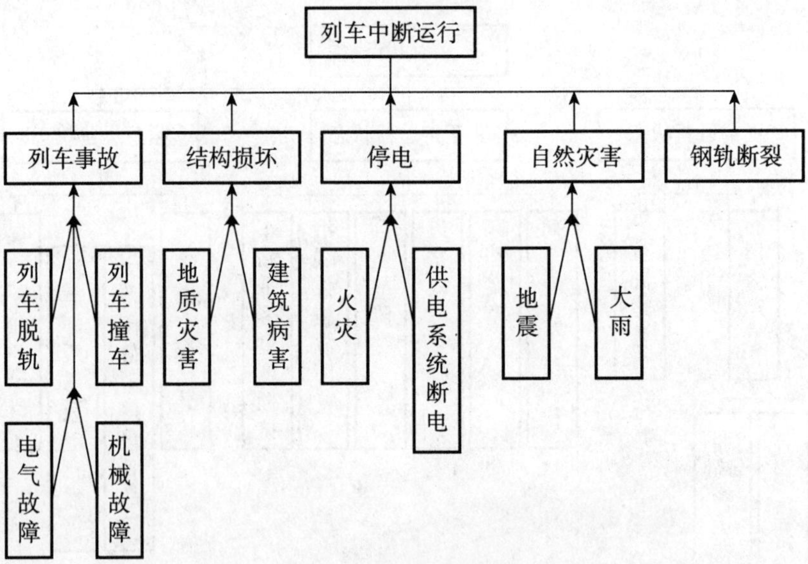

图 3.8 列车中断运行因果分析图

从图3.7和图3.8可以看出,地铁事故造成人员伤亡的原因主要受内部因素和外部因素两个方面影响。内部主要是设备因素和人员因素(乘客因素和工作人员操作不当);外部因素主要是自然灾害、外界事故和恐怖袭击。以下对地铁运营系统危险因素进行分析:

(1)火灾危险因素分析

在地铁事故原因统计中,火灾占到了50%左右,是威胁地铁安全的主要因素。

①内部火灾危险因素分析

车站、列车内的建筑装饰材料、广告牌等都是可燃材料,遇火可能会发生火灾危险;车站、隧道以及列车内存在大量的电气设备可能存在火灾危险;车辆、供电设备、机电设备等如果处在超期服役状态,一旦发生故障,就有可能导致地铁系统火灾事故。

②外部火灾危险因素分析

恐怖袭击、投毒、纵火等意外明火引起火灾危险;乘客违章携带危险物品,吸烟后烟蒂随处乱扔等不当处置行为都可能引起火灾危险;地铁车站、站厅乘客疏散区、站台和疏散通道内违规设置的商业网点可能存在发生火灾的危险,并且可能会引起连锁火灾事故。

(2)列车脱轨危险因素分析

列车脱轨主要是由地铁系统内部危险因素导致的。

①地铁线路设计或铺设不合格,道岔伤损、轨枕伤损、道床伤损、接触轨伤损、钢轨断裂等均可能导致列车脱轨危险。

②驾驶员不当驾驶导致列车超速,列车走行部件发生故障,可能导致列车脱轨危险。

③地铁列车、线路设备等存在老化现象,又处在超期服役状态,这些设备一旦发生故障,就可能导致列车脱轨事故;

此外,轨道周边物体侵入运营线路,如电缆伪装门坠落、抹灰层脱落等,异物侵限可引起列车损坏、列车倾覆、列车脱轨等重大、特大安全事故。

(3)地铁拥挤踩踏危险因素分析

发生事故大致有两方面原因:一是车站内人员过度密集,负荷过大,还有可能是车站疏散通道或疏散楼梯设置不合理,车站站台、集散厅及疏散通道内有妨碍疏散的设施或堆放物品,车站出入口存在缺陷,当突发事件发生时,就可能造成人员拥挤踩踏;二是由突发事件引起恐慌,如当地铁列车故障、火灾或其他危险状况等紧急情况发生时,也可能发生乘客挤伤、踩踏等危险。

(4)列车撞车危险因素分析

处于高速移动状态的列车,也伴随着高风险,人员违章操作,车辆故障或者信号故障,列车错办进站等可能造成撞车危险。撞车危险包括与第三方相接、迎向相撞、迎面相撞等。

(5)中毒和窒息

近年来地铁恐怖事件发生不少,主要采取的方式是纵火和投毒。地铁发生火灾后会产生大量的烟雾,如果通风设施故障,可能造成中毒和窒息的危险;人为恐怖袭击可能使用的有害气体等也能造成中毒和窒息。

(6)其他危险因素分析

地铁系统内部的电动车辆、变电所、配电室、电缆、三轨以及风机、水泵等设备由于设备缺陷、设计不周、防护不当等技术原因可能导致触电伤害危险。此外,由于违章作业、违章操作也可能造成触电伤害危险。

乘客使用扶梯时,可能造成碰撞、夹击、卷入等伤害。扶梯正常运行状态下的乘客违章乘梯,可能造成严重的乘客摔伤。如果乘客手扶车门、上下车时机选择不当或地铁列车设备故障还可能发生车门夹人等机械伤害。

列车车厢内灯管爆裂、内侧玻璃意外脱落等可能导致机械伤害。此外,列车在紧急起、制动时具有很大的惯性,还可能导致乘客摔伤危险。

3.4.3 地铁运营系统安全影响因素分析

从系统论的观点出发,地铁运营系统可以看作是由人、设备、环境、管理四个基本要素构成的有机系统,他们之间的关系如图3.9所示。其中,"人"包括乘客和地铁工作人员;"设备"主要包括车辆系统、供电系统、通信系统、信号系统、通风系统以及其他辅助设备系统(如上下扶梯,自动售票机等);"环境"主要包括内部环境和外部环境,内部环境指内部作业环境,外部环境指自然环境和社会环境;"管理"包括安全相关制度、机构、安全投入等等。

对地铁运营安全而言,就是要尽可能保证乘客在候车和乘车时生命财产不受损失,并在一定时间内快速地到达目的地。不安全的事件发生,必定是有原因的,在此可以看作是地铁运营系统的四要素之间关系不和谐导致的。以下就从这四个最基本要素出发,从事故的最根本原因着手,对地铁运营系统安全的安全影响因素进行分析。

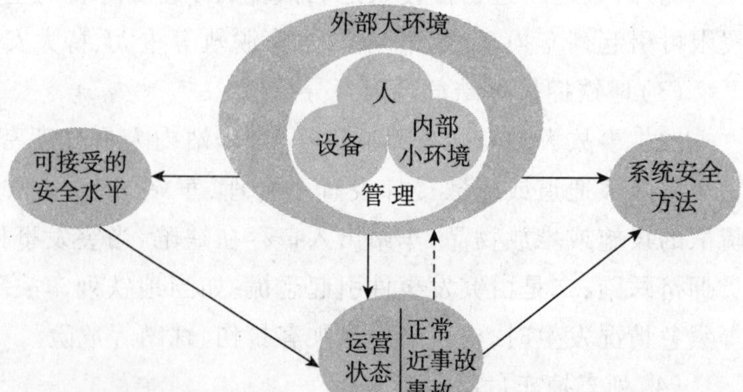

图3.9 地铁运营系统基本要素

1. 人的因素

地铁运营工作的每个环节、每项作业都是由人来参与的。其中,地铁工作人员操纵、控制、监督各项设备,完成各项作业,与环境进行信息交流,与其他作业协调一致;而乘客作为地铁服务的对象,在整个运营过程中也必不可少。并且与地铁运营安全有关的很多活动都要依赖于高效、安全、可靠的人的行为。因而,人的因素在运营安全中起着重要的作用。

人对运输安全的特殊作用可以表现在以下几个方面:

①人的主导性。在人和设备的有机结合体中,人是主导方面。设备必须由人来设计划造、使用和维护,即使是技术状态良好的安全设备,也只有通过人的正确使用,才能发挥它的保安作用。

②人的主观能动性。当情况突然变化时,人能立即采取相应的措施和灵活的方法,排除故障等不安全因素,使系统恢复正常运转。只有人才具有主观能动性,从而具有合理处理意外情况的能力;

③人的创造性。人能够通过研究和学习,不断地提高和改进现有系统的安全水平。

(1)地铁工作人员因素

地铁工作人员必须具备良好的思想素质、技术业务素质、生理素质、心理素质以及群体素质,才能从人的因素方面将安全风险降至最低。工作人员如果缺乏安全意识的培养,缺乏对易燃易爆危险物品的识别能力和自身处理各类突发事件的能力,将会导致地铁事故的发生或后果严重化程度扩大。

在韩国大邱市地铁2003年那场大火中,地铁司机和综合调度室有关人员对灾难的发生就有着不可推卸的责任。前方车站已经发生火灾后,另一辆1080号列车依然驶入烟雾弥漫的站台,在车站已经断电、列车不能行驶的情况下,司机没有采取任何果断措施疏散乘客,却车门紧闭,而且仍请示调度该如何处理。更不可思议的是,在事故发生5 min后,调度居然还下达"允许1080号车出发"的指令,结果导致1080号伤亡惨重。

(2)乘客因素

乘客由于直接参与运输活动,对他们的安全素质要求主要是严格遵守运营安全法规有关规定,具备较强的安全意识和一定的安全技能。

造成地铁事故的乘客因素:①不遵守乘车守则。如果乘客不遵守乘客守则,擅自携带易燃易爆、有毒危险物品上车,随意乱扔烟头等,就给地铁和广大乘客的安全造成了各种潜在事故隐患。②人为蓄意破坏。由于地铁客流量大,空间封闭,疏散困难,少数敌对分子、恐怖组织就选择在地铁内搞破坏,制造轰动效应。如1995年日本东京的地铁毒气事件、法国巴黎的地铁爆炸事件。③无应急技能。如果乘客平时缺乏应急技能以及心理素质的培养,在发生突发事件时,由于不懂得基本的应急技能,如不会使用灭火器,不能采取有效自救措施等,而造成严重后果。

2. 设备因素

设备是除人之外,影响运输安全的另一生产的物质基础,也是运输安全的重要保证。地铁运营功能的实现,除了要依靠地铁车辆外,还需要依靠地铁沿线设置的大量设备系统,主要包括供电系统、通信系统、信号系统、通风排烟系统以及其他辅助设备系统,这些系统在使用过程中都存在风险。影响安全的设备因素主要是设备的安全性能,包括设计安全性和使用安全性。设备的设计安全性是指设备的可靠性、可维修性、可操作性(人一机工程设计)以及先进性等。设备的使用安全性包括设备的运行时间、维修保养情况等,设备运行时间越短,维修保养得越好,其使用安全性也越好;反之亦然。

(1)供电系统

供电系统主要危险是电气火灾和触电。

电气火灾的原因主要包括:当电路发生短路时,电流可能超过正常时的数十倍,致使电线、电气温度急剧上升,远远超过允许值,而且常伴有短路电弧发生,易造成火灾;线路、变压器超载运行均将导致其绝缘材料过热起火;导线接头连接不牢或焊接不良均会使接触电阻过高,导致接头过热起火。接触不良的电线接头、开关接点、滑触线等还会迸发火化,引燃周围易燃、易爆物质(此类现象在运营新线及老线尤为明显);变压器一般都配备有散热设备,如风叶、散热器等,如果风叶断裂、变压器油面下降均会导致散热不良,使电器热量累积起来。电缆沟、电缆井内电缆过密,散热不良易会引起火灾。

引起触电事故的主要原因,除了设备缺陷、设计不周等技术因素外,大部分都是违章作业、违章操作。

(2)车辆系统

地铁车辆在运营过程中可能存在的危险因素有:列车失控、轨道损伤或断裂、列车脱轨、列车相撞等都可能造成严重的伤亡事故;地铁车门的安全标志不醒目,可能造成机械伤人事故,并且在事故发生后,不利于应急救援以及人员疏散;地铁列车内空调供暖等易引起火灾,且列车通道材料选择不当燃烧后会产生有毒烟气,加重事故后果;列车内的高压电器设备的安全防护措施不当,可能引起人员伤亡事故。

(3)通信、信号系统

地铁专用通信系统是直接为地铁运营、管理服务的,是保证列车及乘客安全,列车快速、高效运作的必不可缺的信息传输系统。当发生紧急情况时,通信系统应能迅速转为应急通道,为防灾、救援和事故处理提供方便。同时若通信系统的电源发生故障或通信设备本身发生故障等问题时,各种行车、票务及控制信息出现间断性不可靠传输,易会引发事故或使事态扩大。

信号系统是整个地铁运营的大脑,它保证列车和乘客的安全,实现快速、高密度、有序运行的功能。信号系统的不完善或信号系统设备故障,相当于大脑瘫痪,则运营整体处于瘫痪状态,或者不能保证运营安全。

(4)环控通风系统

地铁环境密闭,空间狭窄,连通地面的疏散口相对较少,逃生路径长。发生火灾,不仅火势蔓延快,而且积聚的高暖浓烟很难自然排除,并迅速在地铁隧道、车站内蔓延,给人员疏散和灭火抢险带来相当大的困难,严重威胁乘客、地铁职工和抢险救援人员的生命安全(据分析表明,火灾后人员伤亡主要原因是烟雾窒息所致)。环控通风系统故障、管理不到位(将通风通道或风亭改作自行车停放处、商铺或其他管理用房),妨碍了通风系统的正常运作,则势必扩大事故后果和影响。

(5)给排水系统

在运营期间,给排水系统可能存在的危险有害因素有:污水乱排以及污水、垃圾排入隧道等影响地铁内环境卫生,造成污染和职业伤害;给排水管道的防腐、绝缘效果不到位,发生渗漏现象等;隧道内排水系统不完善,隧道防水设计等级不够,导致涝灾或地表水侵入,地面塌陷;车站出入口的低平高度低于防洪设防要求,遇水倒灌;杂散电流腐蚀给排水管道等。

(6)其他辅助设施

站台、站厅设施可能存在的危险因素有:车站地面材料不防滑或防滑效果不明显存在安全隐患,人员较多时,可能导致踩踏事件;地下车站站厅乘客疏散去、站台及疏散通道内及与地铁中地下商业等公共场所存在发生火灾的危险,且会发生连锁火灾事故,不利于事故救援,是火灾事故范围扩大;地下车站站厅乘客疏散区、站厅疏散通道内有妨碍疏散的设施或堆放物品,不利于事故救援,造成人员拥挤,使事故后果加重;车站的内建筑的装修材料选用不当,会发生火灾,且产生有毒烟气,加重事故后果;地下车站安全出口的设置不当,会造成人员拥挤,引发意外事故,且事故发生后,不利于事故救援和人员疏散,使事故范围扩大。

地铁车站站台边设置的屏蔽门/安全门,可以保证乘客安全,降低空调系统运营能耗,对提高车站内环境舒适度都有明显作用。屏蔽门/安全门的设置应适应各种运营模式的要求,正常运营时为乘客上下车通道,火灾事故时配合地铁运营模式要求为乘客提供疏散通道。屏蔽门正常运营中可能存在的危险因素有:由于地铁车门的安全标志不醒目,造成的机械伤亡事故,并且在事故发生后,不利于事故救援和人员疏散。如果地铁采用接触轨受流方式,站台仍存在电位层,站台边2 m宽度范围内需做绝缘层。屏蔽门/安全门与轨道连接,使屏蔽门/安全门与轨道等电位。因此,在地铁屏蔽门/安全门处由于绝缘和接地的问题,存在人员触电事故。

3. 环境因素

影响运输安全的环境条件包括内部小环境和外部大环境两部分。内部环境通常是指作业环境,即作业场所人为形成的环境条件空间和一切生产设施所构成的人工环境。外部环境包括自然环境和社会环境。自然环境是指自然界提供的、人类一时难以改变的生产环境。下面主要说明外部环境因素。

(1)自然环境

地铁在运营期间可能遭遇台风、洪涝水淹、地震等自然灾害的侵袭。台风对地铁上面的建筑物有一定的影响,并且破坏程度较高;地铁车站和隧道大都位于地面标高以下,一方面容易受到洪涝积水回灌的危害,另一方面容易受到岩土介质中地下渗水浸泡危害,地下水或者地表水进入地铁车站和隧道,可以使装修材料霉变,电气线路、通信元件受潮浸水损坏失灵,造成事故。同时应该对雷电防护设备设施进行检查,这方面造成运营设备损坏事件也时有发生;地质条件、地震灾害等所带来的损坏不言而喻。

(2)社会环境

社会环境包括社会的政治环境、经济环境、技术环境、管理环境、法律环境以及社会风气、家庭环境等,它们对轨道运营安全均有不同程度的影响。近年来,恐怖袭击、社会性自杀事件等已成为地铁安全的一个主题,所以其危害也不言而喻[24]。

4. 管理因素

管理上的薄弱是我国现阶段在安全生产管理问题上的一个难题,所以地铁运营安全管理存在缺陷,必定会导致灾害性事件的发生。

(1)遵法守规,建立规章

作为地铁运营单位,必须为乘客和社会负责,对于建设中存在的隐患或不足要敢于暴露,敢于修正,必须严格按照相关标准对各项工程严格验收,同时运营过程中遵纪守法,严格按照国家相关法律法规管理事件,才能确保减少事件的发生或降低事故损失。

规范、完备的安全管理规章制度、应急预案体系是地铁运营安全的基础,要制定各项维修规程和操作流程,并切实执行,才能保证地铁运营安全。

(2)机构建设及职责确立

要保证地铁系统长期地正常运作,就必须设立专门的安全管理机构,并配备足够的专兼职安全管理人员,重要的是机构的定位要明确,管理人员要公平、正直并持证上岗。

(3)安全投入

地铁运营单位应该按照国家对高危险行业规定的要求进行安全资金投入,保证隐患的整改落实能及时有效地进行,同时要配备必须的劳动防护品,及时进行各种类型的安全宣传和教育,参加工伤保险、社会保险、企业保险等,从而最大限度地减少事故损失。

北京地铁2005年的那次失火,地铁公司启动了应急预案,但是应急处理过程中出现纰漏。地铁在朝阳门站出现火险后，在可能扩大灾情或者引发二次事故的情况下，继续运行经过了北京站、崇文门站、前门站直至和平门站，而地铁的继续运行是在实施应急预案之后总控制台批准许可的。地铁发生事故后，站点值班站长对事故一无所知，甚至出现离岗的情况。这就暴露了地铁应急预案中有关应急决策制定以及事发在岗责任制的缺憾，说明管理出现漏洞。

综上分析，我们可以发现，不管是从事故原因，还是从系统基本要素，都可以将运营过程中的不安全因素归结为人、设备、环境和管理四大类。

3.5 地铁运营安全评价指标体系

地铁运营安全评价指标体系的选取与建立是进行地铁运营评价的重要基础，是有效地评估系统的保证。

3.5.1 评价指标体系的选取原则

系统评价指标体系是由若干单项评价指标组成的整体，系统评价指标体系的确定是系统评价成功与否的关键，指标体系要实际、完整、合理、科学，尽可能全面反映地铁运营系统安全的所有因素。

在建立地铁安全指标体系的过程中，要遵循下面的原则：

(1)科学性原则

评价指标要充分反应地铁系统的内在安全机制，评价指标体系结构的确定、指标的取舍都要有科学的依据，保证评价结果的真实、可靠，正确反映地铁系统的安全现状。

(2)全面性原则

地铁是一个复杂的巨系统，安全影响因素众多，指标体系必须全面反映地铁的安全现状，既要包括隐患指标，又要包括事故指标，综合衡量地铁的安全水平。

(3)主导性原则

在全面性原则的基础上，指标要选择那些影响全局的安全关键因素。

(4)可测性原则

考核的指标不宜太多与太繁杂，指标要求概念明确，数据易收集，能方便的测量，容易被现场地铁运营部门所接受。还要符合国家和地方的方针、政策。

(5)独立性原则

同层次上的指标不应具有包含关系，每个指标都必须具有自己的影响特性，不能被其他的影响指标所代替。

(6)可比性原则

指标体系中同一层次的安全指标要具有相同的计量范围、计量口径和计量方法,使指标能反应实际情况,便于比较优劣。

(7)定性分析和定量分析结合

以定量分析为基础,定性分析和定量分析结合。根据实际情况结合专家的经验将定量因素和定性因素综合考虑。

3.5.2 评价指标筛选方法

常见的指标筛选法有专家调研法、条件广义方差极小法,极大不相关法和最小均方差法。

专家调研法,是一种向专家发函、征求意见的调研方法。评价人可以根据评价目标和评价对象的特征,在所设计的调查表中列出一系列的指标,分别征询专家对所设计的评价指标的意见,然后进行统计处理,并反馈咨询结果,几经咨询后,如果专家的意见趋于集中,则由最后一次咨询结果确定具体的评价指标体系。

本章依据评价地铁运营安全这一目的以及安全影响因素的相关分析确定一系列指标,然后采用专家调研法,征询专家意见之后选定指标。

3.5.3 评价指标体系的构建

地铁运营安全涉及因素广泛,为了恰当地反应地铁的安全水平,需要在众多的地铁运营安全影响因素中找出最灵敏、内涵最丰富且便于度量的主导性因素作为地铁安全的评价指标。依据评价的目的和对象,指标相互之间存在一定的层次关系,因此可以考虑将评价体系中的指标分为三个层次。第一层次为目标层,是评价的目的,即地铁运营安全;第二层为准则层,是反映目标层的因素。从前面的分析可知,地铁安全评价可以从人员、设备、环境和管理四个因素来进行,则这四个因素的评价就构成了第二层;第三层为指标层,是具体反映评价目标和因素的指标,即一级指标,继续细化可得出二级指标。依照指标选取原则和筛选方法,最终确定指标体系见图 3.10。

3.5.3.1 管理因素

管理因素包括从安全生产制度、安全生产指标、运营安全管理、保护区内施工项目的安全管理、安全教育与宣传、事故与救援几个方面。

1. 安全生产制度

建立以安全生产责任制为核心的安全管理规章制度是安全生产管理的依据和前提,安全生产责任系统的建立体现了全面安全管理的思想。按照管理层次和分工不同,把安全责任落实到个人和具体工作岗位,纵向从最高管理者到每个作业人员,横向则包括各个部门的每个岗位,使其明确自身的安全责任。主要从以下几个方面衡量:

(1)安全生产管理机构。建立完备的安全生产管理机构,是地铁运营安全管

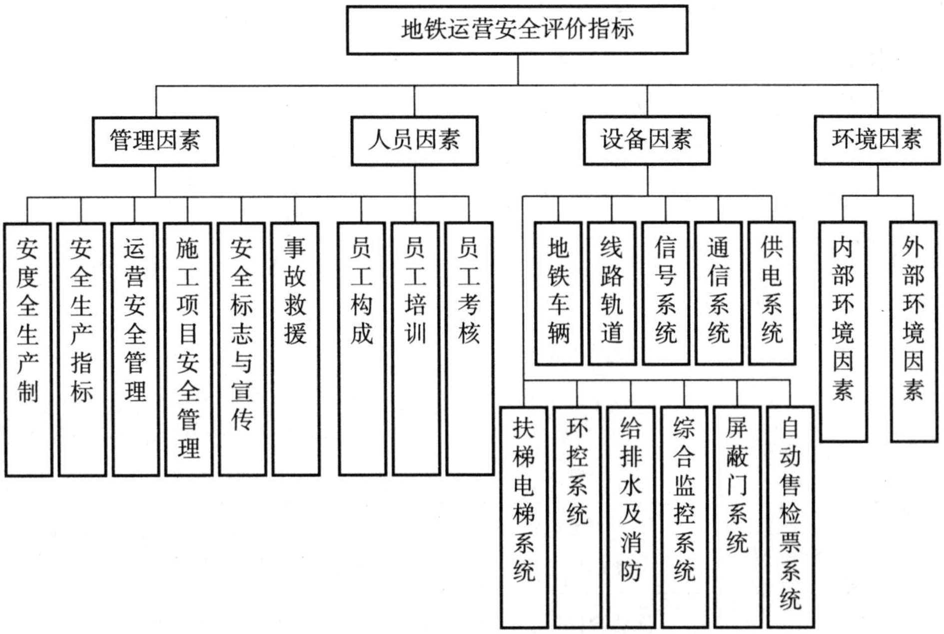

图 3.10　地铁运营安全评价指标体系

理得以顺利进行的前提，科学、合理的机构设置有利于各级机构协调工作，形成顺畅的信息发布与反馈通道，及时发现存在的问题和消除安全隐患。设置了安全机构还必须配备有专职和兼职的安全管理人员。

(2)安全生产责任制。安全生产责任制是各类企业中最基本的一项安全制度，它根据“管生产必管安全”的原则，综合各种安全生产管理、安全操作制度，对企业各级领导、各职能部门、有关工程技术人员和生产工人在生产中应负的安全责任作出明确的规定，对提高干部职工执行安全生产规章制度的自觉性有很大的作用。同时，有了安全生产责任制，发生工伤事故后，就能比较清楚地分析事故原因，弄清楚从管理到操作各方面的责任，对吸取教训、搞好整改、避免事故重复发生，是一项制度保证。

(3)安全教育与培训。安全教育与培训是一项系统工程，只有通过加强安全生产教育培训，提高人的安全意识，增强安全素质，才能保障安全生产，做到人人重视安全、人人懂得安全。安全教育和培训是安全工作中特别重要的一环，需要高度重视。

(4)安全检查。安全检查是人们为了设备系统的安全而对系统可能存在的危险与有害因素进行查证的过程。在地铁安全管理中，安全检查占有很重要的地位，它是发现和消除事故隐患、落实安全措施、预防事故发生的重要手段，也是发动群众共同搞好安全工作的一种有效形式。

(5)保险与保护。地铁系统是一个庞大而复杂的地下交通系统，要求地铁公司采取严格的防护措施来保障地铁工作人员及乘客的安全。为了保障职工的作业安全,地铁公司应该按照国家规定为职工配置劳动防护用品,还应根据国家有关规定为地铁员工投保,投保险种有社会保险和团体意外伤害险。

依据表 3 –7 的评价内容进行评价。

表 3 –7 安全生产制度评价

一级指标	二级指标	评价内容
安全生产制度	安全生产管理机构	设置了健全的安全生产管理机构,配备足够数量的专职安全生产管理人员
	安全生产责任制	建立了全面的安全生产责任制,内容齐全,责任明确,落实到人
	安全培训教育	建立了完善的安全教育培训制度。对企业所有人员实施年度安全教育培训;经常组织干部、员工开展安全生产法律法规宣传、学习;特种作业人员持证上岗并按要求进行审核,台账齐全
	安全检查	建立完善的安全检查制度,定期开展安全检查,对企业重大隐患和危险源全面监控并对发现的隐患及时进行整改
	保险与保护	劳动合同中安全条款符合国家有关规定,全额缴纳职工工伤社会保险,职工劳动防护用品的配备符合国家的有关规定,有毒有害作业点防护措施到位

2. 安全生产指标

建立完善的安全生产指标体系,可以进一步强化地铁公司各级部门的安全生产责任制,把各级安全生产的责任落到实处。建设部《城市轨道交通安全生产工作督查要点表》将安全生产指标分为伤亡事故控制指标和生产运营事故控制指标两大类。

(1)伤亡事故控制。为了确保乘客的出行安全,增强地铁工作人员的安全防范意识,地铁公司应根据政府及相关部门的要求,结合实际运营情况,每年年末都制定下一年度的伤亡事故控制的目标值,只有制定高标准的安全生产要求,在伤亡事故控制方面加强控制,才能最大程度实现安全生产。

(2)生产运营事故控制。生产运营事故大多是由工作人员的作业违规和操作不当引起的。为了杜绝生产运营事故的发生,地铁公司需要从事故的源头抓起,编制各种设备和系统的操作规程,指导和规范员工的操作行为。

表 3 –8 安全生产指标评价

一级指标	二级指标	评价内容
安全生产指标	伤亡事故控制指标	根据本单位实际情况制定责任伤亡事故年控制指标,指标应严于市政府和上级管理部门的要求
	生产运营事故控制	根据本单位实际情况制定生产运营事故年控制指标,指标严于市政府和上级管理部门的要求

3. 运营安全管理

地铁由于埋设于地下，环境相对封闭，内部空间狭窄，通向地面的出口又不多，加之客流量大，人员往往高度密集，一旦出现突发性灾害事故，救援和人员疏散逃生都会受到很大限制，如果局面控制不好，有时可能会造成比较严重的后果。因此，地铁安全管理工作是地铁公司整体工作的重中之重，是保障地铁安全运营的关键，必须引起高度的重视。

(1)危险源控制和识别。危险源是指一个系统中具有潜在能量和物质释放危险的、可造成人员伤害、财产损失或环境破坏的、在一定的触发因素作用下可转化为事故的部位、区域、场所、空间、岗位、设备及其位置。它的实质是具有潜在危险的源点或部位，是爆发事故的源头，是能量、危险物质集中的核心，是能量从那里传出来或爆发的地方。在安全管理的理论和方法体系中，危险源包括物的故障、人的失误、环境不良因素和管理失误。

由于危险源所涉及的危险物质具有易燃、易爆、有毒、有害的特性，如果控制不当，极易发生事故，造成人员伤亡、财产损失和环境污染。为了杜绝和减少重大事故的发生，尽量降低它对人们造成的伤害以及由此带来的重大损失，必须对危险源实行有效的控制，只有对危险源主要涉及的易燃、易爆、有毒危险物质的生产、使用、处理和贮存等工艺处理全过程加以严格有效的控制，加强各环节的管理，才能避免重大事故的发生。因此，对各类危险源进行事前识别并加以控制，排除影响地铁运营安全的潜在因素，既是保障地铁工作人员和乘客安全的必要手段，也是把地铁运营安全管理从事后管理转变为事前预防的有效途径。

(2)专业管理(车站管理)。专业管理主要指地铁车站管理，包括乘务、站务、控制中心以及相关各类设备系统的管理。专业管理水平直接影响到地铁客运组织和设备的运行状况，高水平的专业管理在保证各类设备正常运行的基础上顺利完成客运组织服务，在技术上和管理上保证了为乘客提供安全、顺畅的出行服务。

(3)消防规范的落实的情况。消防规范的落实是消除火灾隐患、应对火灾事故、最大限度降低火灾损失的前提。为了确保工作人员和乘客的生命安全，地铁公司不仅严格按照消防规范的要求，设计和建设车站、车间和仓库，设置安全出口、疏散通道和疏散标志，配置灭火器、应急照明灯、防毒面罩、消防栓、喷淋装置等消防设施设备，而且在消防方面加大投入，组织消防演习。

(4)消防管理。地铁消防管理的主要任务是预防地铁系统中火灾的发生，最大限度地减少火灾的损失，具体消防工作包括灭火和防火，消防管理的内容有消防队伍的建设、消防制度的订立以及消防设备管理和火灾中的应急措施。

(5)危险用品管理。危化品是指具有易燃、易爆、有毒、腐蚀、放射性等特性，会对生命、设施、环境等造成伤害或损毁的化学品。不同危化品的危险程度也不同，例如酒精和硫酸，对于不同类型和危险程度应采取相应的管理措施。

表 3-9 运营安全管理评价

一级指标	二级指标	评价内容
运营安全管理	危险源识别与控制	企业危险源识别、评价工作认真到位,对危险源控制进行有效规划和建档,对重大危险源制定了完善的应急预案
	专业管理(车站管理)	制定完善的管理办法并实施(站务、乘务、控制中心、和各类设备系统);检查记录各项专业管理工作情况;现场安全设施符合国家有关安全标准
	落实消防规范	车站、车间、仓库等建筑物耐火等级、防火分区等符合消防技术规范要求。车站、车间、仓库、物管区等建筑物消防设施按消防规范要求设置。安全出口、疏散通道、应急照明装置、疏散指示标志等完全符合消防安全要求
	消防管理	制定完善的消防安全责任制、消防安全管理制度和重点场所、设备设施防火检查制度,消防安全管理档案齐全。发现消防隐患及时整改,消防设施、安全防护装置设专人负责管理,定期检测。用火、用电、用油、用气符合消防安全管理规定
	危险用品管理	危化品是指具有易燃、易爆、有毒、腐蚀、放射性等特性,会对生命、设施、环境等造成伤害或损毁的化学品。不同危化品的危险程度也不同,例如酒精和硫酸,对于不同类型和危险程度应采取相应的管理措施

4. 保护区内施工项目的安全管理

地铁安全保护区包括地铁地下车站和隧道两侧各 50 m、地铁地面车站和高架车站以及线路轨道外边线外侧各 30 m 内,出入口、通风亭、变电站等建筑物、构筑物外边线外侧各 10 m 范围内的陆域和水域。随着城市地铁网络覆盖面的加大,地铁系统容易受到一些外界建设工程的破坏,所以必须加强地铁保护区内施工项目的安全管理。

(1)对与运营有关的施工方案进行论证、审核。与运营有关的施工方案必须通过具有相应资质机构的评估审核,通过审核的才能动工。

(2)对保护区内施工项目的监管、巡查。随着城市地铁安全保护区内施工的单位越来越多,一些施工单位的不规范操作,使得地铁沿线安全保护区以及地铁主体结构受到施工威胁的相关事故时有发生。

表 3-10 保护区内施工项目的安全管理评价

一级指标	二级指标	评价内容
保护区内施工项目的安全管理	保护区内施工方案论证和审核	对保护区内的工程项目严格论证审核,审核意见全面
	保护区内施工项目的监管和巡查	制定完善的安全施工监护管理制度、日常安全巡查管理制度,各种相关(监护、巡查等)管理制度按规定落实到位

5. 安全标志与宣传

(1)公众安全教育。加强对公众的安全教育,有利于减少不安全行为和事故的发生。地铁安全宣传是指通过网络、媒体、宣传册等手段对地铁工作人员和乘客普及安全知识的行为,安全宣传是普及安全知识和加强安全意识的必要手段。地铁公司应该充分利用网站、车站的乘客信息系统,通过图像、文字、声音等方式,采取多种形式向公众宣传安全知识。使“地铁安全,人人有责”的观点深入人心。

(2)地铁标志和标识。地铁安全标志是用以表达特定安全信息的标志,由图形符号、安全色、几何形状或文字构成,主要包括疏散指示标志、疏散导流标志、障碍警示标志。在发生危险情况时,乘客可根据安全标志的指引顺利到达安全地点,安全标志的合理设置是地铁应急系统的重要组成部分。

表3-11　安全标志与宣传评价

一级指标	二级指标	评价标准
安全标志与宣传	公众安全教育	经常开展乘客安全乘车教育,宣传紧急情况下逃生知识,形式多样、内容全面
	地铁标志和标识	安全警示标志、标识醒目,设置齐全,符合要求

6.事故与救援

(1)事故报告处理。地铁事故的分析和处理是一项复杂的、经验性很强的技术工作,它包括受伤人员抢救和死难人员善后处理、抢修和重建、勘测和分析、责任划分及事故报告等内容。地铁发生事故的原因很多,要求快速、有效、准确地识别故障原因并采取有效措施及时恢复地铁正常运行。前车之鉴,后车之师。通过对地铁事故的分析可以及时发现地铁运营中存在的问题,暴露潜在的安全隐患,有利于对症下药,实行相应的改进措施,并对相关人员进行教育,避免事故的再次发生。

(2)抢救救援队伍、装备和抢险演练。从应急预案的制定,抢险救援队伍和抢险演练三个方面来考虑:

①事故和灾害是难以根本杜绝的,必须高度重视应急预案的制定与演练。“预防为主”是地铁安全运营的原则。凡事预则立,不预则废。不同的事故,其应急处理方法不同。只有事先针对不同的突发事件,制定专项的应急预案;针对复杂的突发情况,制定综合的应急预案,并对这些预案进行演练,增强突发事件的应急处理能力,才能把事故与灾害所造成的人员伤亡和财产损失降到最低程度。增强全员安全生产意识,逐步提高各有关专业和工种的应变能力、协同配合能力和对事故的综合救援能力,对于保障地铁运营安全是十分重要的。

②应急抢险救援队伍。职责是在总指挥的指挥下负责具体救援抢修工作,根据事先拟定好的抢救救援方案,在做好个人防护的基础上,以最快的速度及时救援,排除、消灭突发事故。一支高素质的抢险救援队伍是保证各项应急预案得以顺利、正确实行的关键,也是发生紧急情况时尽快恢复地铁正常运营的生力军,是整个地铁应急系统中的重要部分。

③抢险演练。必须进行抢险演练,使制定的方案用到实处。否则,只是理论上的应急救援,一旦发生突发事件,就会措手不及,达不到预期效果。

表 3-12 事故与救援评价

一级指标	二级指标	评价内容
事故与救援	事故报告处理	制定了完善的事故报告和处理制度,落实"四不放过"原则,事故档案齐全
	抢险救援	制定应急救援预案,组织抢险救援队伍,配备相应装置,进行抢险演练

3.5.3.2 设备因素

设备是保障运营安全的最基本的部分。对于新建地铁,购买的设备都比较先进,设计与配置处于领先水平的设备,短期内是不存在设备的设计安全性能的问题。再加上本文主要是从管理的角度进行安全评价,所以,对设备的评价主要从设备的管理制度、维修与防护、故障次数三个方面来进行评价。设备因素包括地铁车辆、线路及轨道系统、信号系统、通信系统、供电系统、扶梯及电梯系统、环控系统、给排水及消防系统、综合监控系统、屏蔽门系统和自动售检票系统。每个系统都可以从设备管理制度、维修与防护、故障次数几个方面来评价。

表 3-13 设备评价

一级指标	二级指标	评价内容
事故与救援	地铁车辆	管理制度、维修与防护、故障次数
	线路及轨道系统	管理制度、维修与防护、列车故障下线频率
	信号系统	管理制度、维修与防护、故障次数
	通信系统	管理制度、维修与防护、故障次数
	供电系统	管理制度、维修与防护、故障次数
	扶梯及电梯系统	管理制度、维修与防护、故障次数
	环控系统	管理制度、维修与防护、故障次数
	给排水及消防系统	管理制度、维修与防护、故障次数
	综合监控系统	管理制度、维修与防护、故障次数
	屏蔽门系统	管理制度、维修与防护、故障次数
	自动售检票系统	管理制度、维修与防护、故障次数

3.5.3.3 人员因素

交通系统中,人的失误概率是90%,机电设备事故中人的失误概率占70%,城市生命线系统中人的失误概率占80%。可见,人是激发事故的主要因素。依据北京地铁的资料,在地铁系统中发生的事故70%以上是人的失误造成的。因此,对人员的安全评价是很有必要的。因为安全评估的对象是地铁运营企业,所以此处人员因素只是考虑地铁的员工,不考虑乘客。人员因素主要从人员构成、人员培训和人员考核三个方面来评价。

表3-14　人员因素评价

一级指标	二级指标	评价内容
人员因素	人员构成	员工整体素质、构成；委外、临聘人员的安全防范意识程度和安全处理能力
	人员培训	员工安全培训、特种作业人员安全培训
	人员考核	员工考核制度的完善程度、员工考核制度的落实情况、员工持证上岗合格率

3.5.3.4　环境因素

同人员、设备和管理一样，环境也是影响地铁运营安全的四大因素之一。地铁运营安全的环境条件分为内部环境和外部环境，内部环境可以依靠先进的设备和管理得以优化，可控性较大。但是，由于地铁在空间上分布很广，系统构成复杂，既有深埋地下的地下结构，又有裸露在外面的高架桥结构，容易遭受地震、台风、雷电等外部自然灾害的影响，此类影响不具有可控性，只能采取积极预防的策略。

1. 内部环境。内部环境通常是指作业环境，即作业场所人为形成的环境条件，包括周围的空间和一切生产设施所构成的人工环境，如车站卫生、温度、湿度等。

2. 外部环境主要指外界自然环境对地铁安全的影响，是影响地铁系统正常运行的一个重要因素，是地铁安全系统指标体系中的一部分，主要反映在突发或偶发重大事件如灾难性天气、地震、水灾时地铁的抗灾害能力。

表3-15　环境因素评价

一级指标	二级指标	评价内容
环境	内部环境	地铁生产设施所构成的人工环境及周围空间整洁、卫生、通风好
	外部环境	对地铁所在地的气象条件（水灾、风灾、雷电及地震等）及特点进行分析
		针对水灾、风灾、雷电及地震等危害所采取了安全对策措施
		水灾、风灾、雷电及地震危害等安全防护设备设施完整及有效

3.6　综合评估

1. 权重的确定

在诸“因素”中，各因素对地铁系统安全的影响程度是不同的，这就是权重。一般而言，在评价诸因素中，各个评价因素的重要程度是不一样的。为了表示各个因素的重要程度，对各个因素 u_i 应赋予相应的权数 w_i，由各权数组成权重集 $\overline{W}$，即：

$$\overline{W}=\{w_1,w_2,w_3,\cdots,w_n\}$$

对计算出的权重集应进行一致性检验和归一化处理。

地铁安全水平的综合评价是地铁安全的各因素和单因素评判的复合作用,因此权重集的确定十分重要。常见的权重确定法有:对比打分法、最小平方法、特征向量法、层次分析法和熵权多目标决策法等。本章采用层次分析法和德尔菲法(专家咨询法)相结合的方法确定权重。

(1)专家咨询法

专家咨询法,又称德尔菲法,即组织若干对评价系统熟悉的专家,通过一定的方式对指标权重独立的发表见解,并用统计方法作适当的处理。其具体做法如下:

组织 r 个专家,对每个指标 $x_i(j=1,2,\cdots,n)$ 的权重进行估计,得到指标权重估计值 $\omega_{k1},\omega_{k2},\cdots,\omega_{kn},(\mathrm{k}=1,2,\cdots,\mathrm{r})$

计算 r 个专家给出权重估计值的平均值 $\overline{\omega_j}=\frac{1}{r}\sum_{k=1}^{r}\omega_{kj},(j=1,2,\cdots,n)$;

计算出估计值和平均估计值的偏差 $\Delta_{kj}=|\omega_{kj}-\overline{\omega_{kj}}|,(k=1,2,\cdots,r;j=1,2,\cdots,n)$;

对于偏差 Δ_{kj} 较大的第 j 指标权重估计值,再请第 k 个专家重新估计,经过几轮反复,直到偏差满足一定的要求为止,最后得到一组指标权重的平均估计修正值 $\overline{\omega}_j,(j=1,2,\cdots,n)$。

(2)层次分析法

层次分析法的基本步骤如下:

①建立系统递阶层次结构

以研究内容为切入点,深入分析系统中相关影响因素及其之间的关系,并将各因素划分为不同层次,建立整体的递阶层次结构。

②构造两两比较判断矩阵

对于每一层次上的各个因素相对于上一层次某指标的相对重要性进行两两比较,构造判断矩阵。判断矩阵的元素值反应了人们对各个因素相对重要性的认识,元素值标度见表3-16。

表3-16 1~9标度的含义

标　度	含　义
1	两个元素相比,具有同样重要性
3	两个元素相比,前者比后者稍重要
5	两个元素相比,前者比后者明显重要
7	两个元素相比,前者比后者强烈重要
9	两个元素相比,前者比后者极端重要
2,4,6,8	上述相邻判断的中间值
倒　数	若元素 i 与元素 j 重要性之比为 x,那么元素 j 与元素 i 重要性之比为 $1/x$

③层次单排序及其一致性检验

所谓层次单排序是指根据判断矩阵，计算出一组元素对其上一层次中某元素的权重向量。计算方法如下：

解求判断矩阵 A 的特征根：

$$Aw = \lambda_{max} w \tag{3-7}$$

其中：λ_{max}——A 的最大特征根；

w———相应的特征向量。

由此得到的 w 经归一化后便可作为权重向量。由于判断矩阵是人们根据某一准则对两两因素的重要性进行判断，因此必须进行一致性检验，以免人们在判断上的逻辑不一致。比如人们认为 A 比 B 重要，B 比 C 重要，而 C 又比 A 重要，则其检验步骤如下：

一致性指标 $C.I.$：

$$C.I. = \frac{\lambda_{max} - n}{n-1} \tag{3-8}$$

一致性比例 $C.R.$：

$$C.R. = \frac{C.I.}{R.I.} \tag{3-9}$$

其中：$R.I.$——平均随机一致性指标，通过表3-17可查得相应数值。

当 $C.R. < 0.1$ 时，认为判断矩阵的一致性是可以接受的；当 $C.R. \geq 0.1$ 时，则应该对判断矩阵进行适当的修正。

表3-17　平均随机一致性指标 *R.I.*

矩阵阶数	1	2	3	4	5	6
R.I.	0	0	0.52	0.89	1.12	1.26

④层次总排序及整体一致性检验

前面得到的仅仅是一组元素对其上一层次中某元素的权重向量，而最终要得到的是各个元素对于总目标的相对权重，特别是最底层各方案对总目标的排序权重，即所谓的“合成权重”。合成权重计算要自下而上，将单准则下的权重进行合成。

假设已经算出了第 $k-1$ 层上 n_{k-1} 个元素相对于总目标的排序权重向量 $w^{k-1} = (w_1^{k-1}, w_2^{k-1}, \cdots, w_n^{k-1})^T$，那么第 k 层上 n_k 个元素以第 $k-1$ 层上第 j 个元素为准则的排序权重向量为 $p_j^{(k)} = (p_{1j}^{(k)}, p_{2j}^{(k)}, \cdots, p_{n_k j}^{(k)})$，其中不受 j 支配的元素的权重为零。令 $p^{(k)} = (p_1^{(k)}, p_2^{(k)}, \cdots, p_{n_k}^{(k)})$，该矩阵为 $n_k \times n_{k-1}$ 的矩阵，表示第 k 层上各元素对第 $k-1$ 层上各元素的排序，那么 k 层上各元素对于总目标的合成权重如下式所示：

$$w_i^{(k)} = \sum_{j=1}^{n_{k-1}} p_{ij}^{(k)} w_j^{(k-1)} \qquad i = 1, 2, \cdots, n \tag{3-10}$$

事实上，在实际应用时，整体一致性检验常可以忽略。由于决策者在给出单准则下的判断矩阵时，是难以对整体进行考虑的；而当整体一致性不满足要求时，对其进行调整也是比较困难的。因此目前大多数实际工作中都没有对整体一致性进行严格的检验。

将两种方法计算出的权重综合比较取值，最终得到的指标层对目标层的相对权重见表 3－18。

表 3－18 指标权重

<table>
<tr><th>目标层</th><th>准则层</th><th>一级指标</th><th>二级指标</th><th>指标权重</th></tr>
<tr><td rowspan="28">运营安全</td><td rowspan="20">管理因素</td><td rowspan="5">安全生产制度</td><td>1. 安全生产管理机构</td><td rowspan="5">0.061</td></tr>
<tr><td>2. 安全生产责任制</td></tr>
<tr><td>3. 安全教育培训</td></tr>
<tr><td>4. 安全检查</td></tr>
<tr><td>5. 保险与防护</td></tr>
<tr><td rowspan="2">安全生产指标</td><td>1. 伤亡事故控制指标</td><td rowspan="2">0.037</td></tr>
<tr><td>2. 生产运营事故控制</td></tr>
<tr><td rowspan="5">运营安全管理</td><td>1. 危险源识别与控制</td><td rowspan="5">0.284</td></tr>
<tr><td>2. 专业管理（车站管理）</td></tr>
<tr><td>3. 落实消防规范</td></tr>
<tr><td>4. 消防管理</td></tr>
<tr><td>5. 危化用品管理</td></tr>
<tr><td rowspan="2">保护区内施工项目的安全管理</td><td>1. 对与运营有关的施工方案进行论证、审核</td><td rowspan="2">0.047</td></tr>
<tr><td>2. 对保护区内施工项目的监护、巡查</td></tr>
<tr><td rowspan="2">安全标志与宣传</td><td>1. 公众安全教育</td><td rowspan="2">0.018</td></tr>
<tr><td>2. 标志、标识</td></tr>
<tr><td rowspan="4">事故与救援</td><td>1. 事故报告处理</td><td rowspan="4">0.101</td></tr>
<tr><td>2. 消防安全抢险救援队伍、装备、抢险练习</td></tr>
<tr><td>3. 生产安全抢险救援队伍、装备、抢险演练</td></tr>
<tr><td>4. 自然灾害抢险救援队伍、装备、抢险演练</td></tr>
<tr><td rowspan="3">设备因素</td><td colspan="2">设备管理制度</td><td>0.025</td></tr>
<tr><td colspan="2">维修与防护</td><td>0.07</td></tr>
<tr><td colspan="2">故障次数</td><td>0.059</td></tr>
<tr><td rowspan="3">人员因素</td><td colspan="2">人员构成</td><td>0.145</td></tr>
<tr><td colspan="2">员工培训</td><td>0.078</td></tr>
<tr><td colspan="2">员工考核</td><td>0.031</td></tr>
<tr><td rowspan="2">环境因素</td><td colspan="2">内部环境</td><td>0.037</td></tr>
<tr><td colspan="2">外部环境</td><td>0.007</td></tr>
</table>

2. 评价标准

在参照相关法律法规、建设部相关文件及相关书籍资料的基础上，在对地铁运营分公司及其各相关部门、部分地铁车站进行详细调研后，经评估项目组对具体评价指标采取等级评判方式综合得到。不同的评价水平对应不同的评定等级，具体见表，此评价等级表根据建设部《城市轨道交通安全生产工作督查要点表》得到。

评价等级	对应分值	定性描绘
A	85 分～100 分	优
B	71 分～84 分	良
C	60 分～70 分	中
D	59 分以下	差

3. 评价方法

本章中针对各级指标评价都采取的是安全检查表法，依照评价标准和评价内容对应的要求给各项指标打分。需要注意的是：管理因素中的每个一级指标满分为 100 分，其下属二级指标的指标满分 = 100/下属二级指标的个数。其他因素的一级指标满分均为 100 分。

①管理因素中的一级指标得分 = ∑下属二级指标评分

②管理因素评分 = ∑(下属一级指标得分 × 相应权重)/ ∑下属一级指标权重之和

③设备因素评分 = ∑(下属一级指标得分 × 相应权重)/ ∑下属一级指标权重之和

④人员因素评分 = ∑(下属一级指标得分 × 相应权重)/ ∑下属一级指标权重之和

⑤环境因素评分 = ∑(下属一级指标得分 × 相应权重)/ ∑下属一级指标权重之和

⑥安全评价总分采用加权平均法。

$$m = \sum_{i=1}^{n} k_i m_i \text{，且} \sum_{i=1}^{n} k_i = 1 \tag{3-7}$$

式中　m——地铁安全评价的结果值；

m_i——按照一级指标的评价表的实际评分值；

k_i——指标的相应权重系数；

n——评价指标的个数。

3.7 小　结

本章介绍了国内外安全现状及安全研究现状，以安全系统工程的理论和方法为基础，分析影响地铁运营系统安全的相关因素，参考国外成熟的安全管理体系，从系统、安全管理的角度建立地铁运营安全评价指标体系，综合考察地铁系统运营过程中的安全状况，以期发现地铁运营中的安全薄弱环节，提出合理、可靠的改善措施或建议。这对提高地铁运营系统安全总体水平具有十分重要的意义。

第 4 章　地铁运营服务评估

地铁建设从规划、设计到建成、验收、投入运营，一般需要几年的时间。在此过程中，由于城市建设的飞速发展，事实上在规划设计阶段认可的最佳方案，在实际使用时总会发现存在某些缺憾。例如，设计客流与实际客流的差异、市政建设变化等方面的原因，都可能要求对建成后的地铁服务设施进行布局调整[25]。

此外，地铁应该在将大量有需要的乘客从出发站安全、准时、快速运送到目的站的同时，为他们提供安全、便利、舒适的乘车、候车环境。地铁运营公司须在每一个环节为乘客提供优质的服务，使乘客在从进站乘车到下车出站的全过程中都感到称心如意。

因此，在运营满一定年限后，地铁运营公司应该对地铁进行服务评估，以了解地铁的运营服务情况，然后依据乘客的需求和愿望，结合地铁车站的实际情况，不断改进和完善服务，才能真正实现乘客满意。

4.1　服务相关理论

4.1.1　服务及其特性

从 20 世纪五六十年代开始，西方学者开始对服务进行系统地研究，在这个漫长的过程中，学者们从不同的角度对其概念进行阐述，却始终未能形成统一的界定：

1960 年，美国市场营销协会：服务是用于出售或是伴随着产品一并出售的活动、利益或满足感。

1963 年，里根：服务是顾客购买产品时所得到的一种无形的满意结果或有形与无形满意结果相结合的活动。

1974 年，布洛斯：服务就是一种用于销售的活动，这种活动可以为顾客带来利益和满足，但它不会引起“商品”的物质形态的变化。

1984 年，科特勒等人：服务是一方向向另一方所提供的一种活动或利益，通常是无形的，而且不牵扯到所有权的变化。服务的生产可以与有形产品相关，也可能无关。

1990 年,格罗鲁斯:服务是以无形方式,在顾客与服务职员、有形资源产品或服务系统之间发生的,可以解决顾客问题的一种或一系列行为。

同年,国际标准化组织:服务是为满足客户需要,供方和客户之间接触的活动以及供方内部活动所产生的结果。

2000 年,格罗鲁斯:服务是由一系列或多或少具有无形性的活动所构成的一种过程,这种过程在顾客与雇员、有形资源的互动关系中进行,这些有形的资源(或有形产品、有形系统)是作为顾客问题的解决方案提供给顾客的。

在按照年代的顺序对学者们的定义加以排列的过程中,我们可以总结出一些规律性的内容。虽然学者们对于服务的许多问题表述得有差异,但对于服务本质的认识基本是一致的,我们可以从上述定义中总结出服务的五大特征:

(1)无形性。与实体商品不同,服务不是静态的物品,而是一种动态的使用价值。它不固定在任何耐久的对象或可以出售的物品之中,也不能离开服务者而单独存在。服务之后,消费者并未获得服务的物质所有权,而只是获得一种消费经历。无形性导致大多数的服务不能被统计、测量,在服务生产出来之前也不能对其进行检验,因此,即使顾客曾经购买过某种服务,当他们再次购买的时候,也无法肯定是否能得到同样的服务,所以顾客面临购买风险。

(2)异质性。服务中所包含的大量劳动导致了服务的异质性,因此供应商所提供的服务会出现与消费者所期望的服务存在差异。

(3)不可分离性。一般商品的生产与消费都是被分隔开的,但是服务则不同,对于绝大多数的服务来说,生产过程同时也是消费过程,因此服务的提供过程不能像物质部门那样是分离的,并且,作为一种实时生产方式,对于服务结果,人们也无法纠正。

(4)顾客参与性。服务的完成依靠的是服务传递者与服务接收者之间的互动关系,也就是说顾客会参与到服务的提供过程之中,消费者的输入将在很大程度上影响服务的质量,而没有顾客的亲自参与,服务过程则根本无法进行。

(5)不可储存性。服务是一种过程,而不是可以被保有的有形物品,所以它易逝且不能被保存。因此,在服务企业中,服务能力与需求之间的平衡是非常重要的,平衡的好坏决定了服务生产能力的利用率高低和企业经济效益的好坏。

4.1.2 服务质量理论

4.1.2.1 服务质量研究的产生与发展

随着社会生产力的发展,社会经济结构悄然地发生着重大变化。社会经济总量中第三产业所占的比重不断增加,市场上的产品越来越趋向同质化,技术创新和价格优势已不再是企业获取核心能力的充分条件,更多的企业开始转而关注服务质量,希望凭借服务重新构建自身的核心能力。

进入 20 世纪 80 年代之后，随着服务领域逐渐成为关注的热点，许多学者对于服务质量及其相关特性进行研究。到目前为止，研究主要经历了三个阶段[26]：

起步阶段（1980～1985 年）：以北欧学派为主要代表，学者们主要是界定服务质量管理中的相关基本概念，为以后的深入研究奠定基础，对于感知服务质量与其他要素（如顾客满意等）的相互关系研究较少。

发展阶段（1985～1992 年）：主要是对构成服务质量的要素进行研究，例如，如何选取顾客感知服务质量的衡量指标。在 1991 年时，英国剑桥大学的三位教授 Parasuraman、Zeithaml 和 Berry 提出了服务质量差异模型，注重对感知服务质量的评价研究，例如 SERVQUAL 评价方法的提出。

成熟阶段（1992 年至今）：随着研究阶段的深入，学者们开始系统地关注服务质量模型，所设计的模型也更加动态化。尤其是提出了关系模型，对顾客感知服务质量、顾客感知价值、顾客满意、顾客忠诚和企业竞争力这些要素之间的关系提出许多有价值的观点。

4.1.2.2　服务质量的特性

与有形商品相比，服务具有无形性、不可分割性、异质性、不可储存性等特性，因此关于服务质量的概念，学者们也一直有着不同的看法。其中，最具代表性的是 1985 年英国剑桥大学的三位教授 Parasuraman、Zeithaml 和 Berry 提出的观点：服务质量作为服务的一种长期性评估，是由顾客主观预期与实际感知相比较而来的结果。它主要具有以下四个方面的特性：

（1）服务质量是一种主观质量

有形商品质量的度量可以采用许多客观的标准加以度量，即使对于不同的顾客也存在有客观的标准，这些标准并不会因为产品提供者的不同、购买产品的消费者的不同而产生变化。然而，服务质量与有形商品的质量存在着很大的不同。不同的顾客可能对同一种服务质量产生不同的感知。例如，服务过程中的可靠性常常被视为一个非常重要的服务质量指标，但是不同文化背景的顾客对于这个指标的感知却存在着较大差异。即使是同一顾客，在不同的时间阶段，可能对质量的要求也会产生变化，这是在评价服务质量的过程中必须注意的问题。

（2）服务质量是一种互动质量

有形商品是在工厂里形成的，在商品没有出厂之前，质量就已经形成了。在整个质量形成的过程中，顾客没有任何发言权。而服务质量就不用，服务具有生活与消费的同时性，服务质量也是在服务提供者与顾客互动的过程中形成的，如果没有顾客的紧密响应，那么服务过程就将失败。

（3）过程质量在服务质量构成中占据重要地位

正是因为服务质量是一种互动质量，所以说服务过程在服务质量形成过程中起着很重要的作用。当然这并不意味着结果质量不重要，服务结果是顾客购买服务的根本目的所在,如果没有服务结果,或者服务结果很差,那么再好的服务过程也无法弥补。同样,即使服务结果再好,但是服务传递的过程很糟,最后形成的顾客感知服务质量也可能是低下的。忽视结果或者忽略过程,在服务质量管理中都是错误的。

(4)对服务质量的度量,不能采取常规方法

在有形商品的服务质量度量中,我们可以通过检验证明商品与事先制定的商品标准是否吻合来判断质量是否合格。但是在服务业中,除了考虑服务质量与服务标准的吻合问题之外,更重要的是,还需要衡量质量的外部效率,即对顾客关系质量的影响。也就是说,这种服务质量对于服务提供者与顾客建立持久的关系具有什么样的影响作用。

4.1.2.3 服务质量理论

在顾客感知服务质量评价与管理的研究过程中,学者们非常重视对顾客服务质量期望和感知绩效产生影响的要素的界定。其中最具有代表性的研究工作是由英国剑桥大学的三位教授 Parasuraman、Zeithaml 和 Berry 做出的,即顾客主要从五个方面来评价服务质量:有形性、可靠性、响应性、保证性和移情性。

依据上述观点,三人提出了著名的 PZB 理论,强调顾客是服务质量的唯一决定者,顾客通过对比事先的服务期望和事后对已得服务的感知来评定服务质量。认为无论任何一种形式的服务,如果要提升服务质量,除了突破与服务组织和管理相关的质量缺口之外,还尤其要重视顾客缺口,即顾客对服务的期望与实际接受服务后的感知之间的差异。如果期望大于感知,则消费者对服务质量感到不满意;如果期望等于感知,则消费者对服务质量觉得基本满意;如果期望小于感知,则消费者对服务质量感到很满意。其中有关期望的服务质量又受到顾客本身的需求、个人经验等因素的影响[27]。

在研究服务质量的过程中,需要特别加以说明的是,首先,对于不同的行业来说,服务质量要素有可能并不相同,需要学者在实际度量的过程中,针对研究对象的特点,适当调整相关要素。其次,对于不同的服务行业,质量要素的重要性可能会存在差异,比如说高接触度的行业和低接触度的行业,其服务质量要素的重要性肯定是不同的;以设备为主的服务和以人为主的服务,其重要性也会存在差异。最后,不同的顾客,特别是不同文化背景的顾客,对服务质量要素的理解也会有所不同。

4.2 服务质量评价方法

虽然顾客感知服务质量研究还不是一门独立的学科,但它已经有了自己的理论体系,即以顾客感知服务质量为中心,以差异分析为主要方法,以顾客感知服务

质量、顾客感知服务质量与顾客满意的关系、顾客满意与顾客忠诚的关系研究为主要内容。随着服务质量管理的理论框架的奠定，学者们主要转向研究服务质量评价方法，在种类繁多的评价方法中，最重要的无疑是 Parasuraman、Zeithaml 和 Berry 等人发明的 SERVQUAL 评价方法、克罗宁和泰勒于 1992 年推出的 SERVPERF 评价方法等。本节将分别介绍这些方法，然后对其科学性和适应性进行初步评价。

4.2.1 顾客期望与服务质量

最初，期望的概念是用“预期”来表示，因为学者们认为顾客的期望是可以预测的。随着服务管理真正成为一门学科之后，对期望的界定发生了本质的变化，1988 年，PZB 在最初对期望概念做出界定时，认为“期望是顾客的愿望或需求，即他们认为服务提供者应当(Should)而不是将要(Would)提供的服务”。1993 年时，又将该概念加以修正：期望是顾客在购买产品或服务前所具有的信念或观念，作为一种标准或参考系，它与实际绩效进行比较，从而形成顾客对产品(服务)质量的判断。

通过深化对服务质量的研究，PZB 研究得出了一个非常重要的结论是，顾客的期望不是一个单一的变量，而是一个区域，这个区域被 PZB 称为容忍区域。根据这一观点，顾客服务期望被分解为两部分——理想服务和适当服务。

(1)理想服务

是顾客服务期望的上限，是顾客希望得到的服务水平。在顾客期望形成的过程中，个人需要，即那些对顾客的生理或心理健康十分必要的状态和条件，是形成理想服务水平的关键因素。比如，对社交有较高需要的顾客对商务会所的辅助服务可能会有相对高的服务期望。

同时，持久性的服务强化因素是相对独立和相对稳定的因素，该因素决定了顾客对服务的敏感性。持久性的服务强化因素包括两类，一是引致期望，即由于其他顾客的需求或期望间接作用于服务接收者，使其服务期望产生变化。二是个人服务的价值观或理念，即顾客对服务的意义和服务提供者正确行为的根本态度。个人服务价值观受到顾客本人服务经历和个人在社会中所处层次的影响。

除此之外，企业的服务承诺、口碑和顾客过去的服务经历，也会对顾客理想的服务产生很大的影响。

(2)适当服务

适当服务源自于 1977 年米勒所提出的最低可容忍服务这一概念，也就是服务的最低限度，它所表明的是顾客认为企业的服务必须达到的程度。实际服务水平超过最低可容忍服务，顾客不一定会满意；如果服务水平处于最低可容忍服务和预期服务之间，那么顾客可能依然不满意。

1991 年,PZB 引进适当服务的概念,三人认为:虽然顾客期望得到他们理想的服务但是这并不总是可能的。于是将更低的期望称为适当服务,这是一个顾客可以接受的服务水平。

影响适当服务的因素包括临时性强化要素、感知服务替代、服务角色自我认知、随机因素和预期服务等方面。

4.2.2 SERVQUAL 评价方法

4.2.2.1 SERVQUAL 评价方法的提出

SERVQUAL 是英文"Service Quality"(服务质量)的缩写,该词最早出现在由英国剑桥大学的三位教授 Parasuraman、Zeithaml 和 Berry 三人合写的文章之中。SERVQUAL 对顾客感知服务质量的评价是建立在对顾客期望服务质量和顾客接受服务后对服务质量感知的基础之上。根据五要素:有形性、可靠性、响应性、保证性和移情性设计调查表。具体内容如下:

有形性:包括提供服务的硬件设施、设备以及工作人员的仪表。

可靠性:是指准确、及时地向顾客提供有保证的服务,能够履行服务承诺。

响应性:是指帮助顾客、迅速提高服务水平的愿望。

保证性:是指员工所具有的知识、礼节以及表达出自信与可信的能力。

移情性:关心顾客,为顾客提供个性化服务。

首先通过调研,针对以上五要素设计适合本行业的调查问卷,进一步选择出 22 个衡量服务质量的指标,确定 SERVQUAL 量表。然后,使用问卷调查的方式进行数据采集,通常情况下采用 5 分或 7 分制,5 分(或 7 分)表示完全满意,1 分表示完全不满意,中间分数表示不同的程度。服务质量的计算公式为:

$$SQ = \sum_{i=1}^{m}\sum_{j=1}^{n}(PS_{ij} - ES_{ij}) \quad (4-1)$$

其中,SQ 表示服务质量,PS_{ij}表示在第 i 个要素下问题 j 的顾客感知分数,ES_{ij}表示在第 i 个要素下问题 j 的顾客期望方面的分数。

SERVQUAL 量表完全建立在顾客感知的基础上,首先了解顾客对服务的期望,然后了解顾客对服务的感知,由此计算得出二者之间的差异,可以将其作为判断服务质量水平的依据。但是有两点需要注意:一是将 SERVQUAL 方法应用于不同行业时,应该根据实际情况的不同对表中的问项作出适当的调整,这样才能保证 SERVQUAL 评价方法的科学性;二是如果有必要,也可以对服务质量的五要素作出适当调整,以满足不同企业进行研究的特殊需要。

4.2.2.2 SERVQUAL 评价方法的应用

在服务企业管理中,SERVQUAL 评价方法主要可以应用于以下方面:

(1)更好地了解顾客的期望与质量感知过程,从而达到提高服务质量的目的。在应用于不同的行业时,可以根据行业特性,适时调整服务质量要素的内容。

(2)对同一行业中不同企业的服务水平作出比较分析。通过计算出本企业现在的服务水平以及同其他企业之间的质量差距,可以更好地做出质量改进决策。尤其是它可以分别计算出各服务质量要素的水平,便于企业寻找到影响服务质量的关键问题,及时采取措施,对其加以提升和完善。

(3)定期利用 SERVQUAL 评价方法,并将其与其他评价方法相互结合,可以较为准确地预测企业服务质量发展趋势。

(4)SERVQUAL 评价方法可以以公司顾客的单独 SERVQUAL 分数为基础,对其进行整理、分类,从而考量顾客对各要素重要性的认识,并且寻找到企业的目标顾客。

(5)通过不同顾客群对服务质量要素重要性的认知,找到在不同文化背景下,顾客感知服务质量方面存在的差异。经过对不同文化顾客的抽样调查,可以排列出顾客对服务质量的五要素的感知情况,从而找到企业服务质量改进的重点所在。

4.2.2.3　修正 SERVQUAL 评价方法

对于服务管理学界来说,SERVQUAL 评价方法的诞生是历史性的突破,能够较好地解决服务质量的度量问题。但是,任何一种新的理论、新的方法在应用初期,肯定会存在一些缺陷,SERVQUAL 评价方法也不例外,许多学者都曾对 SERVQUAL 评价方法从各个方面进行检验,并提出相关的改进建议和批评意见。基于此,PZB 从 20 世纪 90 年代起,对 SERVQUAL 评价方法进行修正,比如说对服务质量的计算:由于不同的顾客对于 5 个要素的重要性有着不同的看法,所以有必要对要素进行加权,即:

$$SQ = \sum_{i=1}^{m} W \sum_{j=1}^{n} (PS_{ij} - ES_{ij}) \tag{4-2}$$

其中,SQ 表示服务质量,W 为要素的权数,PS_{ij}表示在第 i 个要素下问题 j 的顾客感知分数,ES_{ij}表示在第 i 个要素下问题 j 的顾客期望方面的分数。最终,将调查样本中所有顾客的 SQ 相加后取算术平均值,就得到了关于服务质量的总评价。

总体而言,修正 SERVQUAL(Revised SERVQUAL)方法虽然建立在 SERVQUAL 评价方法的基础之上,但是仍有一些值得关注的改变:(1)通过发放超大容量的调查问卷样本来保证调查的稳定性和分析的可信度。(2)对问卷项目的设计进行改革。针对原来的调查问卷中移情性和响应性这两个因素中包含有负面性的问句,由此造成其信度降低的情况,PZB 将原来 SERVQUAL 调查表问项中的所有负面性问句全部改为正面性问句,提高了调查的效率,也极大地方便了对数据的处理和分析。此外,将原问卷中表达冗长、并且难以理解的问句进行调整,便于顾客回答。(3)改变问句的语气。避免个别词语的不当使用,产生服务经历对顾客期望的映射作用,从而影响顾客对正确的期望作出判断。

4.2.3 SERVPERF 评价方法

由于认为 PZB 的差距模型缺乏实证性研究,为了克服 SERVQUAL 评价方法固有的缺陷,克罗宁和泰勒于 1992 年推出了“绩效感知服务质量度量方法”,即 SERVPERF(Service Performance)评价方法。

SERVPERF 摒弃了 SERVQUAL 评价方法所采用的差异比较法,而只是利用一个变量,即服务绩效来度量顾客感知服务质量,其问卷设计与 SERVQUAL 评价方法并无实质性区别,采用的问项也基本相同,只是由于在度量过程中并不涉及加权问题,所以其简易性和实用性都有所提高。

应该说,SERVPERF 传承了 SERVQUAL 评价方法的理论框架,作为一种新的评价方法,它既有与 SERVQUAL 方法相互重叠、相互借鉴之处,又有许多创新之处。相同点是,SERVPERF 继续沿用了 SERVQUAL 评价方法对服务质量要素的划分和度量指标的设定,所有问项和语气并没有任何变化,对服务质量概念的界定和对各服务质量要素内涵的解释也完全相同。

与 SERVQUAL 方法的差异主要体现在研究方法的转变:SERVQUAL 评价方法的理论基础是差异分析,按照 PZB 的理论:服务质量 = 顾客感知绩效—顾客服务期望,修正后,$SQ = \sum_{i=1}^{m} W \sum_{j=1}^{n} (PS_{ij} - ES_{ij})$。但是克罗宁和泰勒在研究过程中认为,顾客以前所接受的每一次服务经历,都是一个差异修正过程,因此对顾客的期望和感知绩效同时进行度量是不科学的,会不可避免地产生重复计算期望现象,即这个期望并不是本次顾客接受服务的期望,而是以前多次接受服务所累积的结果。更重要的是,本次服务经历也会对顾客的态度产生影响,即顾客满意是顾客感知服务质量的先行指标。

在此基础上,克罗宁和泰勒提出自己的感知服务质量度量方法 SERVPERF,即服务质量 = 服务感知绩效。经过实证研究,SERVPERF 无论是信度还是效度方面确实都优于 SERVQUAL 评价方法。需要注意的是,克罗宁和泰勒在研究过程中所采用的统计分析方法与 PZB 存在着很大的差异。它们分别采用因子分析、T 检验和幅合效度等方法,对这两种评价方法的信度和效度进行研究。

4.2.4 归因模式

1985 年,维纳首先提出归因模式。1990 年,比特纳进一步对该模式进行实证研究,从而将归因模式正式引入到服务管理理论领域。归因模式是指,顾客在遇到服务绩效与事先期望不一致时所进行的一种自发探讨原因并调试绩效感知与期望之间关系的心理状态。不同的顾客,其调试方法不一样,从而他们感知的服务质量也会产生差异。

按照安德森的认识不和谐理论来看,如果顾客能够理性地调整自己所存在的相对较高或不太现实的期望值,提高他们对服务的感知,那么期望与企业实际服务之间的感知距离就会缩减,通过理性地调整期望,提升对产品的感知,使感知与期望能够相互适应。

而戴伊的反差理论则认为,当顾客感觉到在期望与实际服务之间存在距离时,他不是调整,而是放大这种差距,如果放大的结果仍然比顾客预期的要好,那么,顾客就会非常满意,反之,顾客就会非常不满意。因此,企业要避免作出过度的承诺,以免过度提升顾客的期望值。

在归因理论之后,也有学者试图从心理角度对顾客感知服务质量进行度量。按照著名的同化反差理论观点来看,顾客对服务质量的感知存在着所谓的接受区域和拒绝区域。如果比较后的差异正好落在可接受区域内,那么顾客会倾向于"同化"期望与实际服务;反之,如果正好落在拒绝区域内,那么反差理论就会占主导地位,顾客将会扩大差异。

而一般否定理论则认为,当顾客的期望值不确定时,就会产生一般性否定现象。不管是正的差异,还是负的差异,都会减低顾客对服务绩效的评价和服务期望。

总体而言,归因模式并非是一种具有创新性的质量评价方法,只是它与前人的研究具有不同的特性。

4.2.5　EP 感知质量模型和 NQ 质量模型

EP 感知质量模型(Evaluated Performance Perceive Quality Model),和 NQ 质量模型(Normed Quality Gap)对 SERVQUAL 模型进行修正,其提出者蒂斯认为,SERVQUAL 方法中不甚明确的定义降低了整个模型的可操作性[28],因此对"顾客的期望水平"进行了更深刻的分析,分为两个方面:一种是具矢量属性(Vector Attribute)的期望,如果顾客具有这样的期望,则提供的服务越好,顾客的满意度越高;另一种期望具有"最佳状态属性"(Classic Ideal Point Attribute),超过顾客的最佳期望水平,服务质量会降低。蒂斯认为,感知服务质量实际上是顾客对该服务绩效的感知与顾客的最佳期望水平的比较。

在 EP 感知质量模型的基础上,蒂斯提出了标准质量差异(NQ):

$$NQ = [Q - Qe] \tag{4-3}$$

在这一表达式中,Q 即是由 EP 感知质量模型得出的感知服务质量,Qe 是顾客对该服务绩效的感知与顾客的最佳期望水平的比较。

4.2.6　层次分析法

运用这种方法评价服务质量,就是将服务质量系统指标因素按支配关系分组以形成有序的递阶层次结构,通过两两比较判断的方式确定每一层次中各服务质量指标因素的相对重要性,然后在递阶层次结构内进行合成,以得到指标因素相对于目标的重要性排序,即得到指标的权重,再进行一致性检验,从而为决策者提供确定性判据[29]。具体步骤请见第三章。

层次分析法是一种科学性比较强的评价方法。但是,该法在计算指标权重和一致性检验的过程中,计算复杂、量大,特别是在分解的指标因素数目较多时,计算相当繁琐,不易被服务管理人员接受,所以,这种方法仅限于学术层面的探讨,很难运用于实践。

4.2.7 其他方法

1. 抽样调查法

这种调查方法主要通过问卷方式进行,调查问卷基本可分为顾客构成情况调查和顾客购买服务情况调查两大项。顾客构成情况调查在服务产生场所进行,被调查人数取全天接受服务人数的一定比例,调查表内容除了有年龄(老、中、青),性别(男、女),居住地(本地、外地)这些基本信息之外,其他的诸如学历、收入情况等方面可视具体要求而定。顾客购买服务情况调查的内容,则要根据影响服务质量的相关要素来制定。至于调查时间可选择在顾客流比较正常的运营时间段。

2. 德尔菲法

德尔菲(Delphi)法又称为专家法,其特点是集中专家的经验和意见,确定各指标的权重。其基本操作步骤如下:

首先是选择专家,这是很重要的一步,选择是否恰当将直接影响到结果的准确性。一般情况下,应该选择本专业领域中既有实际工作经验又有较深理论修养的专家。将待确定权重的测评指标以及确定权重的规则发给选定的各位专家,请他们独立地给出各指标的权重值。回收结果并计算各指标权重的均值与标准差之后,将计算的结果及补充资料返还给各位专家,要求专家在新的基础上重新确定权重。重复上述步骤,直至各指标权重与其均值的标准差不超过预先给定的标准差为止,也就是各专家的意见基本趋于一致,以此时各指标权重的均值作为该指标的权重。

4.3 评估指标体系的建立

4.3.1 指标与指标体系

所谓指标,就是用以评估系统的参量。例如,利润、产品销售率、劳动生产率,就可以作为评估经济效益的参量。一般来说,任何一个指标都能够反映和刻画事物的一个侧面。从指标的特征来看,可以将指标分为定性指标和定量指标。定性指标是用定性的语言作为指标描述值,定量指标是用数据作为指标值。

评估指标体系就是由众多评估指标组成的指标系统。在指标体系中,每个指标对系统的某种特征进行度量,共同形成对系统的完整刻画。为了对多层次、多因素的问题进行评估,必须合理地构建一个评估指标体系,使大量相互关联、相互制约的因素条理化、层次化。指标体系集中反映了评估目标的主要特征和层次结构,区分各层目标和单个目标对系统整体评估的影响程度。

评估指标体系的建立过程实际上是一个运用系统思想分析问题的过程,其基本步骤为:

(1)针对具体问题收集相关资料,提出评估系统目标及其影响因素。

(2)分析和比较各影响因素之间的关系,对指标进行筛选。

(3)经过优化后确定指标之间的层次和结构,即得到评估指标体系。

4.3.2　评估指标体系建立和筛选原则

在实际的综合评估活动中,选取评估指标时其数量要适度。评估指标过多,难免存在重复性,会受到干扰;评估指标过少,可能所选的指标缺乏足够的代表性,会产生片面性。因此,在建立评估指标体系时应遵循一些原则:

(1)系统性原则。指标体系应能够全面反映评估对象的本质特征和整体性能,指标体系的整体评估性能大于各分项指标的简单总和。应注意使指标体系层次清楚、结构合理、相互关联、协调一致。要抓住主要因素,以保证评估的全面性和可信度。

(2)一致性原则。评估指标体系应与评估目标一致,从而充分体现评估活动的意图。所选的指标既能反映直接效果,又要反映间接效果,不能将评估对象、评估内容无关的指标选择进来。

(3)独立性原则。同层次上的指标不应具有包含关系,保证指标能从不同方面反映系统的实际情况。

(4)可测性原则。指标要能够被测定或度量,含义要明确,数据要规范,口径要统一,资料收集要简便。指标设计必须符合国家和地方的方针、政策、法规。

(5)科学性原则。以科学理论为指导,以客观系统内部要素以及其本质联系为依据,定性与定量分析相结合,正确反映系统整体和内部相互关系的数量特征。定量指标注意绝对量和相对量结合使用。

(6)可比性原则。系统评估的指标体系可比性越强,评估结果的可信度就越大。评估指标和评估标准的制定要客观实际,便于比较。指标标准化处理中要保持同趋势化,以保证指标之间的可比性。

只有坚持以上原则,才能更有效地建立合适的评估指标体系,使评估结果更能反映事物的本来面貌。

4.4 地铁运营服务评估指标体系的构建

地铁运营生产的产品即地铁服务，是指在乘客购票进站乘车到到站下车出站的这个时间片段中产生的位移，需要强调在全过程的服务中突出服务行为的规范性。作为一种无形的商品，它具有以下特性：

(1)无形性

由于地铁产品的无形性，乘客在购买之前，无法对其质量和价值做出准确的评价和判断，只能通过地铁公司的对外宣传或其他乘客对地铁的普遍评价为依据给予初步判断。所以，乘客在购买地铁服务之前，面临很大的购买风险，而对于地铁运营服务质量水平的衡量则往往带有较为浓厚的主观性和非量化的色彩。

(2)地铁产品的生产和消费是同时的

服务的生产过程，同时就是服务的消费过程，其价值的实现由生产和消费两者之间的平衡所决定。

(3)乘客作为服务的一部分

地铁服务体现的是服务提供者与乘客之间的互动关系，在服务过程中，乘客不但要同服务人员产生接触，还可能与其他乘客发生联系。没有乘客的亲自参与，地铁服务将无法完成。

(4)无法储存性

地铁服务是一种过程，而不是可以被保有的有形物品，所以它易逝且不能被保存。乘客的位移只能在限定的某一时间内实现其价值，如果地铁产品没能在这一时间内出售，其价值便立即归零。于是对于一般产品来说，它具有无法“后”实现的特征。

正因为地铁运输产品的上述特征，它比较适合采用自助式服务。目前国内外的地铁普遍采用先进的、自动化程度高的设备，让乘客通过自助式服务完成消费，从而很大程度上降低了工作人员直接服务所花费的成本，节约了人力资源。采用这种服务方式有以下优点：

(1)降低劳动密集程度，用高科技提高生产效益，用先进生产力代替简单、重复的体力劳动。

(2)使用机器能产生稳定可靠的服务流程、信息流程，为乘客提供统一的、差异小的服务。

(3)减少面对面服务，尽可能地降低乘客与员工之间的冲突，减少乘客投诉。

(4)先进的设备提高了服务的可靠性，有利于创造轻松自如的乘坐环境。

采用自助式服务的缺点是初期设备投入成本高，需要大量的资金，而且要提高服务设备的利用率，避免设备空置现象。

在构建地铁运营服务评估指标体系时,指标必须与目标相一致,因此采用分解目标、在目标与指标之间设置若干过渡环节的方式来形成指标体系。从地铁运营服务的构成来看,主要有列车运行服务、乘客服务和设备服务三部分。因此,本书也将地铁运营服务评估体系分为运行服务、乘客服务和设备服务三个子系统,各子系统都有两个指标层,合计采用 33 个明细指标。图 4.1 中仅列出第一指标层中的指标,其他明细的指标将在后面章节中详细介绍。

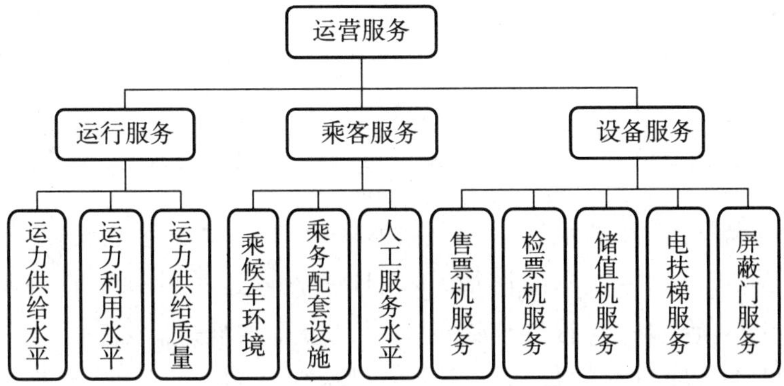

图 4.1 地铁运营服务评估体系

4.4.1 列车运行服务

地铁列车运行服务是满足乘客空间位移基本需求的服务,是地铁运营服务的核心部分,其服务水平的高低直接关系到乘客能否及时、迅速、舒适、安全地到达目的地。评价地铁列车运行服务水平主要从地铁运力供给水平、地铁运力利用水平和列车运力供给质量这三方面进行。

4.4.1.1 运力供给水平

运力供给水平的评价指标主要有运营时间、高峰行车间隔、平峰行车间隔。地铁列车的运营时间越长,发车越频密,运力供给就越充足,就越能方便乘客出行。结合国内地铁行业发展的实际情况,通过与部分交通专家的探讨,制定出了地铁运力供给水平的等级评定标准,见表 4 -1。

表 4 -1 地铁运力供给水平等级评定标准

等级	运营时间(h)	高峰行车间隔(min)	平峰行车间隔(min)
A	≥18	≤5	≤10
B	≥15	≤10	≤15
C	≥12	≤15	≤20
D	<12	>15	>20

以深圳地铁 1 号线为例,发车时间间隔由开通初期的 15 min 压缩至高峰时间的 5 min 和平峰时间的 7 min;在工作日,地铁运营时间从 6 点半到 23 点,共16.5 h;

在节假日，运营时间延长 1 h。通过提高地铁发车频率，延长运营时间，1 号线路运输能力有所提高，其运营服务水平可以达到等级 A。

再以目前深圳与香港地铁的运力供给相关情况为例，见表 4－2。

表 4－2 深圳、香港地铁运力供给相关指标及评价

地铁名称	运力供给水平等级	运营时间（h）	高峰行车间隔（min）	平峰行车间隔（min）
深圳地铁 1 号线	A	16.5	5	7
深圳地铁 4 号线	C	16.5	17	17
深圳地铁一期整体	A	16.5	——	——
香港地铁	A	19	2	3

从上表可以看出，深圳地铁运力供给水平整体不如香港地铁，不过，随着深圳地铁网络的逐步形成，客流不断增加，深圳地铁投入运营的列车将会不断增加，运力供给水平会不断提高，与香港地铁的差距也会逐步缩短。

深圳地铁 4 号线目前的运力供给水平只达到 C 等级（合格）水平，还不能有效发挥地铁运输快捷的优越性。随着深圳福田口岸的开通及 2009 年深圳地铁 4 号线作为福田口岸的唯一接驳方式与香港东铁落马洲支线在福田口岸的无缝接驳，届时将有 25 万人次以上日通关客流涌进地铁 4 号线，这巨大的客流对地铁 4 号线的运力提出了很高的要求。深圳地铁应适当考虑加大 4 号线的发车频率，逐步提高 4 号线的列车运力供给服务水平。此外，深圳作为国际大都市，市民的夜生活较为丰富，地铁公司应该考虑市民的需要，适当延长地铁运营时间。

4.4.1.2 运力利用水平

地铁列车满载率可以用来综合反映及衡量地铁运力利用水平，同时也可以从侧面评价地铁运行服务。其计算公式为：

列车平均满载率＝实际客运量/（单节车厢的定员载荷人数×列车编组辆数×开行列次） （4－4）

列车高峰满载率＝高峰实际客运量/（单节车厢的定员载荷人数×列车编组辆数×开行列次） （4－5）

虽然说，地铁运力利用率越高，列车满载率也就越高；然而，满载率越高，车厢也就越拥挤，从而影响地铁的行车服务水平。如果地铁运营公司为提高运力利用效率而采取限制运力供给，减少发车频率，就会导致乘客候车时间过长、乘客过度聚集站台、乘客挤不上车等现象发生。但是，如果只考虑满足乘客的需要而过分投入运力，则地铁的满载率就会降低，地铁的运营效益就会变差。

结合国内地铁行业发展的实际情况，通过与部分交通专家的研讨，制定了地铁运力利用水平的评价标准，见表 4－3。

表4-3　地铁运力利用水平的评价标准

	评价等级	平均满载率(%)	高峰满载率(%)
地铁运力利用评价标准	A	≥50	≥70
	B	≥30	≥50
	C	≥10	≥30
	D	<10	<30

4.4.1.3　运力供给质量

地铁是严格按照编定的列车服务时间表为乘客提供运输服务的。因此,地铁运行图兑现率、列车运行正点率、列车服务可靠程度可以作为衡量地铁运行服务质量的三大重要指标。列车运行质量越好,行车越准时准点,旅客运送越迅速平稳可靠,就越能准时快速安全运送旅客到达目的地,方便乘客出行。

(1)运行图兑现率

运行图兑现率是指一定时期内实际开行的列车列次与计划开行的列车列次的百分比。如果地铁开行的列次较少,则列车运行调度相对容易,运行图兑现率会比较高;随着城市地铁线网的形成,发车频率将越来越密集,列车运行调度工作也将随之变得比较困难。

(2)运行正点率

运行正点率是指在一定时期内准时到达目的地的列车班次数占总开行的列车班次数的百分比。列车准时到达的衡量标准要根据城市地铁的实际情况来制定,以深圳市地铁为例,1号线的准时到达标准是列车在不超过计划运行时间2 min到达目的地;4号线的准时到达标准是在不超过计划运行时间5 min抵达目的地。

(3)列车服务可靠程度

列车服务可靠程度可以具体表现为地铁列车全年每行走多少万车公里的运营里程才发生一次因故障导致的5 min及以上的延误。2006年,深圳地铁列车晚点次数为22次,列车平均每运行79.2万车公里出现一次5 min以上的延迟,对于仅仅运行了一年的地铁,能达到这样的列车服务可靠程度已经不错;而香港地铁在2005年平均运行92.9万车公里才出现一次5 min以上的延迟。

分析地铁列车晚点原因,车辆和信号故障而导致晚点的比重占80%以上。因此与香港地铁相比,深圳地铁仍需进一步提升设备的可靠性和故障处置能力,力争在较短的时间内赶上或者超过香港地铁。

根据国内地铁行业的实际情况,通过与部分交通专家的研讨,选取了运行图兑现率、列车正点率及列车服务可靠程度作为衡量地铁运力供给质量的指标,并制定了地铁运力供给质量评价标准,详见表4-4。

表 4-4 地铁运力供给质量等级评定标准

等 级	满 足 条 件		
	运行图兑现率(%)	列车正点率(%)	服务可靠程度(万车公里)
A	≥99	≥99	≥70
B	≥97	≥97	≥50
C	≥95	≥95	≥30
D	<95	<95	<10

4.4.2 乘客服务

所谓乘客服务,是指在组织乘客入站、购票、检票、候车、上车、下车、换乘、检票、出站等活动中所提供的各种配套服务,包括乘候车环境维护、乘务配套设施服务及人工服务。对地铁乘客服务水平评价的主要依据是乘客出行是否感到方便、舒适和安全。评估主要通过与站务人员座谈、对各站现场考察以及乘客满意度调查来了解情况,然后由评估人员进行打分。

4.4.2.1 乘候车环境

地铁乘候车环境包括卫生环境、通风环境及客流秩序环境三部分。

(1)卫生环境

清洁明亮、舒适卫生的乘车环境是每位乘客所期望的。在进行实地调查时,应重点考察车站及车厢的卫生保洁工作,地铁站口乱派发、张贴广告传单现象是否得到有效地控制,地铁进出口、站厅、通道、候车站台是否清洁明亮,乘客接触较多的服务设施设备是否很好地保持着整洁状态等方面。

地铁运营公司除了制定相应的考核制度,对保洁工作进行定期的评估和考评,定时巡视地铁站的卫生情况,确保保洁公司按质按量完成保洁工作,给乘客提供一个舒适称心的乘车环境之外,还应该要求保洁公司加强对保洁人员的专业培训,提高保洁人员的文化素养,能协助解决乘客问路等普通咨询工作。

(2)通风环境

地铁里的空气质量对乘客健康影响较大。由于地铁相对封闭,如果通风不流畅,站内空气很容易污浊。环控系统是对车站站厅、站台、隧道、设备及管理用房等处所的环境进行空气处理的系统,主要调节指定区域内的空气温度、湿度,控制二氧化碳、粉尘等有害物质的浓度,以满足人体健康及相关设备正常运行的要求。

一个运转正常的地铁环控系统,应该较少地出现故障,即使发生故障,环控监控系统也能够随时进行监控,及时发现。地铁站通风及温度的设置符合《地下铁道设计规范》(GB 50157—92)中有关对地铁通风及环境控制的要求,夏季站厅温度维持在 29 ℃,站台维持在 27 ℃,为乘客提供了健康、舒适的乘候车环境。此外,环控系统具备在特殊情况下给乘客提供能接受的生存环境,如发生火灾事故时,它能够有效排烟，给乘客和消防人员输送足够的新鲜空气。

(3)客流秩序环境

提供安全、有序的乘候车环境是地铁运营服务的重要内容，客流是否有序是衡量地铁运营服务的重要指标。科学合理的城市地铁客流组织，能够简化行人流动线，避免客流交叉对流、集聚拥挤的现象，使乘客有序而且比较快速地完成地铁出行的各个步骤。

在处理大客流方面，地铁公司应该制定出大客流运营组织办法等指导性文件，按照“客流预测与协调——行车组织计划——客运设施准备——人员调度配置——强化客流组织——票务组织计划——服务信息发布——客流三级限制”这样一个处理大客流的有效程序与方法，顺利地完成大客流的疏导工作。

4.4.2.2　乘务配套设施

地铁乘务配套设施包括广播系统、乘客资讯系统和导向标志系统三大部分。

(1)广播系统

广播系统是大众化的运营管理工具，主要是对乘客播报列车到离站信息、紧急信息等语音信息，其用途和服务范围应包括：向乘客预报到站列车信息，对上下车乘客进行安全提示和导向；发生故障、灾害等紧急情况时，发出警报、指挥救援和疏导乘客等。地铁广播是乘客获取乘车相关信息的重要渠道之一，要求播放的信息及时、规范、适量、令乘客感到舒适，以及故障率较低，发生故障也能够及时修复，这些都是评价地铁广播系统服务质量的重要依据。

(2)乘客资讯系统

乘客资讯系统包括信息发布和信息查询两种模式，见图 4.2。信息发布系统以播放列车运行信息、广告、其他交通工具运行信息为主；在紧急状态下可中断其他信息的播出，实时地发布各种提示和疏散通告。信息查询模式是通过触摸屏查询系统，乘客可以自行查询气象信息，实时列车运行信息、换乘信息、车站周边情况、广告、新闻、政府公告等资讯。

图 4.2　信息发布系统、信息查询系统

乘客资讯系统向乘客提供的主要信息有:乘客引导信息、列车到离站信息、乘车须知、换乘信息、重要通知以及各种广告信息和便民信息等。其设备主要是LED屏、LCD液晶信息查询机以及PDP离子屏等。

评价乘客资讯系统时,主要考察系统设备设置合理、运行可靠、传递信息的清晰程度和丰富程度等方面。一个整体运转良好的地铁资讯系统,应该资讯设备设置位置醒目;运行故障率低,即使发生故障,也能得到及时的维修;资讯系统显示的信息简洁明了、信息量丰富,乘客能够清晰理解其信息含义,方便地获取所需信息。

(3)导向标志系统

地铁导向标志系统是体现地铁服务水平的重要标志之一,高水平的导向标志系统既有利于实现地铁车站的现代化管理和“无人化”管理,也有利于提高地铁的服务水平和运营效率。

科学、合理、规范地设计与设置导向标志,力争导向标志清晰简洁,设计醒目美观,则可以为地铁乘客的进站、购票、入闸、候车、乘车(包括中间换乘)、下车、出闸、出站这乘车“八步曲”进行方向指引与行为引导,使地铁乘客顺利完成乘车出行,保证客流快速、有序、安全的移动,减少客流在地铁车站内部的交叉,促进车站及周围地面交通的有序化,此外,在发生意外灾害或事故时也可便于引导乘客安全、快速疏散。

根据实地调研内容,制定地铁导向标志系统评价表,见表4-5。

表4-5 深圳地铁导向标志系统评价表

导向系统评价评分		主要的导向标志牌等设施（从设置合理、清晰醒目等方面进行评价）
分数	分指标	
	乘客从站外找到地铁入口的方便程度	站外路引标志、地铁站定位标志、地铁站入口标志等
	乘客从站口顺利到达站厅的方便程度	地铁指向标志、线路站厅指向标志、线路站厅定位标志等
	乘客获得地铁线路指引的方便程度	网络指引图、线路指引图、线路列车时刻表、站层图等
	乘客找到售票处的方便程度	售票处指向标志、售票处定位标志、充值机指向标志、人工售票处标志、兑零处标志等
	乘客找到检票闸口的方便程度	入口闸机指向标志、入口闸机定位标志、人工检票口定位标志等
	乘客找到候车站台的方便程度	线路方向指引标志、线路方向指引图、站厅层指向标志、楼梯指向标志等
	乘客判定列车方向及到站的方便程度	线路方向标志、线路指引图、列车运营信息标志等

续上表

导向系统评价评分		主要的导向标志牌等设施（从设置合理、清晰醒目等方面进行评价）
分数	分指标	
	乘客判定列车到达目的站的方便程度	列车线路标志（车身）、地铁网络指引图、线路指引图等
	乘客寻找出闸口或换乘站台的方便程度	出口指向标志、出口指引图、换乘线路指向标志、换乘指引图、出口闸机指向标志、出口闸机定位标志、人工检票口标志等
	乘客获得出口指引信息的方便程度	出口指引图、车站站区图、车站市区图、公交指引图等
	乘客找到其他配套设备服务的方便程度	入口关闭时间标志、线路始末发车时刻表、公用电话定位及指向标志、公共厕所定位及指向标志。
	乘客得到安全导向信息的方便程度	禁烟标志、危险标志、禁止通行标志、禁止依靠屏蔽门等标志
	导向标志系统总体评价	

4.4.2.3　人工服务

随着 AFC 系统和导向系统的完善，站务管理“无人化”将成为地铁运营管理的趋势。但是在地铁运营初期，在各服务系统还不是很完善以及大量乘客不熟悉地铁设备操作的情况下，售票、兑零、咨询等人工服务还是地铁运营过程中不可或缺的重要部分。这时，服务人员的服务表现就成为衡量地铁运营服务水平的重要指标，其服装仪态、服务意识、服务态度、业务知识及服务技能将会对乘客服务水平影响极大。

地铁投入运营之后，运营公司应当重视站务人员的服务表现，不断开展车站服务评比活动；进行乘客满意度调查；推进义务监督员制度，加强外部服务监督；进一步规范服务标准，优化乘车环境。根据实地调研，结合乘客期望的乘务服务水平，制定地铁人员服务表现评价表，见表 4－6。

表 4－6　地铁人员服务表现评价

服务表现	具体要求	评价分数	评价等级
服装仪态	服装统一整洁、仪容整齐优雅		
服务意识	了解乘客的需求，主动为乘客提供服务		
服务态度	员工有良好的礼貌与亲切的态度，能够耐心处理抱怨与不满		
业务知识及服务技能	员工能正确告知乘客的相关信息，迅速有效地处理乘客的问题		
人工服务表现总评价			

4.4.3 设备服务

随着高新技术的不断发展与应用,强化设备服务功能和弱化人工服务功能在世界各地的地铁发展中已成为一种主流趋势。乘客服务设备的服务表现直接影响地铁的正常运营和客运服务水平。先进设备的投入使用,不但可以确保乘客迅速通过售检票口,节约乘客出行时间,同时还可以为运营公司节省大量人力,避免因人为误解产生纠纷。

在这里所说的服务设备,是指与乘客接触密切的服务设备,包括自动售检票系统终端设备(售票设备、储值设备和检票设备)和电扶梯设备、屏蔽门设备等。在评价过程中将以设备设置合理性、使用安全可靠性和操作方便快捷性作为衡量这些设备服务质量的主要指标。

图 4.3 自动售票机

4.4.3.1 售票机服务

(1)设置合理性

售票设备(见图 4.3)的设置数量,主要根据各站进站客流大小、高峰时段进站客流及储值票使用率、售票设备售票能力和速度而确定,其数量配置按近期高峰客流量配置,并预留有远期高峰客流量所需设备的供电,预埋有套线及安装位置等条件。

售票设备设置的合理性主要由乘客排队等候购票的时间来衡量。如果售票设备设置数量过少、售票能力不足会导致乘客购票时间过长,客流过分聚集于售票处,降低地铁运营服务水平和运营效率。深圳曾对地铁乘客排队等候购票的时间做过实地调查,详见表 4-7。

表 4-7 乘客使用自动售票机平均购票时间情况(单位:s)

项目		世界之窗站	科学馆站	会展中心站	少年宫站	华强路站	罗湖站
平均排队购票时间	平峰时段	19.8	15.2	7.8	7.8	31.3	14.7
	高峰时段	37.7	24.0	8.2	8.6	58.4	25.7

注:平均等候时间计算口径为:$\left(1+\dfrac{\sum\dfrac{\text{时点总排队人数}-1}{\text{可用售票机数}}}{N}\right)\times 7.8\,\text{s}$,其中 N 为抽样时点次数。

如果等候购票时间较短,则说明站点的售票设备足够应付一般的高峰客流,地铁运营服务水平和运营效率能够得到保证,不会引起乘客的抱怨。

为了缩短排队购票时间,除了要求地铁公司对全线的售票机进行检核、设备位置调整、数量补充之外,还建议地铁公司大力推广储值卡,降低单程票客流比重。仍以深圳地铁为例，目前深圳地铁储值票使用率仅为 37% 左右，与香港接近 90% 的比例相差很远。随着地铁客流的增加，如果储值票使用率依然处于低水平，单靠自动售票机或者人工售票来解决购票瓶颈是非常困难的，这也不利于运营服务水平的提高。

（2）使用安全可靠性

地铁公司对地铁站内的服务设备遵循“无人值守、自动监视”的原则进行管理，即：车站不设专职管理人员，采用就地控制方式，由车站设备监控系统（EMCS）进行监视并将运行状态信息传输到控制中心。建立维护、保养制度，对自动售检票系统故障信息有记录、分析、纠正和预防措施。

如果因故障等原因造成设备不能正常使用的情况过多，设备的服务水平就会下降。衡量设备服务表现的一个重要指标是设备的可靠程度。自动售票机（TVM）可靠程度一般由设备在一年或者一个月内可供正常使用时间与计划投入使用时间之比值来反映。具体计算公式如下：

$$\text{自动售票机可靠程度}=\frac{\text{TVM 月内使用总时数}-\text{TVM 月内故障总时数}}{\text{TVM 月内使用总时数}} \tag{4-6}$$

其中：TVM 月内使用总时数 = 公司范围内的 TVM 总台数 × 运营天数 × 每天运营小时数。

地铁公司为了确保自动售票机稳定高效运作，避免设备故障频发及发生故障后不能及时修复，应该积极配合承包商对自动售票机的功能进行改进，建立了有效的检查制度，如日常定检、巡检、故障追问、故障上报等制度。

根据国内地铁自动售票机的可使用水平情况，本书制定了地铁自动售票机使用可靠程度的评价标准，见表 4－8。

表 4－8　自动售票机可靠程度评价标准

满足条件	≥99%	≥97%	≥95%	<95%
评价等级	A	B	C	D

（3）操作方便快捷性

自动售票机是乘客自助操作购票的机器。由于乘客层次复杂，因此要求购票操作尽量简单方便，使每一位乘客都能没有障碍地独自或者在导购下自如进行购票。

乘客使用自动售票机购票的一般程序是：先选择目的地，再选择票数，然后放入钱币，最后在出票口上取票和找零。其中在购票过程中主要注意事项有：

①设备待机时间有限，如操作超时，选择界面就会自动退出；

②设备可以接受 20 元、10 元、5 元纸币与 1 元、5 角的硬币，可混合使用；

③当设备上面的滚动提示条显示为红色的时候，表示该机只接受硬币；

④当设备上面的滚动提示条显示为绿色的时候，表示该机可接受纸币；

⑤取票时，要用手心向上，伸到取票口里轻轻一推即可取票与找零的钱；

⑥买票后，在地铁内最多停留 120 min，超时要补交 5 元全程最高票款。

整体上看，乘客基本能够独自顺利地购买到所需要的车票，但对于首次或者很少坐地铁的乘客来说，一般都不是很清楚如何进行购票，在购票过程中或多或少需要旁边乘客或者导购员的指引才能完成购票操作，但在现场协助乘客购票的导购员过少，部分乘客得不到协助，造成购票操作时间过长，影响了购票速度。此外，设备零钱补充不及时；有时前面的乘客可以用纸币购票，但轮到下一位乘客购票时却不能用纸币，只好到兑零处兑零后再排队购票；部分乘客不清楚取票方法，把车票及硬币洒落在地上；售票机对钱币的感应度不是很高，乘客用一些稍微旧点的纸币或硬币就感应不了而不能使用；售票机卡币的现象也时有发生。

对于自动售票机操作方便性的评价，主要以平均乘客购票操作时间这一指标来综合衡量。平均乘客购票操作时间，即平均每位乘客从开始购票操作到买到车票为止所需要的时间。正常情况下，自动售票机单台售票能力为 10 张次/min，也就是说乘客购票操作时间是 6 s。但是由于部分乘客不熟悉自动售票机的操作及自动售票机卡币、缺零等情况导致了自动售票机实际售票速度低于设计的售票速度。

4.4.3.2 检票机服务

(1)设置合理性

地铁乘客排队检票等候时间可以反映出检票机设置的合理性。地铁站应该按照客流分布的不同来设置闸机数量，同时根据潮汐客流的特点而灵活设置双向检票闸机。此外，还考虑特殊情况及特别乘客需要，在每个地铁站检票处设置了特殊通道闸机。乘客平均检票所用时间(包括排队时间)的计算公式为：

$$\text{乘客平均检票所用时间} = \left(1 + \frac{\sum \dfrac{\text{时点总排队人数} - 1}{\text{可用闸机数}}}{N}\right) \times 3.3 \quad (\text{s}) \qquad (4-7)$$

其中 N——抽样时点次数。

(2)使用安全可靠性

在地铁实际运营过程中，当然要求自动检票机出现的故障次数少，故障率低。检票机的可靠程度可以由全年所有出入闸机的累计正常服务时间占到全年计划运行时间的百分比来衡量。2006 年，深圳地铁的闸机使用可靠程度达到 99.8%，自动检票机的技术在国内处于较高水平。根据国内地铁自动检票机的技术水平，可以制定地铁自动检票机使用可靠程度的评价标准，见表 4-9。

表 4-9 自动检票机可靠程度评价标准

满足条件	≥99%	≥97%	≥95%	<95%
评价等级	A	B	C	D

(3)操作方便快捷性

城市地铁检票操作流程一般如下:

进站:选择显示绿色箭头的闸口排队进闸,通过闸机时,把车票或储值卡在闸机验票区上划过,闸机自动开启,即可进入站台区候车、乘车。

出站:选择显示绿色箭头的闸机排队出闸,通过闸机时,持单程票的乘客将车票放入闸机的回收口内,持储值票和免费票的乘客将车票在验票区上划过,系统自动扣款,验票闸机自动开启放行,即可出闸。

图4.4 自动检票机

当老人或残疾人乘坐地铁时,每次进闸前需到地铁免费通道持有效身份证明文件进闸乘车。

从整个流程看,检票操作非常简单,乘客(无论是否首次乘坐地铁)基本都能自如地检票通过闸口进出站台。稍有不足的地方是少许持单程票的乘客在出闸检票的时候经常忘了将车票放入闸机回收口内,影响出闸速度。

在排队持续情况下,乘客平均检票通过时间可以衡量操作方便性。根据实地测算,乘客平均检票通过时间约为3.3 s,平均每分钟通过单台闸机检票18人次,这与单台闸机正常检票通过能力25人/min有一些差距。造成这些差距主要是乘客不熟悉检票机操作所致,同时也与车票的可靠程度及闸机性能参数的设定有一定关系。闸机开关闸口的时间稍长、乘客站在闸机通道内检票、乘客不懂闸机检票操作是影响闸机通过速度的主要因素。

4.4.3.3 储值机服务

(1)设置合理性

储值设备的设置数量,主要根据各站进站客流大小及储值票使用率、储值设备处理速度而确定,并预留有远期所需设备的供电,预埋有套线及安装位置等条件。

储值设备设置的合理性主要由乘客排队等候储值的时间来衡量。如果储值设备设置数量过少、处理能力不足会导致乘客储值等候时间过长,降低地铁运营服务水平。如果等候储值时间较短,则说明站点的储值设备足以满足乘客需要,地铁运营服务水平和运营效率能够得到保证,不会引起乘客的抱怨。

(2)使用安全可靠性

完善巡查巡检及维修保养制度,可以降低自动储值机的故障率。储值机的可靠程度由全年所有储值机的累计正常服务时间占到全年计划运行时间的百分比来衡量。

(3)操作方便快捷性

自动储值机的操作比较简单,按照提示就能很快完成储值。根据乘客储值所需时间的调查统计,乘客平均每次储值所需时间约为28 s。随着乘客对储值机的操作越来越熟悉,这一数值还将会降低。

4.4.3.4 电扶梯服务

电扶梯系统由自动扶梯系统和垂直电梯系统(又称楼梯升降机)组成,是城市轨道交通系统的一个重要组成部分,每天担负着运送大量旅客的任务,对客流的及时疏散起到了至关重要的作用。

通过调查电扶梯系统的数量是否充足来评价设置合理性。使用安全可靠性依然可以用故障次数、可靠运行率等指标来体现。操作方便快捷性取决于电梯设置位置是否方便乘客上落地铁层。

4.4.3.5 屏蔽门服务

屏蔽门(见图4.5)是沿车站站台边缘和两端头设置,把站台乘客候车区域与列车进站停靠区与列车进站停靠区域自上而下分隔开,在列车到达和出发时局部可自动开启和关闭。其主要功能是避免乘客跌落站台轨道的危险、减少大量冷气消耗及减少空调设备容量、降低由于列车进出站时以及刹车时给站台带来的噪音、活塞风和粉尘。

为了保证屏蔽门系统设备的安全运行,应该结合该系统的特点,制定完善的巡视检查、故障应急处理、日常维修作业、巡视作业、计划维修作业、设备运行管理等制度规范,同时对屏蔽门系统使用的注意事项、规则也进行明确的规定,并建立设备台账制度。该系统设备的可靠程度主要由故障次数、运营故障率(次/百小时)来衡量。

屏蔽门设有明显的安全标志、使用标志和应急情况操作指示。接地连接牢固,手动及站台级开关功能都很正常,能够为乘客提供安全、舒适的候车环境。

图4.5 屏蔽门

4.5 地铁运营服务质量评估

地铁项目的评价结果，是在参照相关的法律法规、建设部文件及书籍资料的基础上，通过对地铁运营分公司及其各相关部门、部分地铁车站进行详细调研后，经评估人员对具体评价指标采取等级评判方式综合得到。

4.5.1 地铁运营服务评分表以及项目评价等级表

通过整理上节介绍的评价指标的具体内容，制定出地铁运营服务评分表，见表4－10。由于不同的评价水平对应着不同的评定等级，根据建设部《城市轨道交通安全生产工作督查要点表》，得到项目评价等级表，见表4－11。

表4－10　地铁运营服务评分表

<table>
<tr><th colspan="6">运营服务评分表</th></tr>
<tr><th>目标层</th><th>准则层</th><th>指标层1</th><th>指标层2</th><th>评分</th><th>等级</th></tr>
<tr><td rowspan="17">运营服务</td><td rowspan="8">运行服务</td><td rowspan="3">运力供给水平
(____级,____分)</td><td>运营时间(h)</td><td></td><td></td></tr>
<tr><td>高峰发车间隔(min)</td><td></td><td></td></tr>
<tr><td>平峰发车间隔(min)</td><td></td><td></td></tr>
<tr><td rowspan="3">运力供给质量
(____级,____分)</td><td>运行图兑现率(%)</td><td></td><td></td></tr>
<tr><td>列车正点率(%)</td><td></td><td></td></tr>
<tr><td>服务可靠程度(万车公里)</td><td></td><td></td></tr>
<tr><td rowspan="2">运力利用水平
(____级,____分)</td><td>平均满载率(%)</td><td></td><td></td></tr>
<tr><td>高峰满载率(%)</td><td></td><td></td></tr>
<tr><td rowspan="9">乘客服务</td><td rowspan="3">乘车环境
(____级,____分)</td><td>卫生环境</td><td></td><td></td></tr>
<tr><td>通风环境</td><td></td><td></td></tr>
<tr><td>客流秩序</td><td></td><td></td></tr>
<tr><td rowspan="3">乘务配套设施
(____级,____分)</td><td>广播系统</td><td></td><td></td></tr>
<tr><td>乘客资讯系统</td><td></td><td></td></tr>
<tr><td>导向系统</td><td></td><td></td></tr>
<tr><td rowspan="4">人工服务水平
(____级,____分)</td><td>服装仪态</td><td></td><td></td></tr>
<tr><td>服务意识</td><td></td><td></td></tr>
<tr><td>服务态度</td><td></td><td></td></tr>
<tr><td>业务知识及服务技能</td><td></td><td></td></tr>
</table>

续上表

<table>
<tr><th colspan="6">运营服务评分表</th></tr>
<tr><th>目标层</th><th>准则层</th><th>指标层 1</th><th>指标层 2</th><th>评分</th><th>等级</th></tr>
<tr><td rowspan="15">运营服务</td><td rowspan="15">设备服务</td><td rowspan="3">售票机服务
（____级，____分）</td><td>设置合理性</td><td></td><td></td></tr>
<tr><td>使用可靠性</td><td></td><td></td></tr>
<tr><td>操作方便性</td><td></td><td></td></tr>
<tr><td rowspan="3">检票机服务
（____级，____分）</td><td>设置合理性</td><td></td><td></td></tr>
<tr><td>使用可靠性</td><td></td><td></td></tr>
<tr><td>操作方便性</td><td></td><td></td></tr>
<tr><td rowspan="3">储值机服务
（____级，____分）</td><td>设置合理性</td><td></td><td></td></tr>
<tr><td>使用可靠性</td><td></td><td></td></tr>
<tr><td>操作方便性</td><td></td><td></td></tr>
<tr><td rowspan="3">电扶梯服务
（____级，____分）</td><td>设置合理性</td><td></td><td></td></tr>
<tr><td>使用可靠性</td><td></td><td></td></tr>
<tr><td>操作方便性</td><td></td><td></td></tr>
<tr><td rowspan="3">屏蔽门服务
（____级，____分）</td><td>设置合理性</td><td></td><td></td></tr>
<tr><td>使用可靠性</td><td></td><td></td></tr>
<tr><td>操作方便性</td><td></td><td></td></tr>
</table>

表 4－11 项目评价等级表

定性描绘	评价分值	对应等级
优	85 分 ~ 100 分	A
良	71 分 ~ 84 分	B
中	60 分 ~ 70 分	C
差	59 分以下	D

4.5.2 评估过程

综合评估是将单一的评估对象进行细分，分成不同的评估方面，并建立一个完整的评估指标体系对其进行评估，因而它具有全面性和科学性。同时，评估过程应遵循一定的技术线路，对于评估的方法、指标选取的原则、权重的确定以及建立的评估矩阵等均须进行精心设定。具体评估流程如图 4.6 所示。

4.5.2.1 确定指标权重

一般而言，在评价诸因素中，各个评价因素的重要程度是不一样的，为了表示各个因素的重要程度，对各个因素 u_i 应赋予相应的权数 w_i，这就是权重。由各权数组成权重集 $\overline{W}$，即：

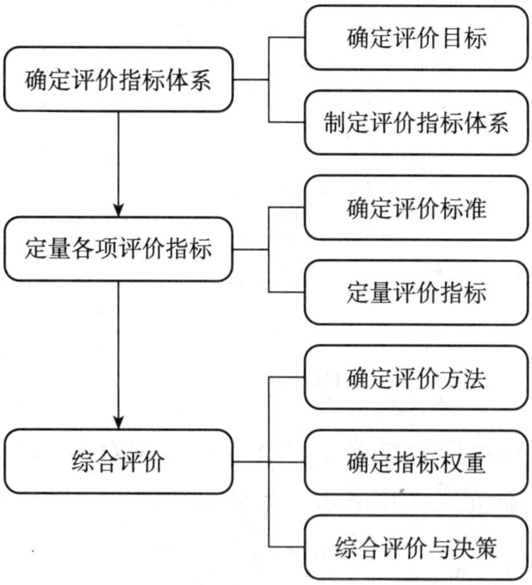

图 4.6　综合评估技术流程

$$\overline{W}=\{w_1,w_2,w_3,\cdots,w_n\} \tag{4-8}$$

对计算出的权重集应进行一致性检验和归一化处理。

地铁服务质量水平的综合评价是地铁运营服务各因素和单因素评判的复合作用,虽然每个指标都能衡量地铁服务的质量,但是各指标对于整个评价系统的作用是不一样的,所以需要为各项指标加上一个可以反映它在整个评价系统中地位的比例参数,即指标的权重。

目前,对指标重要度的赋权有很多方法,例如专家直接给出法、层次分析法、德尔菲法等。层次分析法计算出来的权重比较准确,但计算过程比较繁琐、复杂,周期长,对现场工作适应性差。对于现在所研究的地铁服务评价系统来说,为快速有效地评价客运服务质量,及时进行反馈,从而得到有效改进,建议采用德尔菲法(又称专家打分法),这种方法由于其简单易行的特点既能够方便地评定出地铁服务质量,又可以快速判断出各部门的责任。其具体方法为:

首先,组织专家成立评定小组,专家单独对同一层次的评价指标按其重要性进行排序。其次,确定计算公式。最后,通过计算得到每个指标的权重。

现在,以乘客服务中的“人工服务水平”指标来说明。在“人工服务水平”指标中,有服装仪态、服务意识、服务态度、业务知识及服务技能四个子指标构成,越重要的得分越高。现在假设有 5 位专家对人工服务水平指标进行排序打分,专家在排序时将各项指标按照重要程度分成 5 个等级——“极端重要”、“很重要”、“重要”、“不太重要”、“不重要”来排序,分别对应 5 个数字——9,7,5,3,1。得出结果,如表4－12。

表 4－12　人工服务水平指标专家排序打分表

指标＼专家打分	专家 1	专家 2	专家 3	专家 4	专家 5
服装仪态	c_{11}	c_{12}	c_{13}	c_{14}	c_{15}
服务意识	c_{21}	c_{22}	c_{23}	c_{24}	c_{25}
服务态度	c_{31}	c_{32}	c_{33}	c_{34}	c_{35}
业务知识及服务技能	c_{41}	c_{42}	c_{43}	c_{44}	c_{45}

确定计算权重：$\varpi_i = \frac{\sum_j c_{ij}}{\sum_i \sum_j c_{ij}} \times 100\%$　　(4－9)

其中，ϖ_i 为第 i 项指标的权重，c_{ij}为第 j 位专家对指标 i 的排序得分，由此可以计算得出每个子指标在人工服务水平指标里的重要程度是多少。

$$\varpi_{服装仪态} = \frac{c_{11} + c_{12} + c_{13} + c_{14} + c_{15}}{\sum_{i=4}\sum_{j=5} c_{ij}} \tag{4－10}$$

$$\varpi_{服务意识} = \frac{c_{21} + c_{22} + c_{23} + c_{24} + c_{25}}{\sum_{i=4}\sum_{j=5} c_{ij}} \tag{4－11}$$

$$\varpi_{服务态度} = \frac{c_{31} + c_{32} + c_{33} + c_{34} + c_{35}}{\sum_{i=4}\sum_{j=5} c_{ij}} \tag{4－12}$$

$$\varpi_{业务知识及服务技能} = \frac{c_{41} + c_{42} + c_{43} + c_{44} + c_{45}}{\sum_{i=4}\sum_{j=5} c_{ij}} \tag{4－13}$$

需要说明的是，各个层次指标权重的分配不是固定的，可以根据经济环境的变化发展和评价工作的完整情况作出必要的调整。

4.5.2.2　量化评价

(1)确定第 i 项指标的调查评价得分平均值

当 i 为服务质量评价体系中最底层的评价指标时，

$$x_i = \frac{\sum_j b_{ij} \times k_j}{a} \tag{4－14}$$

其中　x_i——第 i 项指标的调查评价得分平均值；

b_{ij}——对第 i 项指标做出第 j 种评价的评价人员数；

k_j——第 j 种评价所得的分数；

a——调查问卷数。

(2)通过加权平均计算服务质量的评价得分

$$Y = \sum_{i=1}^{n} x_i \quad {}_i \ (0 < \varpi_i < 1, \sum_{i=1}^{n} \varpi_i = 1) \tag{4－15}$$

其中　Y——指标 i 的上一层指标的服务质量评价得分；

x_i——第 i 项指标调查评价得分平均值；

ϖ_i——第 i 项指标权重；

n——指标个数。

在计算完最底层指标的评价满意度得分后，就可以按照上述三个公式一步一步地向上递进计算出各个层次评价指标的调查评价得分，直到计算出最后总的地铁服务质量评价得分。用这样的方法进行服务质量的评价，既能通过各分项指标得出总体评分，又能把总体评分分解成分项评分，有利于各部门判断影响地铁服务质量的指标究竟是哪些，从而改进各分项指标，达到提高总体地铁服务质量的目的。

总体而言，根据不同城市的地铁运营实际情况，在对地铁运营服务进行评估时，可以变换评估体系中的部分指标，重新调整指标的统计口径，选择不同水平的标准值和权重，从而使之具有更广泛的适用性。总体而言，地铁运营服务水平评估体系的建立，将为城市地铁服务水平提供更科学的评价依据。

4.6 小　结

地铁，作为服务性行业，只有进行有效的质量管理，推进服务质量的提高，才能促进企业良性成长，实现企业的经济效目标。

(1)采用方便、可靠的硬件设施，是向乘客提供服务的基础。

地铁拥有行车、客运服务、安全防护等设备系统，这些设备设施应该为乘客提供安全、可靠的服务。例如：环境控制系统为乘客提供温度适宜、通风良好、干爽的站内环境；清晰、详细的路面和站内导向标志便于引导乘客；设备监控系统能自动监控各种设备的运行状态，确保乘客的人身安全；操作方便、简单、快速的自动售检票系统为乘客提供了方便、快捷的购票和进出站服务；平稳的自动扶梯及安全、准点、快捷的地铁列车，使乘客感受到舒适、方便，享受到价有所值的服务。各种性能良好的设备是乘客对地铁产生信赖的基础，因此地铁公司不仅要有技术先进、性能良好和低故障率的设备，还要有足够的保养与维修等技术力量。

(2)通过顺畅的客流组织，缩短乘客等待服务的时间。

地铁相对于公交汽车或出租车的一大优势就是路权专用、快速、不堵车。但如果客流组织的方式不合理，造成乘客从进站到入闸的时间甚至超过到达目的地所需要的列车运行时间，那么乘客会因为等待时间过长而对地铁服务满意度降低。在地铁行车间隔及列车运行速度确定的前提下(兼顾成本与效益)，如何缩短乘客进站和出站时间成为改善客流组织方式的重要环节。车站应从实际出发，采取增设兑零点、增加预制票、加快兑零速度、适时合理引导客流等缩短入闸前的服务时间。

(3)提供及时的信息服务。

快速有效的乘客信息系统——由司机室的中央控制中心控制车厢内的 LED 显示系统、播音系统、报警系统，可对车厢内的乘客发布文字（图形）和语音信息，并接收车厢内报警等反馈信息，控制车辆两端司机室的通信，以保证列车安全高效运行，实现最佳的客流疏导和车辆运营管理，同时也为乘客提供更好的服务。

准确的引导系统——地铁车站必须给乘客提供清晰、易懂、正确的导向系统和使用指引。进站引导系统引导地面乘客找到地铁出入口并买票进站；出站引导系统引导乘客以最短的走行距离出站到达目的地。导向系统应采用国际通用标准，内容要准确易懂，并随时根据变化情况进行调整。

（4）加强员工的业务素质培训。

乘客在乘坐地铁的过程中，需要购票、兑零、咨询，与站务员工接触最多。因此，员工的服务意识、服务态度、业务知识及服务技能会对乘客满意度、地铁公司的声誉和经济效益产生极大的影响。

地铁公司在做好职工形象和服务技巧培训的同时，要注重职工专业技能水平的提高。这主要是指职工胜任岗位工作必须要掌握的专业知识、设备操作与维修能力，以及对工作程序、公司规章制度、各类应急情况处理的掌握。此外，还应该重视对员工沟通能力的培训，这将有助于员工向乘客提供优质服务，缩短处理问题的时间。

（5）重视乘客投诉。

乘客投诉是公司了解乘客要求、发现服务质量问题的有效渠道，也是公司适时调整相关政策、规定的最可靠依据。首先，应该公开投诉监督电话、设立专门的投诉机构来方便乘客投诉，避免乘客因投诉无门而强化不满情绪，这样会让乘客转向其他交通方式，导致地铁客源流失；其次，安排业务全面、训练有素的员工正确、快速、灵活地处理投诉，使乘客觉得地铁公司是诚恳、积极地对待问题，从而对公司倍感亲切和信任；最后，通过乘客座谈会或聘请乘客做服务监督员等形式，收集乘客对地铁服务工作或其他新举措的反馈意见，了解乘客心声，建立与乘客的良好沟通渠道。

第 5 章　地铁运营法制化建设

2002 年 11 月,江泽民在中国共产党第十六次全国代表大会上作的“全面建设小康社会,开创中国特色社会主义事业新局面”的报告中强调指出:“加强社会主义法制建设,坚持有法可依、有法必依、执法必严、违法必究。加强立法工作,提高立法质量,到 2010 年形成中国特色社会主义法律体系”。2006 年 3 月 14 日在十届全国人大四次会议表决通过的《中华人民共和国国民经济和社会发展第十一个五年规划纲》中强调指出:“贯彻依法治国基本方略,推进科学立法、民主立法,形成中国特色社会主义法律体系。完善市场主体、市场交易、市场监管、社会管理、可持续发展等方面的法律法规。推进司法体制和工作机制改革,规范司法行为,加强司法监督,促进司法公正,维护社会正义和司法权威”。

在这种新形势下,如何用科学发展观统领地铁的规划、建设、运营管理以及后评价工作,进一步加强地铁运营管理工作的法制化建设,以便更好地为社会经济发展和城市居民出行服务,是当前政府部门亟待解决的重要课题,也是加强地铁自身建设的必然要求。

5.1 地铁立法

由于建设的规模较小和限于当时的社会经济条件,规范地铁运营的法律制度起初并不够完善。现在,随着地铁的发展,很多城市地铁的管理法规所规范的范围也越来越广,涉及到投资者、经营者、管理者、消费者之间的关系以及各自行为的诸方面。对于政府在地铁运营中管什么,怎么管应该有一个明确的规定,防止政府对管制目标的偏离或管制权力的滥用,并在此基础上形成法律、法规的规范形式,做到有法可依,有章可循。

政府虽不应直接介入地铁的运营管理,但需要以某种形式显示出政府是地铁运营强有力的“后盾”,以增加投资者的信心与勇气。政府在征地、税收、土地出让和政府贴息、政府担保等方面要有系统的规定和政策,制定保障投资者长期权利的政策措施,为投资者创造一个宽松的投资环境。并维持管制政策的稳定性,通过规范运营标准,促使投资得到有效利用,提升地铁企业的“自动造血”能力,进而形成吸引投资、易于融资的良性循环氛围。

以香港为例，香港政府通过制定全面、详细的地铁方面的法规来规范企业的权利、义务、行为，形成了稳定、透明的法规体系。1975 年制定了《地下铁路公司条例》，此条例有关地铁公司在建设与管理方面的规章相当齐全，香港地铁公司就是依据此条例成立的。2000 年这个条例被《地下铁路条例》所取代，应形势变化，就地铁公司的专营权、财产、法律责任、管理职能等作了新的界定。

可以说，对地铁实行全面法制化管理以规范各方行为和维护各方利益，以法制化的管理来保障地铁持续、稳定和高效地运行，已经成为世界地铁发展的重要趋势。

5.1.1 立法的意义

5.1.1.1 利用法律法规来规范各方行为和维护各方利益

通过法律法规来规范政府、地铁运营公司和市民的行为，使三方均在法律的约束下投资地铁或使用地铁。同时，当政府、运营公司和市民的权利受到侵犯时，通过法律来维护各方的合法利益。如日本《帝都高速营团法》对营团地铁线路的运营制定了详细规定，包括地铁服务水平、企业监督报告、检查手续、就业人员资格等，以此规范有关人员和组织的行为同时也维护其利益。

5.1.1.2 运用法律法规来降低不确定性因素的影响

地铁的投资、建设、运营和管理等方面都存在一些事先无法预测的因素。但是如果投资者事先已经知道法律的有关规定，就可以适当加以防范，部分降低不确定性。如香港制定了《地下铁路条例》，多年来，不论其董事局如何换届，董事局主席如何更替，该公司均有法可依、有章可循，保障了香港地铁公司管理和运营的持续性和稳定性。纽约 1964 年通过了《公共交通法》，规定政府不仅要在财政上保证对公共交通的投入，而且要在技术上扶持城市公共交通的发展，以此部分降低地铁建设、运营的风险。巴黎的法规也规定，城市交通设施基本建设，中央政府投资 40.5%，其余由地方政府和有关部门投资。

5.1.1.3 通过法律法规来保证公平和公正

最初很多城市地铁管理带有随意性和盲目性，导致公正性和公平性较差。随着地铁的建设规模越来越大，地铁运营管理逐步建立在整个社会的集体契约基础之上，对地铁的建设和运营的管理也有专门性的立法来规范，而地铁的法制化管理可以使公平、公正原则得到较好的体现。实际上，现代发达国家十分重视在城市地铁的投资、管理和经营上通过法制来维持公平和公正。

通过完善对地铁运营的监督考核制度，建立政策性考核指标、确定政策性补贴测算方式，完善财政补贴的监督考核制度，增强地铁企业的积极性和主动性，促使其提高管理水平、改进服务质量，增加竞争力。可以考虑调整财政补贴的使用方式，将补贴由过去的全民普遍“暗补”改为有针对性的直接补贴给对票价敏感的特定群体,避免补贴的效率损失。

5.1.2 立法主体

根据我国《立法法》第七条:“全国人民代表大会和全国人民代表大会常务委员会行使国家立法权”,以及第六十三条:“省、自治区、直辖市的人民代表大会及其常务委员会根据本行政区域的具体情况和实际需要,在不同宪法、法律、行政法规相抵触的前提下,可以制定地方性法规”的规定,制定地铁运营相关法律的主体应该是全国人民代表大会,各级地方政府只能根据实际情况,制定地方性法规,然后经地方人大审议通过后报国家审查。例如《上海市轨道交通管理条例》、《重庆市城市轨道交通管理办法》,《北京市城市轨道交通安全运营管理办法》等。

不过,也有例外。比如作为经济特区的深圳,其人大就拥有立法权,也就是说,经深圳人大审议通过的地方法规不需上报国家审查就可生效。自从1992年获得特区立法权以来,深圳已经制定了147项地方法规,成为中国地方立法最多的城市。

5.1.3 立法遵循的原则

5.1.3.1 基础性原则

全国人民代表大会、地方各级政府在为地铁运营制定相关法律法规时,必须立足已有的工作基础和积累的经验,对现有规章制度、行政规范性文件进行系统梳理,结合地铁运营的实际情况和发展趋势,加以高度概括和浓缩,上升到法律的层面,形成一套结构完整、内容全面、形式规范、层次分明的地铁管理工作法规体系。

地铁管理工作点多面广,从目前情况来看,各城市地铁管理部门通过探索与实践,在坚持管理科学化、服务社会化、提高地铁管理水平等方面取得了明显成效,总结出许多好的经验做法。这些规范性文件弥补了职能行使中因缺乏法律、行政法规而造成的立法“真空”,对贯彻落实相关的政策法规、促进地铁管理工作的发展是卓有成效和不可替代的,在提高地铁管理工作效率、解决管理过程中出现的新问题等方面也发挥着重要的作用。

5.1.3.2 现实性原则

目前,我国各行业管理基本都有法可依,而地铁管理相对落后,地铁法制基础薄弱,迄今没有一部法律、法规和规章,由于缺乏统一的法规,难以在依法办事、依法管理、依法服务上有所突破。管理机构设置不统一、人员编制无依据、工作缺乏统一性和稳定性;部门之间在履行管理职责过程中发生矛盾时,由于缺乏专门的上位法做依据,上级管理部门也很难超越职权进行协调,就影响了内部和谐与整体效能的发挥。

5.1.3.3 前瞻性原则

地铁立法过程中所必须坚持的前瞻性原则,是指政府部门立法要有发展眼光,既面向现在,又面向未来,既结合国内实际,又要吸收借鉴国外先进经验,树立发展观念。缺乏前瞻性必然带来政策调整的被动性、滞后性以及跟随性。

具有前瞻性的地铁法律法规体系的建立必然要与社会主义市场经济相适应,与国家经济社会发展相协调。地铁运营法制化建设要提高前瞻性,特别需要吸收借鉴发达国家和地区的敬仰。当今世界,发达国家和地区在市场经济条件下的地铁事务管理的法制化、契约化、信息化、标准化,以及后勤服务社会化等做法已相当成熟和普遍,代表了地铁管理工作的发展趋势。单就法制化来说,发达国家十分注重用法律手段管理地铁事务,强调以法律为准绳,以规则为先导,已经形成了一整套成熟的、与市场经济相适应的地铁管理事务工作法规。国外地铁管理部门的设置虽然千差万别,但具有的共同点之一就是其法制化水平较高,相应的法律体系比较完备,部门都是依据原有法律和立法程序确立地铁事务管理的原则、设置机构、配置资源。

借鉴发达国家和地区地铁事务管理工作的先进经验,不仅可以增强我国地铁事务管理工作立法的前瞻性,而且可以大大加快我国地铁事务管理工作立法进程。

5.1.3.4 *层次性原则*

地铁立法过程中必须把握的层次性原则是指,立法既要立足中央国家机关,也要着眼省、市层面考虑;既要运用其他行业立法的依据和成果,又要体现地铁事务管理工作的发展方向,大胆提出改革性措施。

如果没有统一的地铁事务管理工作条例,无论从管理体制上,还是立法内容上,都难以与相关职能部门达成一致。因此,地铁立法应从系统论的观点出发,坚持层次性原则,根据行政层次和各级政府的立法权限,分层次制定地铁事务管理工作法律法规。

5.2 地铁运营执法

任何事物的存在都不是孤立的。就地铁运营执法工作来说,如果单纯围绕执法而执法,就很容易偏激,造成对立局面。作为地铁管理工作的重中之重,运营执法并不是执行法律法规、违法必究那么简单,它必须围绕地铁事业发展的大局出发,既要在整顿运营环境方面起到主力军作用,同时还要在促进城市地铁又好又快发展方面真正能够保驾护航。基于此,如何正确认识地铁运营执法工作、改善或解决当前地铁运营执法工作中存在的问题和困难,将关系到整个城市地铁能否健康、持续、快速地发展。

5.2.1 地铁运营执法的基本概念

所谓地铁运营执法,是指行政机关及其工作人员和授权组织,按照法定职权和程序,针对地铁运营领域内的特定事项和特定的人或组织,适用地铁管理相关法律法规并产生法律效力的活动。

(1)地铁运营执法主体:是具有地铁运营执法权力,能以自己的名义实施执法行为,并能够承担由此产生的相应责任的组织。

(2)地铁运营执法对象:是指在地铁运营执法法律关系中执法主体的相对方,即自然人、法人和其他组织。自然人,就是享有法定权利与义务的公民。法人和其他组织,就是依法独立组成享有权利与义务的团体或机构。

(3)地铁运营执法依据:是指地铁运营执法的法律依据。一般来说,地铁运营执法的重要依据是地铁法律、地铁法规和地铁规章。但是,其他法律规范或其条款虽然不是专门针对地铁做出的,却对地铁管理工作依然起着规范性、指导性的作用。

(4)地铁运营执法职权和程序:地铁运营执法机构实施执法行为必须按照法定的职权进行,只有在其权限范围内实施的执法行为,才是有效的行政执法行为。地铁运营执法机构实施执法行为如果超越法定权限,即是无效行为,甚至是违法行为。

地铁运营执法除了必须按照法定的职权进行外,还必须严格按照法定程序进行。执法程序是指地铁运营执法机构实施执法行为时所必须遵循的法定步骤、方式、顺序以及时限,其主要作用在于通过程序之公正获得结果之公正。在地铁运营执法过程中,地铁运营执法主体和相对人之间处于不对等的地位,这种不对等性造成了地铁运营执法主体和相对人对实体权利处分的不平衡。公正的地铁运营执法程序可以保障相对人不受执法主体的任意支配,增进对相对人合法权益的保护,有效克服行政法律关系双方地位过分不平衡的倾向。同时,公正科学的地铁运营执法程序本身也是现代文明的标志,有其自身的独立价值。

(5)地铁运营执法效力:所谓地铁运营执法效力,是指地铁运营执法行为的实施对相对人的权利和义务所产生的直接或间接的影响。一般来说,具有强制性或单方性的处理决定类地铁运营执法对相对人权利和义务的影响是直接的和明显的;服务类和指导性地铁运营执法对相对人权利和义务的影响是间接的和不明显的。地铁运营执法机构实施的不具有法律效力、不产生法律后果、不能引起法律关系产生、变更和消灭的其他行为,比如地铁运营执法机关内部的文件收发、一般性工作检查、学习培训等日常活动,不属于执法范畴。

5.2.2　地铁运营执法环境的内涵分析

一般而言,环境是相对于中心事物而言的。因而地铁执法环境可定义为以地铁执法活动为中心,直接或间接地影响或作用于地铁运营管理的环境因素。

从理论上讲,影响地铁运营管理的因素纷繁复杂。但从影响的范围来看,主要还是社会因素显得复杂一些,对地铁执法活动所起的作用和影响较为明显。地铁执法活动是否畅通,在很大程度上取决于地铁运营执法的社会环境因素的好坏,这在经济体制转换过程中表现得尤为突出。

地铁运营执法的社会环境要素大体上可分为三部分,即制度要素、组织要素、执法内容等要素[45]。制度要素主要包括政治制度、经济制度、文化制度,这些制度对地铁运营执法具有强大的保证和规范功能;组织要素大体包括各级行政机关、各级司法机关、家庭、事业单位、群众组织、公民等;执法的内容要素包括哲学、教育、科技、艺术等。这三部分要素相互依赖、互相作用,共同交织成庞大、复杂的作用于地铁运营执法活动的社会环境,同时又接受地铁运营管理对它们的能动反作用。

进一步分析,在制度要素中以经济制度对地铁运营执法的影响最为根本,但这种影响作用是通过政治制度对地铁执法发生影响和制约来完成的,后者则是影响地铁执法的直接因素。尤其政治制度中以法律规范的影响是最为显著和直接。在地铁运营执法环境的组成要素中,各类组织体对执法机关发挥影响作用,其他组织体之间的相互联系和冲突也是地铁执法的影响因素,但前者对执法的影响是第一位的。而在内容要素中,各类内容要素均衡地对地铁运营管理发挥影响作用,其中以教育、科技等因素的影响更容易被感知。

5.2.3 地铁运营执法的功能和作用

5.2.3.1 地铁运营执法是实现地铁立法目的的基本途径

地铁立法的目的是为了明确地铁运营管理主体及其相对方的权利和义务,保障地铁运营管理机构、乘客以及相关第三方的合法权益,促进地铁事业的改革和发展。我国目前几乎所有的地铁法律、法规和规章都是由政府部门来组织实施的,地铁运营执法与地铁立法有着同等重要的地位,就结果而言,地铁运营执法更具有现实意义,更能体现政府行政的实际意图。如果没有强有力的地铁运营执法,我国的地铁法律法规就成了束之高阁的法律文本,很难发挥其规范、调整和指导地铁运营管理工作的作用,政府的意志就很难得到实现。因此,地铁运营执法的状况如何,直接关系到地铁法律、法规的实施效果,直接关系到地铁立法目的的能否实现。

5.2.3.2 地铁运营执法是依法管理地铁事业的关键和核心

依法治国是中国共产党治理国家的基本方略,依法管理地铁则是依法治国方略在地铁领域的具体实践。依法管理地铁的过程,实际上就是广大人民群众在党的领导下,依照法律、法规管理地铁事业,逐步实现地铁管理的法律化、制度化。对于管理部门而言,地铁运营执法是由最经常、最普遍、最直接的具体行政行为所构成,是管理地铁事务的重要手段。要实现依法管理地铁事业的目标,首先就是要使各级政府部门做到依法行政,严格按照法律的规定来行使权力。如果有关地铁运营管理部门的执法活动不能做到依法行政,依法管理地铁事业的目标是不可能实现的。

5.2.4　当前地铁运营执法工作面临的主要问题

1. 立法质量不高,给执法工作带来困难

目前,我国针对地铁的立法不规范,相关行政法律法规也存在漏洞和缺陷。主要表现为:其一,立法滞后,导致不少领域出现法律“真空带”,执法机构缺乏可供适用的法律依据,无法对有关问题做出处理。其二,有很多法律法规和规章操作性差、实用性不强,一些法律条款的定义界定不明,或是过于简陋、粗疏,部分法律与现实生活之间出现裂缝和脱节。其三、有些法律对执法责任规定得不够明确。尽管目前我国政府部门已经颁布了一系列的法律法规,但行政法制状况并非尽善尽美,主要是缺乏完整有效的政府责任承担控制机制。并且,行政法的某些规定只重视设定公民、法人和其他组织的义务,不重视设定政府责任,甚至还存在以法的形式确定行政公职中的权责不对等关系。即使有些法律法规对行政权责作了规定,但却存在“权力清晰化与责任模糊化”的现象,以至在实际操作上流于形式,形同虚设[46]。

2. 执法相对人认同意识不强

地铁运营执法相对人是执法的对象,包括自然人、法人以及其他相关组织。相对人法律意识的高低也影响着地铁运营执法的效果。在实际执法过程中,部分执法相对人拒不配合,一方面是百般耍赖,对执法人员不理不睬,阻挠检查;另一方面又想尽办法托熟人对执法人员说情,软硬兼施,使执法无法正常到位。从表面来讲,产生这一后果的原因是执法相对人受经济利益的驱使,但实质上属于相对人守法经营自觉性不高。要改变这种状况,就需要执法工作人员耐心向相对人宣传与违法事实有关的法律法规,使其充分认识违法事实及严重后果。

3. 运营执法不规范,随意性强

由于部分执法人员法律素质不高、业务水平不强,导致执法不够规范、到位,随意性大。表现一是重实体,轻程序。执法程序是指实施行政执法行为应当遵循的方式、步骤、行为顺序以及时限要求等。严格规范的执法程序,对于防止执法权的滥用、保护相对人的合法权益、确保执法公正具有重要作用。虽然目前已有法律规定了行政执法的程序,但执法人员不遵守法定程序的行为时有发生。如,部分地铁执法人员在监督检查中随意减少法定步骤,不调查取证,只强调单位或个人的违法事实,而忽视依法按程序认定,直接作出决定,造成事实不清;有的颠倒法定步骤,先主观臆测作决定,然后才去调查取证,在执法过程中,保存证据观念很差,产生了争议后往往使得事实难以澄清。此外,在行政执法实践中,不按要求制作法律文书、不依法送达、不告知当事人享有申辩权和诉讼权、不依法回避、超时限执法,罚款不给收据(罚单)等现象仍普遍存在。

二是行政不作为,主要表现在:到期不复查,对于应当报请相关部门决定停业的不报请,对逾期不履行行政处罚的,不申请人民法院强制执行。

三是执法随意性大,主要表现是:法律文书使用制作不规范,执法程序不到位,证据收集不全面,事实认定不清楚,适用法律条款不准确等。

4. 地铁运营执法人员素质不高

行政执法人员是行政规范的最终实施者。执法人员素质的高低,直接关系到执法的公平和效率。但是在目前的地铁运营执法队伍中,却有相当一部分人员文化素质不高,也未受过系统的业务培训,特别是缺乏法律专业知识,造成执法人员良莠不齐,整体素质低下;个别执法人员特权思想严重,公权意识差,往往把手中的行政执法权特殊化、私利化。这些人员在地铁运营执法过程中出现种种不正常的现象也就不难理解了。主要表现为:执法为民意识不强。部分执法人员重执法、轻服务,重处罚、轻教育,不能主动向被监督单位提供法律咨询、指导和帮助有关单位科学、合理地制定整改方案和措施。有的单位对乘客来访、来信、来电举报、投诉漠不关心,拖延不办,不反馈办理结果。有的执法人员甚至以执法者自居,高高在上,对群众冷、硬、横、推,严重损害了执法部门的形象。

执法观念有待改善。仍有执法人员存在着法制意识淡薄、执法不公的现象,无视执法程序和裁量标准,以自己的主观意志为标准,甚至不给好处不办事,给了好处乱办事,利用党和人民赋予的权利不是为民服务,而是变相谋取私利,执法以利益为标准。

5.2.5 存在问题的原因

上述地铁运营监督执法中存在的问题,除了客观上地铁法制不健全、配套法规不完善外,主要还有以下几个原因:

(1)执法监督工作和执法过错责任追究机制未得到有效落实。虽然各地铁城市相继制定了有关地铁运营管理的规定,但是在实际操作中并没有真正地抓好落实,尤其是执法责任制、过错追究制的落实,这就导致内部监督机制形同虚设,客观上助长了执法人员的随意性。

(2)地铁运营执法工作量大人少,执法人员素质参差不齐。每个监督干部都身兼数职,执法力量与法定职责不相适应,容易造成监督执法不力和不到位。同时,由于人员不足,导致执法人员工作杂而不专,客观上造成工作不规范,专业性、技术性偏低。地铁运营管理人员不稳定,流动性大,许多新进入监督执法岗位的人员素质偏低,业务水平不强,需要一个适应的过程,这就容易导致监督执法不够规范、到位严谨、随意性大。

(3)未能及时掌握相关的法规要求。比如,有些运营执法人员对与地铁运营管理工作相关的《行政许可法》、《治安管理处罚法》以及公安部等有关文件精神,没有及时熟悉和贯彻实施,导致执法的滞后性和无效性。

5.2.6 完善地铁运营执法工作的建议

针对执法中遇到的问题,除了建议政府相关部门、运管办及地铁公司加大对乘客及市民文明乘坐地铁的宣传教育力度,培养市民文明乘坐地铁的习惯;运管办加强与地铁运营公司的沟通,尽量让地铁站务人员参与秩序维护工作,提高站务管理人员对执法工作的积极性之外,执法部门也应该时刻注意自身形象的建设,因为,良好的形象也是服务环境的体现,更是执法工作能够顺利开展的重要保障。

5.2.6.1 树立"执法为民"观念,提高执法人员素质

现代法治理念认为,教人尊重法律、热爱法律、信仰法律为第一重要。这就要求执法者在强制性执法过程中充分尊重当事人的权益,并在法律许可的范围内,适当地满足当事人一些合理的要求与愿望。尊重人的人格,维护人的权利,体恤人的需求,顾及人的感受,其实质就是人性化执法。

由于传统的"管制型"执法思维的巨大惯性,部分地铁运营执法者仍将管理者与被管理者对立起来。认为双方只是管制与服从的关系,把"为民执法"变成"对民执法";片面地认为执法仅是或者主要是行政处罚和行政强制,在执法中只注重强制性,而淡漠协调、引导、教育和服务。因此,在执法队伍建设中,有必要树立"执法为民"的观念。

加强执法队伍培训。地铁运营执法工作,涉及到大量的法律法规和相关业务、专业知识,因此搞好经常性的学习培训、尽快提高执法人员的综合素质则显得尤为迫切和必要。在行政执法队伍建设中,要以创建学习型机构为目的,认真抓好日常学习和培训工作的落实。在学习上,突出讲政治、讲法制、讲自律,注重理论联系实际,不断增强广大执法人员的自律意识。在培训上,立足于依法行政和执法水平的提高,着重抓好法律基础知识的学习和执法业务能力的提高。在时间上,要定期对执法人员进行业务培训,每次业务培训后都组织进行严格的考试,对新考入或调入的人员全都经过一定时间的培训,考试合格取得执法证后再分配到执法岗位上。

5.2.6.2 建立规范、协调、高效的工作机制

地铁运营执法队伍建设是一项需要长期坚持、常抓不懈的系统性工程,建立一套规范、协调、高效的工作机制,是确保地铁运营执法工作顺利进行的关键,也是促进城管执法队伍健康发展的重要保障。

建立相互制约、规范协调的执法机制。地铁运营执法工作的过程实际上就是

对各类违法案件进行查处和办理的过程。建立规范协调的执法机制,目的就是使案件的查处和办理工作制度化、程序化,把运营执法纳入依法行政的轨道。在办案运作体制上,要将案件的调查权、审查权和决定权相互分离,加强相互间的监督制约,既能保证办案质量,又能杜绝违法违纪现象的发生。执法实践中,要按照"边学习、边总结、边完善"的工作思路,逐步探索包括立调查、取证、审核、决定、执行等各个环节、贯穿运营执法全过程的执法程序和执法规则,并严格按照《行政处罚法》的要求,确保运营执法程序合法、处罚有效。

建立上下畅通、运转高效的投诉受理机制。广大乘客的投诉举报是地铁运营公司密切联系乘客的重要渠道,乘客的高兴与否、满意与否始终是衡量公司运营工作成败得失的唯一标准,要按照"有呼必应,有诉必查"的要求,切实认真处理好每一个投诉举报。通过聘请社会义务监督员、设立网上投诉信箱等方式,进一步畅通社会监督渠道,加强与社会各界和广大乘客的交流沟通。

建立快捷灵敏、全面及时的信息宣传机制。良好的社会舆论氛围,是地铁运营执法上作顺利开展的重要保证。在日常执法工作中,高度重视信息宣传上工作,坚持用全方位、多层次、高密度的舆论宣传,为地铁运营执法工作的开展创造良好的外部环境。

5.2.6.3 开创地铁运营执法新思路

构建社会主义和谐社会给地铁管理执法工作带来了新的观念,新的认识。过去谈到地铁执法重要,是从保障和管理的角度来认识的,而十六届四中全会把构建和谐社会的能力与驾驭市场经济的能力放在了同等重要的位置,使我们充分认识到:地铁运营管理部门和谐执法,既是维护良好市场经济秩序的重要保障,又是维护良好市场经济秩序的必然要求。牢固树立和谐执法观念,有助于更好地认识地铁运营执法工作在维护社会主义市场经济秩序中的重要作用,增强依法行政的人文主义色彩。

1. 进一步拓展地铁运营执法工作的视野

跳出行政执法来思考行政执法。在行政执法过程中,执法人员会遇到各类问题,比如个别违法者不服从管理等,而工作人员时常即使通过说服教育、罚款等行政手段也无法制止,甚至在执法中还会遇到被谩骂、围攻、殴打等情况。出现这些问题,说到底是政治、经济、文化等各方面矛盾的综合反映,这就要求执法部门按照和谐社会的要求思考行政执法工作,把工作的视野拓展到政治、经济、社会、文化等各个方面,运用政策、法律、经济、行政等多种手段,综合解决地铁执法中存在的问题。

跳出传统模式来思考地铁运营执法。构建和谐社会需要执法部门跳出传统的思维模式、工作格局,对新时期的执法工作有新的思考、新的认识。把地铁执法工作放在构建社会主义和谐社会这个总要求上来思考,把促进社会和谐作为新时期地铁运营执法工作的出发点和落脚点,使其能够在构建社会主义和谐社会中发挥更大的作用。

2. 地铁运营执法工作的新思路

坚持调动各方积极因素的思路。调动积极因素是维护和谐地铁运营执法工作的基础,要从思想上认识到,调动积极因素更具有长远性、根本性和基础性,从而保障各城市地铁规划、建设、运营、管理工作健康可持续发展。

坚持标本兼治,重在治本的思路。按照构建和谐社会的要求,既要解决影响地铁执法工作的突出问题,更要注重研究治本之策,如果只关注表面、不从源头上去解决存在的矛盾和焦点问题,就达不到应有的成效。

坚持重在创新,重在建设的思路。新形势下地铁运营管理工作面临许多新情况、新问题,比如网上宣传、沿线广告及店铺的监管、对运营质量的第三方监督等等,对于这些问题,不能简单地用老方法、老观念来看待,必须用创新的思维,用发展的眼光,坚持疏堵结合,重在疏导上下功夫,同时加强法制和制度建设,用法律手段去引导、去规范,全面开创和谐美好而充满活力的地铁运营新局面。

5.2.7 深圳地铁运营执法实例

深圳市地铁运营管理办公室于2005年8月17日正式挂牌成立,是目前深圳市轨道交通唯一的综合行政执法机构,主要负责维护地铁运营安全与运营秩序,并接受深圳市交通局、城管局及建设局等有关行政管理部门委托,进行地铁保护区内的执法工作。

5.2.7.1 执法地位与执法权限

根据《深圳市地铁运营管理暂行办法》和深圳市编办《关于成立深圳市地铁运营管理办公室的通知》(深编[2005]11号),深圳市地铁运营管理办公室(简称运管办)受市交通局、市城管局和市建设局的委托,依法实施行政执法。其执法人员持深圳市人民政府行政执法证执法,对危害地铁运营安全、妨碍运营服务及扰乱运营秩序的行为实施行政处罚。其行政执法行为受各政府职能部门委托协议的严格限制,同时接受政府有关部门的指导监督。目前深圳市地铁运营管理办公室行政执法职责和权限、主要执法依据如下:

(1)市交通局委托的执法权限

受深圳市交通局委托,负责在深圳市地铁范围内对非紧急状态下动用地铁紧急或者安全装置,损毁地铁设施,干扰地铁通讯信号系统,堵塞地铁出入口、通道和通风设施,在地铁地面线路曲线内侧妨碍行车瞭望,攀爬或者跨(穿)越地铁围墙、栅栏,阻碍地铁列车运行或者进入地铁轨道或者隧道等违反地铁运营安全的行为进行查处;负责在深圳市地铁范围内对强行上下车,擅自进入有警示标志的区域,攀爬或者跨(穿)越地铁栏杆、闸机等违反地铁运行秩序的行为进行查处。

(2)市城管局委托的执法权限

受深圳市城市管理行政执法局委托，对在地铁出入口、通风亭、冷却塔外侧5米内堆放物品的违法行为进行查处；对携带妨碍公共卫生的物品和动物进站乘车违法行为进行查处；对在地铁车站、车厢范围内吸烟、随地吐痰、便溺、乱吐口香糖、乱扔杂物的违法行为进行查处；对在地铁车站、车厢范围内涂写、刻画、擅自张贴的违法行为进行查处；对在地铁车站、车厢范围内派发广告、卡片等经营性宣传品的违法行为进行查处；对在地铁车站、车厢范围内擅自设摊、从事销售活动的违法行为进行查处。

(3)市建设局委托的执法权限

受深圳市建设局委托，负责在深圳市地铁安全保护区范围内(包括地铁地下车站和隧道两侧各50 m、地铁地面车站和高架车站以及线路轨道外边线外侧各30 m内，出入口、通风亭、变电站等建筑物、构筑物外边线外侧各10 m范围内的陆域和水域)对打桩、挖掘、地下顶进、降水、地基加固、钻探、灌浆、锚杆等地基基础工程施工作业活动以及其他可能危害地铁设施安全及运营的工程建设活动进行检查；要求被检查人提供有关工程文件和资料，对可能影响地铁设施及安全运营的施工方案及技术措施进行审查；对不制定安全防护方案、不按照安全防护方案施工或可能影响地铁主体结构稳定性及有关设施安全的施工活动，责令改正或者停工整改；对检查发现的违法行为进行调查取证并移送深圳市建设局进行处罚。

5.2.7.2 执法队伍建设情况

(1)人、财、物配备情况

目前运管办的人、财及物都由地铁公司负责。运管办下设一队(执法大队)、一部(综合部)。执法大队下设三个中队，即机动中队、一中队、二中队，并根据工作需要增设了综合执法组。

根据地铁沿线22 km长、18个车站的工作量，运管办暂定人员编制为：专职执法队员26人，兼职执法队员38人。兼职执法人员主要由各车站值班站长组成，所有人员均为深圳市地铁有限公司的正式员工，没有聘用任何编外人员、协管员、临时工、保安等参与执法的情况。人员具体分配情况为：兼职主任1人，专职副主任2人，综合部专职人员6人，执法大队专职人员18人。

截至目前，地铁公司先后投入人民币约200多万元用于运管办设施设备的采购，主要包括执法用车(2辆)、电脑(20台)、摄像机(7台)、照相机(7台)、对讲机(12部)、录音笔(8支)、安全帽(每人一个)、防刺背心(每人一件)、车轮锁(6个)等执法器具，执法装备配套统一，初具规模；同时，运管办遵循“罚缴分离，收支两条线”的原则，执法活动罚没款项全部上缴市财政，罚没物品也全部上缴委托部门处理。

5.2.7.3　执法活动规范化情况

运管执法活动程序化、规范化是顺利开展各项工作的前提。运管办从成立开始,在严格遵守《行政处罚法》、《行政复议法》、《行政诉讼法》等法律、法规和规章基础上,结合地铁运管执法实践,有针对性地制定了相应的规章制度,如:《行政执法案件管理程序暂行规定》、《行政执法过程管理规范》、《地铁运管执法工作流程图》、《执法文书管理规定》、《行政执法量化考评制度》、《执法人员行为规范》、《执法队员八条禁令》等一系列规范性文件,并建立了行政执法过错责任追究、案件审理等制度。同时,运管办认真贯彻落实市交通局《关于印发深圳市交通行政执法责任制试行的通知》和市城管局下发的《深圳市城市管理行政执法队伍达标升级活动实施方案》的文件精神,重点做好规章制度上墙、执法队伍风纪、内务整顿、执法案件的数量和质量及罚没物品、票据、档案管理、执法成效检查、内部督察和社会监督等达标考核方面的工作,夯实了执法基础,规范了执法行为,使执法工作逐步走向程序化、规范化和制度化。

5.2.7.4　执法宣传情况

为了深入做好执法宣传工作,使执法宣传富有成效,运管办在协调各大新闻媒体与地铁公司相关部门的基础上,利用新闻媒体、公司网站及地铁沿线各车站的宣传设施对运管办及《深圳市地铁运营管理暂行办法》、《深圳市地下铁道建设管理暂行规定》进行了广泛的内部与外部宣传,为依法行政、文明执法、严格执法奠定了坚实的基础。

5.2.7.5　执法成效分析

自从成立以来,运管办取得了较好的执法成效,各类违章行为得到了有效控制,地铁安全运营得到了保障。自2005年8月成立到2006年11月一年多的时间里,运管办共处理各类违章案件6 193宗,其中交通违章执法案件880宗,城管违章执法案件4 607宗,建设违章执法案件706宗。不同类型的案件比重见图5.1。

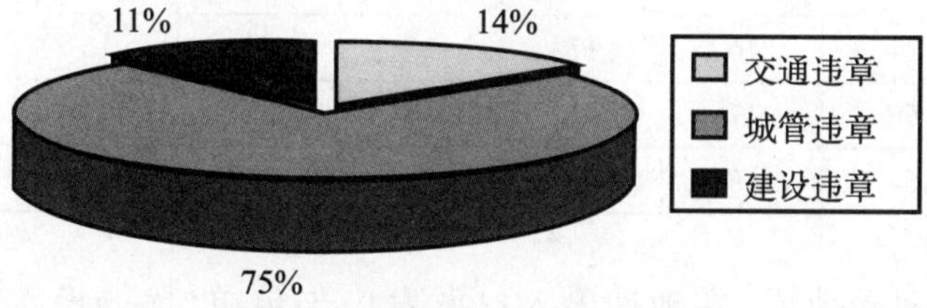

图5.1　不同类型案件比例图

在整个地铁系统处理的违章类型中,城管违章案件占了很大比重,达到了75%,交通违章案件数与建设违章案件数基本相当,分别占11%和14%。各地铁站违章案件统计及排名情况见表5-1。

在处理违章案件总数量上，前五名的站点依次分别为罗湖、老街、大剧院、世界之窗及华强路站，特别是在城管违章方面。这五个地铁站处理的违章案件数占到总违章案件数的60%，其城管违章案件数占总的城管违章案件数的66.8%。

在交通违章方面，华强路站、老街站及科学馆站表现较为突出。这三个站处理的交通违章案件数占了所有交通违章案件总数的41%。

在建设违章方面，查处的违章案件数排在前列的依次有市民中心站、科学馆站、福民站、罗湖站、世界之窗站等。这五个站处理的建设违章案件数占总的建设违章案件数的59%。

表5-1　各地铁站违章案件数与排名

车站名称	违章案件合计		交通违章		城管违章		建设违章	
	案件数	排名	案件数	排名	案件数	排名	案件数	排名
罗湖站	890	1	71	6	755	1	64	4
老街站	841	2	107	2	716	2	18	13
大剧院站	726	3	71	5	647	3	8	15
世界之窗	724	4	54	7	616	4	54	5
华强路站	517	5	154	1	345	5	18	12
岗厦站	388	6	71	4	270	6	47	7
科学馆站	360	7	100	3	175	7	85	2
购物公园	258	8	51	8	158	10	49	6
福民站	257	9	13	17	174	8	70	3
市民中心	237	10	7	18	84	12	146	1
会展中心	235	11	42	9	149	11	44	8
国贸站	218	12	23	11	163	9	32	10
少年宫站	133	13	19	13	81	13	33	9
车公庙站	112	14	22	12	71	15	19	11
香蜜湖站	99	15	18	14	73	14	8	14
竹子林站	84	16	17	15	65	16	2	17
侨城东站	60	17	25	10	33	17	2	17
华侨城站	54	18	15	16	32	18	7	16

从具体案件种类来看，在地铁出入口派发广告传单、摆摊设点或堆放物品、车站内吸烟等案件3 384宗，乘客违规跨越闸机的案件334宗，破坏地铁设施、设备行为的案件304宗，在地铁出入口违法停放车辆案件1 238宗，安全保护区违法施工的案件706宗，其他案件315宗。

各地铁站点的罚款统计及排名情况，详见表5-2。

表5－2　各地铁站点罚款统计及排名情况

地铁站点	总罚款额		交通违章罚款额(元)	城管违章罚款额(元)	建设违章罚款额(元)
	罚款额(元)	排名			
世界之窗	3605	7	1925	1680	0
华侨城站	600	12	500	100	0
侨城东站	200	14	200	0	0
竹子林站	400	13	200	200	0
车公庙站	100	15	0	100	0
香蜜湖站	0	16	0	0	0
购物公园	4000	6	1200	2800	0
会展中心	30900	1	0	900	30000
岗厦站	6400	5	4500	1900	0
华强路站	10405	2	4705	5700	0
科学馆站	1500	9	1000	500	0
大剧院站	2400	8	1100	1300	0
老街站	8400	4	4600	3800	0
国贸站	1000	11	700	300	0
罗湖站	9600	3	2500	7100	0
福民站	1300	10	1100	200	0
市民中心	0	16	0	0	0
少年宫站	100	15	100	0	0

5.2.7.6　执法难点分析

1. 执法人文环境较差

深圳作为一个移民城市，人员流动非常频繁，人员素质也参差不齐，部分乘客素质及个人修养较差，不文明行为频频发生，给运管办执法人员的执法工作带来较大困难。

2. 保护区内野蛮施工

目前，在深圳地铁安全保护区内施工的单位越来越多，一些施工单位操作不规范，使得地铁沿线保护区以及地铁主体结构受到施工威胁的相关事故时有发生。

3. 流动摆摊屡禁不止

在地铁出入口乱摆卖现象较为普遍，世界之窗、岗厦和老街三个站点是销售和乱摆卖的“重灾区”，擅自设摊、从事销售活动的情况屡禁不止。

4. 出入口乱停车难管

一些车主为了自己的一时之便，将私家车、自行车停放在出入口小平台上，把广场当作了免费停车场,妨碍了乘客出入。在福民、购物公园、会展中心等站乱停车现象比较严重。

5.3 地铁司法

作为法律的维护者和执行者,司法机关对保障和促进社会的全面发展起着十分重大的作用。它通过法律,运用自身特有的功能和方式保护公民生命财产的安全、肢体的完整、财产交易安全、家庭关系,通过制约公共权力维护公民合法权利,通过司法救助保护弱势群体,通过稳定公民在经济社会生活中的基本行为,帮助人们实现人的现代化。同时,它通过对实施侵害行为的侵权者给予惩处.对国家机关及其工作人员进行法律监督,对滥用职权、失职渎职、贪污腐败者给予法律制裁,从而对公民权利进行救济。在现代法治社会里,司法被作为处理各种社会纠纷和冲突的最有效、最彻底、最权威方式,社会成员间的各种纠纷和冲突在通过其他方式无法解决的情况下均可通过诉讼进行司法裁决。可以说,司法是维护社会正义的最后一道防线。

从这个意义上讲,针对地铁运营管理工作设置相应的司法机构,有助于司法地位和作用得到进一步凸现,有助于维护地铁的正常运营环境。

5.3.1 司法的内涵及其主要价值观

《现代汉语词典》中对"司法"的注释为:指检察机关或法院依照法律对民事、刑事案件进行侦查、审判。本书的"司法",是特定的国家机关——司法机关(依照法律的授权)适用法律解决各种社会纠纷的专门活动,是国家"为当事人双方提供不用武力解决争端的方法。"司法是法的适用活动,也是依法处理案件的活动。

思想是行动的指南。因此,树立正确的价值观,能够引导司法机关公平、公正地开展司法活动,引导法官正确地行使审判权、执行权。可以说,现代司法价值观是现代法治原则的结晶,是法律文化的积累,也是司法客观规律的集中反映。

1. 司法独立

法治社会所追求的社会公正全然维系于司法独立。司法公正的获得,必先以"司法独立"为前提。关于司法独立的基本要求和内容,主要有以下三个方面:

首先是外部独立,主要体现在司法职能的独立和司法机构的独立方面,除了坚持党的领导,司法机关应不受任何组织、团体、个人影响,保持绝对权威。

其次是内部独立,包括三项内容:一是法院之间的独立,即同级法院之间、上下级法院之间在各自管辖的范围内相互独立;二是审判组织之间的独立,即合议庭与审判委员会之间、合议庭与合议庭之间在各自的权限范围内相互独立;三是法官之间的独立,即要求法官独立思考,自主判断,在裁判案件时不受上司和其他法官的影响。法官除了服从法律再没有别的上司。

最后是精神独立,是指法官个人人格的独立。法官应当具备独立思考的精神,有独立承担责任的勇气,有独立分析和处理问题的能力。法官在履行职责的过程中,要忠实地适用宪法和法律,要接受法律监督和社会各方面的监督,要受司法职业道德自律约束。

2. 司法中立

司法中立能从某种程度上保证司法的公正性。司法中立是指司法机关在司法活动中,以中立的身份和地位,不受干扰,依公正、严格、科学的司法程序,平等对待双方,不偏袒任何一方,居中裁判,定纷止争。要真正树立司法中立理念,必须在认识上解决两个问题:

一是摆正司法的位置。司法的中立地位是司法存在的前提。没有了中立,也就没有司法存在的必要性,而没有中立的司法裁判职能的政治体制、法律体制,是一个不符合现代政治文明发展方向的体制。

二是维护司法的被动性。主动介入是公安职能所为,"不告不理"是法院被动性所决定。为了保持其居中裁判者的制衡作用,人民法院不能主动介入任何争议,更不能失去其中立的立场。法官在司法程序的启动、事实的主张、证据的提供和案情的调查等与职业相关的活动中,应当处于被动态度,充当消极的裁判者。这不仅是司法权居中特性的运作要求,也是居中属性的外在反映。法官主动介入,必然损害一方利益,使司法结果不公正。按照现代司法理念,法官的角色定位应当是裁判者,其基本职能应是居中裁判。因此法官应当始终以超然的态度,把被动性原则和中立性原则作为履行职务行为的基本出发点。

3. 司法公正

司法公正是指司法人员依照法定程序正确适用法律依法进行裁判所体现的公平和正义。作为社会公正的最后保障线,司法公正主要涉及程序公正和实体公正两方面。

所谓程序公正又称为形式公正,是指司法程序必须符合公开、公平、切实保障法官的中立和公正、充分保护当事人的诉讼权利及体现司法效率等原则。程序公正是"看得见的正义",没有公正的程序,或者程序得不到严格遵循,即使做到了实体公正,也容易引起人们的怀疑和猜测。实体公正又称司法结果的公正,指裁判在认定事实和适用法律方面都是准确的。

程序公正和实体公正是辩证统一的关系。程序公正既是实体公正实现的保障,又是追求实体公正的手段,不公正的程序是无法实现实体公正的。实体公正是程序公正的前提,只有在程序规范之下,法律才能得以准确地适用于具体案件,法律的正义价值才能在裁判中得以实现。因此,程序公正和实体公正不可偏废,只有两者统一才能实现真正的司法公正。

4. 司法公开、高效、廉洁、程序、职业化

司法公开,即司法活动应置于公众监督之下运作,以求最大限度防止暗箱操作所带来的偏私与腐败,实现公正和权威。司法机关的各种司法活动都要透明,要把司法准则、事实认定、裁判结果充分展示在社会公众面前,接受党政机关、社会团体、人民群众最广泛的监督和最有效的制约。

司法高效,即司法活动应充分利用司法资源,最大限度地发挥司法机关的职能作用,体现诉讼经济原则,快速高效地完成司法任务,避免不必要的拖延,提高工作效率,降低司法、诉讼成本。

司法廉洁,即在行使司法职能过程中唯法是尊,法律至上,刚正不阿,清正廉洁,不可渗入任何个人利益,更不得故意运用司法权力从中获得个人好处。

司法程序,即司法活动必须按照法定程序进行,而且与其他国家活动相比,司法的程序性要求最为严格。

司法职业化,即司法活动是一项专门工作,必须由经过专门法律专业训练、有比较深厚的法学知识的人员依照专门的规律和法定程序完成。

5.3.2 司法监督与地铁司法

司法的过程即是司法权运作的过程。根据权力动态运作的普遍规律,只有对权力进行有效监督,才能保障权力自身在一定权限范围内稳定运转。地铁司法权也不例外。地铁司法权作为国家权力一种,若想与其他国家权力协调运转,就必须要与其他国家权力进行相互监督和制约,因为,相互监督和制约才能形成权力之间的动态平衡,不至于使一种权力脱离另一种权力的限制而侵入其他权力领域。各种权力的规范运行就是权力运行的平衡状态。而权力监督则是达到权力运作平衡状态的手段和途径。而且只有通过这种手段和途径,才能使各种权力都得到规范、平稳的运行。有的学者将这一权力监督形式称为制约,或权力制约。

依据权力需受他律的定理,任何权力都必须受到监督和制约,不受约束的权力必然产生腐败,绝对权利绝对腐败,这已经是历史和现实反复证明的真理。因此,为了防止司法权的滥用和司法专横,必须对地铁司法进行有效监督,以便及时纠正可能出现的司法不公和司法腐败。

在法治社会中,司法就是公正的象征。司法作为保障人民权益维护社会正义的最后一道防线,一旦产生不正和腐败就会对整个社会的正义和法治造成最沉重的打击,同时也会极大地加剧和助长整个社会的腐败和不公,从根本上破坏社会的公正信仰基础。因此,加强对地铁司法的监督,不仅关系到司法权能否规范健康地运行,而且关系到整个社会主义法治建设的成败。

司法的本质即在于要求法官根据其良知和理性,以事实为依据,以法律为准绳,客观地对有关案情做出判断。司法的这一本质预设了一个基本前提:法官是

具备良知和理性的，即法官必须是具有善良品格和健全思维的人。然而，就本性而言，任何人都既有善的一面，又具有恶的一面。人善或恶的本性发展到什么程度在很大程度上取决于其所处的客观环境：如果环境中限制恶的本性发展的因素较为强大，则其往恶的方向发展的可能性就相对较小；反之，如果环境中限制恶的本性发展的因素较为弱小，则其往恶的方向发展的可能性就相对较大。因此，法官其为善还是作恶很大程度上也取决于其所处的环境中限制其恶的本性发展的因素的强弱。而要强化限制其恶的本性发展的因素，最为有效的方法就是加强对司法权的监督，以此来减少法官往恶的方向发展的可能性。

通过以上分析可知，加强对司法的监督，可以从某种程度上防止司法腐败和司法不公，也是实现司法公正的有效保障和必要条件。但这并不意味着，监督越多、力度越大，就越有利于实现司法公正。司法权是判断权，司法活动是一种特殊的社会活动，司法权的判断性要求法官在作出裁判时必须排除各种不利因素的干扰，独立地进行思维。而对司法过多过度的监督，等于给司法施加巨大的外部干预，会损害司法应有的独立性，进而影响到司法公正的实现。

因此，要实现地铁司法公正，就必须正确处理好监督与司法独立之间的关系，要在二者之间找出一个合理的平衡点，做到既对司法进行必要的监督，又不至于损害司法应有的独立性。同时，对司法的监督必须是科学的，即对司法监督的模式和机制必须是科学规范的，要符合司法权运作的规律和权力监督的规律，要以能否有助于实现司法公正为标准，否则，就容易对司法形成不当的干预，进而影响司法公正的实现。

5.3.3 司法体制改革

胡锦涛同志在党的十七大报告中强调指出，全面落实依法治国基本方略，加快建设社会主义法治国家，必须深化司法体制改革，优化司法职权配置，规范司法行为，建设公正高效权威的社会主义司法制度，保证审判机关、检察机关依法独立公正地行使审判权、检察权。因此，我们要高举中国特色社会主义伟大旗帜，以邓小平理论和“三个代表”重要思想为指导，深入贯彻落实科学发展观，以锐意进取、求真务实的工作作风，努力建设公正高效权威的社会主义司法制度。

现代法治国家与传统人治国家在政权组织形式上的最大不同，就在于司法权从行政权中分离出来，并具有了独立的地位。这体现了法律的独立性和高于其他社会系统的价值和品质，是法律至上的治国理念在国家政体组织建设上的客观要求。国家通过司法权的运用，体现法律的威严与震慑力，是法律得以正确实施的有力保障。

司法公正是司法制度赖以存在和具有权威的基础，反映了司法活动所固有的维护公平、主持正义的价值准则。如果司法不能实现独立与公正，则极容易膨胀和扩张的行政权力就不可能得到有效制约，从而行政腐败也就无法得到根本遏制。我国宪法和法律已经确立了司法权独立的原则。但是，由于相应的制度建设没有跟上，使这项宪法原则未能得到真正落实。我国的司法体制是在计划经济体制的基础上建立的，已不适应市场经济和依法治国方略的要求，是目前司法地方保护主义和司法腐败禁而不止的体制根源，对其进行调整和改革，已是社会主义法制建设的迫切要求。具体措施如下：

(1)改革和完善现行的司法组织人事和经费管理制度，实行司法组织自上而下的垂直领导体制及经费单列制，消除地方行政机关对司法机关在人、财、物上的制约和干扰，保证司法组织独立性。

(2)切实建立冤案、错案责任追究制度。从制度上强化对法官判案活动的制约，同时也有利于激发法官在判案过程中的积极主动性和责任意识，防止司法腐败。

(3)加强司法队伍素质建设。司法公正，最终是通过行使司法权的法官、检察官的审判、检察等活动体现出来的。法官、检察官的素质高低，直接影响到法律实施的正确与否，因此，提高司法队伍的整体素质，是推进司法改革的关键。而要加强司法队伍的素质建设，一是要严把进口关，不允许未受过正规高等法律专门教育的人员进入司法队伍。二是要加强对现有人员的培训和提高，并通过考试优胜劣汰。三是要完善法官、检察官的选拔方式，建立法官、检察官资格考试制度，只有通过考试取得资格者才能成为法官或检察官的候选人选，以保证法官、检察官的基本素质要求。同时，在选择法官、检察官时，还应适当考虑他们从事法律工作的实践经验。

5.4 促进地铁运营法制化建设的对策

5.4.1 进一步完善地铁运营的法律制度，真正做到有法可依

我国作为一个以成文法为主的国家，有重视法律和典章制度的传统，因此法律制度的完备就显得尤其重要。只有法律制度健全，才能有守法、执法、司法等方面的问题，如果法律不完善，其他一切都无从谈起。首先有法，人民才能知法、懂法、依法，才能有法律的意识和观念，才能建立和谐的法治社会。我国的地铁事业正是处在一个大发展的时期，各种问题、矛盾、冲突层出不穷，有时甚至交织在一起，靠过去简单的办法已很难处理，这时就需要有相关法律从各个方面加以引导、制约和监督，使问题解决得迅速快捷，使矛盾处理得圆满，使冲突能及时化解，最终确保地铁事业正常有序地良性发展。

5.4.2 依法行政，为地铁的运营创造良好法制环境

行政机关在国家机关中对社会和经济发展影响大，与公民关系最为密切，因而行政机关成为权力最大、机构最多、人数最众、重要性最强的机关，这就决定了行政机关依法行政所具有的重大意义。行政机关依法行政是依法治国和全面建设小康社会法制环境的关键环节，是为地铁运营创造良好的法制环境的重点和难点，究其根源就在于一切有权力的人都很容易滥用权力，有权力的人们使用权力一直遇到有界限的地方才休止。因此，相关执法机构在地铁运营执法过程中，必须依法行使职权，这也有利于执法机构提高行政管理水平和工作效率。

5.4.3 确保司法公正，促进地铁事业的健康发展

司法历来都以公正作为自己的理想。要在地铁运营过程中推进法制化建设，司法公正更具有重要的意义。首先，司法公正是地铁相关法律正确实施的基本保证。现代法治社会，仅有完备的法律制度是远远不够的，法律制度只有在现实生活中被切实遵守，被正确实施才有生命力。地铁相关法律能否被正确实施，最主要、最关键的是取决于司法机关能否做到司法公正。司法机关只有按照相关法律的规定，正确行使司法权，确保司法公正，才能保障法律的统一实施，才能使国家法律的权威和尊严不受侵害，才能建立利于地铁事业发展的良好法制环境。其次，司法公正是维护地铁运营各参与方合法权益的有力保障。在现代法治社会里，地铁司法的目的就是通过法律的正确适用，保障和实现各参与方的合法权益。由于司法最终解决纠纷，这就决定了当参与方的合法权益受到侵害时，司法机关是保障人民权利的最重要也是最后的屏障。再次，司法公正是建立社会主义和谐社会法制环境的基本要求。司法公正有利于人们树立法律至上的观念，有利于人们树立正确的权利义务观念，直接影响社会民众对法治认同与否及认同程度，影响着社会成员依法办事与服从法律的状况。

5.4.4 健全法律监督体系

如果没有完备、高效的监督制度，就不可能实现对国家权力的严密监控与制约，从而极易导致权力的失控与滥用。实践证明，控制权力的最佳途径就是通过法律手段以权利制约权力、以权力制衡权力。权力的分立必然导致权力的制约，只有任何一种权力都能够控制和监督其他权力的行使，才能有效地防止权力的滥用。无论制约或者监督，其实质都是通过权力行使主体以外的力量来监督、控制该权力主体正确地行使权力，防止权力滥用和发生腐败。

我国目前普遍存在的滥用权力、徇私舞弊等腐败现象未能得到有效的控制，其主要原因是现行监督制度“华而不实”，虽然人大、政协、行政、检察、司法监督等

制度一应俱全,但是其实际成效与制度设计者的预期相差甚远,其重要原因就是"重集中统一领导,忽视分权制约,重系统内监督而忽视系统外监督,重单向监督而忽视双向监督",特别是实际中许多内部监督根本就是流于形式,真正发生违法事件时往往做不到严格依法办事,照章行事。因此,适应法治国家建设需要,应该建立健全以国家权力机关为核心的法律监督体系,加强立法监督、司法监督,强化外部监督,明确监督主体的权力和责任,严格实行领导责任追究制和引咎辞职制,明确职权和责任。

5.4.5 加强法制宣传,培养公民的法律意识

加强法制宣传,不断培养公民的法律意识,是地铁法制化建设的有机组成部分,也是构建社会主义和谐进程中不可或缺的一个重要环节。开展法制教育,普及地铁法律知识,在全社会形成社会秩序良好,人民安居乐业的良好法制环境。普法工作要体现以人为本、尊重和保障人权的新的宪法原则,增强亲和力、吸引力和感召力;讲求实效,避免形式主义,力求取得实实在在的宣传效果。

通过严格的执法和司法活动,可以提高整个社会的法制观念和守法意识。通过切实推进普法规划的实施,在全社会形成遵纪守法的良好社会风气。要加大对地铁法律知识的培训力度,建立健全领导干部学法制度,努力提高领导干部依法决策、依法行政、依法管理的能力。增强地铁运营管理工作人员依法行政、执法为民的自觉性。

法治实践是增强全社会法律意识、增强普法效果的最佳途径。普法工作要做到学用结合、知行合一,在开展普法工作的同时,要全面落实执法责任制、执法公示制、错案和执法过错责任追究制,促进依法行政、公正执法。法律虽然要靠国家强制力来保障实施,但是我们不能仅仅依赖于强制力的作用。尤其是在构建和谐社会的进程中,更应该注意培养公民的法律意识,以确保相关法律得到更有效的贯彻和实施。

5.5 小　结

地铁的顺畅运营,始终离不开法律法规的保障。促进地铁运营的全面法制化建设,主要应从立法、执法、司法三个角度进行。通过制定法律法规来规范各方行为和维护各方利益,降低地铁运营过程中不确定性因素的影响,保证公平和公正,最终为地铁运营提供有法可依,执法必严,违法必究的良好法律环境。

第 6 章　满意度调查与分析

满意度可用来衡量企业产品或服务的质量,是衡量现代企业质量管理的一个重要尺度。本章中满意度调查与分析针对于地铁而言包括:员工满意度和地铁乘客满意度调查与分析,以及非地铁乘客的意见调查等。

6.1　员工满意度

6.1.1　概　述

顾客分为内部顾客和外部顾客。内部顾客即企业内部员工;外部顾客分为中间顾客(供应商等)与最终顾客。一般意义上的顾客,还可以分为现实顾客、流失顾客和潜在顾客。

员工满意是顾客满意的基础,是企业发展的首要战略。如果一个企业连内部顾客(即员工)都不满意,那它就不能够提供令人满意的服务给外部顾客。《哈佛商业周刊》曾做过的关于员工满意度的数据表明:当员工满意度每提高 3% ,则企业员工流失率降低 5% ,运作成本降低 10% ,劳动生产率提高 25% ~65% 。

对于地铁运营公司来说,乘客作为公司的利润源泉,只有让乘客感到满意,地铁才能长久获得乘客的青睐,以保证公司的持续发展。但是,乘客的满意需要地铁运营公司为乘客提供高质量的服务,这来源于地铁运营公司的员工。美国奥辛顿工业公司总裁约翰 · 麦康内尔提出一条“黄金法则”:关爱你的客户,关爱你的员工,那么市场会对你倍加关爱[47]。

6.1.1.1　员工满意度的内涵

1. 员工满意(Employee Satisfaction,简称 ES)

员工满意(ES)是在顾客满意(Consumer Satisfaction,简称 CS)基础上发展起来的。员工满意是指一个员工通过对企业的感知效果与其期望值比较后,形成的愉悦或失望的感知状态。员工满意或不满意是一种情绪反映,也是一种比较指数,具有程度区分,员工满意水平的量化就是员工满意度。

2. 员工满意度(Employee Satisfaction Degree,简称 ESD)

员工满意度(ESD)的内涵相当丰富,而到目前为止还没有达成一个公认的一致的定义。

(1)员工满意度的一般性解释,认为员工满意是单一的概念,即员工对工作本身及工作环境因素所感受到的一种态度,即员工对其全部工作的整体反应。

(2)员工满意度,是相对于顾客满意度(Consumer Satisfaction Degree,简称CSD)而言的,是对员工满意的程度或对员工满意的定量表述,其直接反映了员工感受到自身需要被满足的程度;员工满意度和顾客满意度一样,均取决于期望与实际感知的比较。

(3)员工满意度,是相对于个体生活满意度和总体满意度而言,特指个体作为职业人的满意程度。

6.1.1.2 员工满意度的特征

由员工满意度的内涵可知,员工满意是对其需要已被满足程度的感受,一种主观价值判断、心理感知活动,是员工期望与实际感知相比较的结果。因此员工满意度具有以下特征:复杂性、集合性、比较性、隐含性、模糊性、差异性和滞后性。

因此,企业在进行员工满意度调查分析时,要充分考虑到员工满意度的上述特征因素,在管理中,要及时了解员工的生理和心理状况,发现问题并能及时解决。

6.1.1.3 员工满意度的重要意义

在知识经济时代,“以人为本”的理念已慢慢深入企业管理之中,“人”的因素至关重要。因而研究员工满意度具有重要的意义,归纳起来主要有以下几点:

(1)员工满意度能促进顾客满意度。哈佛大学的一项调查研究表明:员工满意度每提高3%,顾客满意度就提高5%。美国席尔士公司利用“员工—顾客—公司利益”的模式,通过调查研究发现,员工满意度每提高5%,会连带提升1.3%的顾客满意度,同时也因此提高0.5%的企业业绩。

(2)员工满意度是其工作绩效的晴雨表,有利于企业的长期发展。企业是由员工组成的,没有员工的企业只是一个空壳。员工满意度直接决定他们的工作积极性,提高或保持员工满意度到一个较好的水平上,有利于提高个人的工作绩效和稳定企业的整体绩效。

(3)员工满意度是员工与企业之间沟通联系的桥梁。通过员工满意度的调查,公司管理层能够倾听员工的心声,了解员工的需求。员工满意度能够帮助企业去了解员工,同时也能够帮助员工向企业传达信息,从而让企业和员工能够拥有统一的意志、观念和行动,共同创造效益价值。

由于员工满意度调查常采取匿名调查的方式,有利于大多数的员工敢于直接真实地反映出问题或将事件发生时的状况表达出来。因此,员工满意度调查对于企业来说是一个很好的沟通和交流工具。

(4)员工满意度是企业发展与改革的关键依据。通过进行科学的员工满意度调查,可以监测企业内部各职能部门及其员工的满意度水平,使企业发现自身经营与管理活动中亟待解决的各类问题,尤其是员工最关心、最敏感的热点和难点问题。从而明确企业人力资源管理的优势与劣势,实现企业内部资源的最合理化利用,为企业构建完整统一的人力资源管理体系以及设计合理的薪酬体系和绩效管理方案提供科学的依据,为防止企业内部顾客(即员工)的流失,对企业人力资源管理决策、增强企业竞争力提供可靠的依据。

6.1.1.4 影响员工满意度的因素

影响员工满意度的因素有很多,正如 Locker(1976)研究指出,影响工作满意度的因素包括:工作本身、报酬、提升、认可、工作条件、福利、自我、管理者、同事和组织外成员等10个因素[46]。那么,影响员工满意度的因素主要有:

(1)工作本身

工作本身主要是指企业能够为员工提供机会,使员工能够利用自己的技术和能力,同时企业能为其提供各种工作岗位,并有一定的空间任其进行发挥创造,并对员工的业绩好坏提供信息反馈,即提供适当挑战性的工作;工作与员工的个性特征相匹配,使员工的才干和能力能够适应工作要求,即员工个人能够胜任工作,能够使其在工作中获得成功,带来自信和成就感,并为其提供了较大的工作发展空间。工作本身的内容在决定员工的员工满意度中起着重要的作用。

(2)工作待遇

企业的薪酬、福利、业绩与考核制度、奖励制度、晋升制度及政策是对员工工作最直接最明确的物质肯定方式。这些制度政策是否公平直接影响到员工满意度;其中薪酬是影响员工满意度的非常重要的因素,它不仅能满足员工生活和工作的基本需求,而且还是企业对员工所做贡献的肯定和尊重。

(3)工作环境

工作环境对任何一个人来说都是衡量工作舒适度的重要指标之一。工作环境主要是指:

①工作场所的空间质量要素:包括工作环境的舒适度(物理安全性,适宜的温湿度、亮度,低噪音,洁净等)以及企业所处地区环境的满意程度;

②工作设施配备齐全性:工作必需的条件、设备及其他资源是否配备齐全、够用,以及可取得程度;

③工作作息制度:合理的上、下班时间,加班制度等;

④从事工作的便利性:易操作的现代化工具,不太遥远的工作地点。

(4)工作团体

人际关系是决定员工满意度的重要影响因素。在团队层面上,群体成员相互之间受到社会情感的影响,这些都影响到员工个人的满意度,同时也作用于群体性的满意度。融洽的工作团体是保证和谐工作氛围的重要条件之一。这主要是指员工与其同事之间有相互的了解,有良好的合作、支持和人际关系,团队具有良好的员工士气和团队精神,信息的开放程度,上下级之间的相互尊重、信任、支持等。

(5)对企业的满意度

主要是员工对企业的管理机制、管理制度和业务运作流程的接受程度;对企业的历史背景、远景规划、经营战略和文化建设的认同程度;对企业经营管理的参与程度;对企业的顾客满意度和社会形象的自豪感等。

(6)影响员工满意度的个体因素

影响员工满意度的个体因素有很多,比如性别、年龄、教育程度、婚姻状况、工作年限、职务、价值观、性格等。

综上所述,员工满意度可分为6个方面19个因素:

①对工作本身的满意度(工作成就感,工作责任感,工作安全感,工作胜任度);

②对工作待遇的满意度(薪酬制度,福利,培训与发展,工作认可度);

③对工作环境的满意度(工作空间质量,工作设施配备齐全性,工作作息制度,从事工作的便利性);

④对工作人际关系的满意度(人际关系和谐度,知识信息共享与沟通);

⑤对企业的满意度(企业了解,企业前景,企业形象,参与管理);

⑥员工个体因素。

6.1.2 地铁员工满意度评估体系

6.1.2.1 建立模型依据

1. 马斯洛理论

马斯洛(A. H. Maslow,1954)的需求层次理论,将人的需求分解成以下五个层次:生理需求,安全需求,社会需求,尊重需求,自我实现需求。

在以上五个层次中,生理需求是最基本的需求,由此逐渐过渡到安全需求、社会需求、尊重需求,最后上升到最高层次的自我实现需求,呈金字塔形排列,如图6.1所示。其中,前三个层次属于低层次需求,而第四、第五层次属于较高层次的需求。

(1)生理需求:马斯洛需求层级中的最低层,对食物、水、空气等的生存需求都属于生理需求。如果一个企业连员工的生理需求都不能满足的话,那么员工必然会选择离职。

(2)安全需求:对安全、稳定、无痛苦、无威胁的需求属于安全需求,其主要目的是减少工作中的不确定因素。尽管此类需求高于生理需求,但仍属于人类的基本需求。

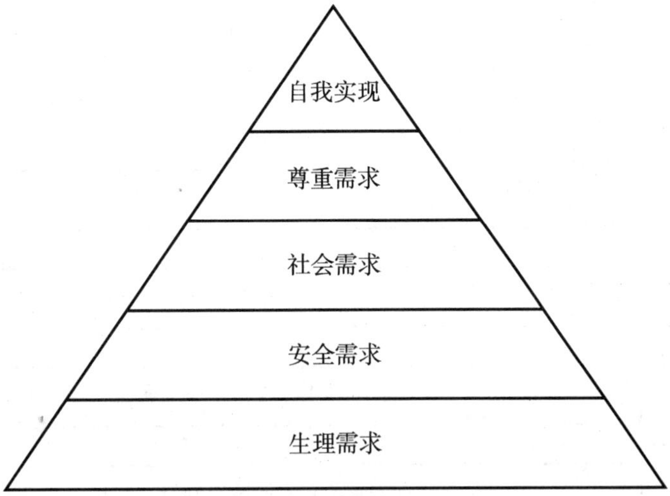

图 6.1　马斯洛的需求层次理论

(3)社会需求:对友谊、关爱以及从属关系的需求属于社会需求,强调人与人之间、个人与团队之间的交流与沟通。该层次与前两个层次截然不同,开始上升为精神上的需求。

(4)自尊需求:既包括自我的认可,也包括他人对自己的认可。具体说来,主要是指个人的成就感、个人价值的感知以及他人对自己的尊重等等。有自尊需求的员工认为自己有能力胜任某项工作,并希望得到别人的认可。

(5)自我实现需求:自我实现需求的目标是个人潜能的发挥,这也是最高层次的需求。

马斯洛需求层次理论的基本假设:

(1)一旦某个需求得到满足,它的激励作用的重要性便随之减少。与此同时,员工开始关注更高一个需求能否被满足,但除自我实现需求之外,由于该需求永远不会得到完全的满足。因此,企业需要持续定期地对员工满意度进行调查,关注员工的需求变化,将企业资源用于员工最需要的地方。

(2)多数人的需求是非常复杂的,即员工可能同时具有多个层次的需求,只是对各层次的需求程度不同而已。企业需要仔细分析员工的需求,首先满足员工最迫切的需求。

(3)一般说来,在高层次需求被充分激活之前,低层次需求必须得到满足。也就是说,企业首先应满足员工的低层次需求,只有生理、安全需求被满足,员工才能安心工作。

员工满意度调查的主要目标是激发员工的工作热情、增强对组织的归属感,为员工创造有利的成长环境,而其基础是员工的需求。测评员工满意度,首先要了解员工的个体需求状况,依据马斯洛的需求层次理论,结合一般公司的情况,将员工的个体需求分解为上述的五个方面,见图6.2。

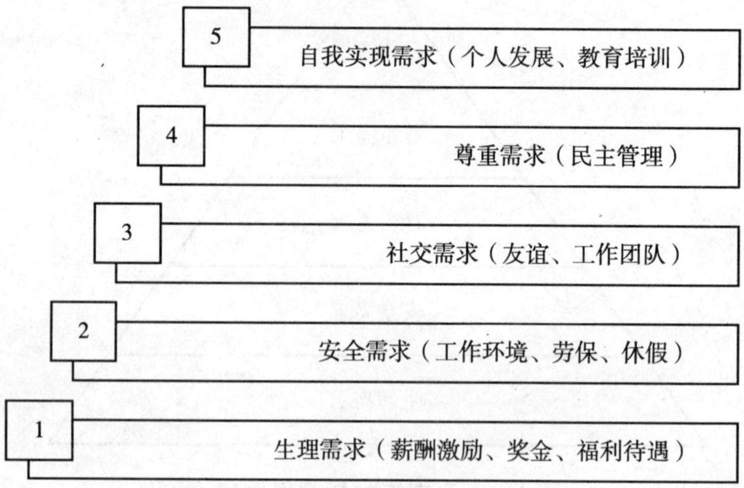

图6.2 员工满意度模型理论依据图

2. 双因素理论

双因素理论又称激励因素—保健因素理论,是美国的行为科学家弗雷德里克·赫茨伯格(Fredrick Herzberg)提出来的。首先,该理论强调某些工作因素能导致满意感,而另外一些只能防止产生不满意感;其次,对工作的满意感和不满意感并非存在于单一的连续体中,赫茨伯格认为满意的对立面是没有满意,而不满意的对立面是没有不满意。

赫茨伯格通过考察一部分会计师和工程师的工作满意感与生产率的关系,通过半有组织性的采访,收集了一些关于这些员工对其工作感情的各种影响因素的资料,研究表明存在两种不同性质的因素:

(1)激励因素,包括工作本身、认可、成就和责任,这些因素涉及对工作的积极感情,又和工作本身的内容有关。这些积极感情与个人过去的成就、被人认可及担负过的责任有关,它们的基础在于工作环境中能有持久的成就。

(2)保健因素,包括公司政策和管理、技术监督、薪水、工作条件以及人际关系等。这些因素涉及到工作的消极因素,也与工作的氛围和环境有关。也就是说,对工作和工作本身而言,这些因素是外在的,而激励因素是内在的,或者说是与工作相联系的内在因素。

激励因素通常是与员工对其工作的积极感情相联系,但有时也涉及消极感情;而保健因素却几乎与积极感情无关,只会带来精神沮丧、脱离组织、缺勤等结果。

赫茨伯格认为,满意和不满意并非共存于单一的连续体中,而是截然分开的。这种双重的连续体意味着一个人可以同时感到满意和不满意,同时还暗示着工作条件和薪金等保健因素并不能影响人们对工作的满意程度,而只能影响对工作的不满意的程度。

6.1.2.2　评价体系

根据员工激励理论,结合地铁运营分公司自身的特性和管理需要,设计员工满意度评价模型的指标体系(见表 6-1),在进行实际应用时,地铁运营公司可结合自身的实际情况进行修改调整。

表 6-1　员工满意度评价体系

目标层	指标层		
	Ⅰ级指标(6 个纬度)	Ⅱ级指标(18 个纬度)	Ⅲ级指标(89 个纬度)
员工满意度	对工作回报的满意度	物质回报	1. 工资收入
			2. 加班工资
			3. 奖金
			4. 福利
			5. 社会保险
			6. 薪资系统
			7. 假期
		精神回报	8. 工作乐趣
			9. 成就感
			10. 尊重与关怀
			11. 友谊与朋友
			12. 个人能力及特长的发挥
			13. 职位与权力
			14. 威信与影响力
			15. 表扬与鼓励
		奖惩管理	16. 物质或金钱奖励
			17. 评比优秀
			18. 罚款
			19. 记过或降级、降职处罚
	对个人成长的满意度	个人成长与发展	20. 培训
			21. 机遇
			22. 晋升
			23. 知识的进步
			24. 社会地位
			25. 能力的提升

续上表

目标层	指标层		
	Ⅰ级指标(6个纬度)	Ⅱ级指标(18个纬度)	Ⅲ级指标(89个纬度)
	工作背景的满意度	后勤保障及支持	26. 劳动合同
			27. 公司食堂
			28. 公司宿舍
			29. 休息场所
			30. 医疗保障
			31. 劳保
		工作休息制度	32. 上下班时间
			33. 休息
			34. 加班制度
			35. 请假制度
		工作配备	36. 资源充裕性
			37. 设备(办公设备)的维护及保养
			38. 资源(办公资源)配备的效率
			39. 固定资产管理
			40. 新设备(新办公设备)的配置
			41. 新技术的运用
		工作环境	42. 上下班交通便利程度
			43. 舒适感
			44. 安全感
			45. 美观
	对工作群体的满意度	内部和谐度	46. 行为、礼节与礼仪
			47. 沟通与交流人际关系
			48. 工作配合
			49. 信息与经验
			50. 员工士气及心态
			51. 舆论控制
			52. 团队精神
		工作方法和作风	53. 工作质量
			54. 工作效率
			55. 工作成本
			56. 工作计划
			57. 责任感及能动性
			58. 灵活性与技巧
			59. 会议效率
		人员素质	60. 品格、修养
			61. 观念
			62. 知识水平及经验
			63. 体质与健康
			64. 能力表现

续上表

目标层	指标层		
	Ⅰ级指标(6个纬度)	Ⅱ级指标(18个纬度)	Ⅲ级指标(89个纬度)
	对企业管理的满意度	管理机制	65. 管理创新和改进
			66. 管理的连续性和稳定性
			67. 组织机构
			68. 用人机制
			69. 监察机制
		管理风格	70. 管理才能
			71. 情感管理
			72. 管理的有效性
		公司制度	73. 内部投诉
			74. 制度建设
			75. 认可程度
			76. 实施效果
		企业文化	77. 对企业的认同感及归属感
			78. 企业形象
			79. 文体、娱乐活动
			80. 生日及节假日问候
			81. 报纸、图书杂志
			82. 内部刊物
	对企业经营的满意度	服务质量	83. 乘客投诉
			84. 乘客信心及满意度
		社会形象	85. 对本地公共交通的贡献
			86. 与本地政府的关系
			87. 就业解决
		发展远景	88. 企业远景及规划
			89. 企业经济指标

6.1.3　调查测评方法

6.1.3.1　调查方法

员工满意度是员工对企业的主观感知反应。对员工满意度调查的方法有很多,比如印象法、面谈法、问卷调查法等。由于问卷法是最易于施测与衡量的量化工具,所以一般多采用问卷调查法,并常以访谈法进行辅助调查。

1. 访谈调查法

访谈调查法具有直接性、灵活性、适应性和应变性、回答率高、效率高的优点,但事先需要培训,费用大、规模小、耗时多、标准化程度低。该方法适用于部门较分散的公司和公共场所。

访谈调查法可分为:有结构性访谈(需事先设计精心策划的调查表)和非结构性访谈(无问题提纲,可自由发问);若按调查人数可分为:集体性访谈和个别性访谈。按调查时间可分为:一次性访谈和跟踪性访谈。

2. 问卷调查法

问卷调查法的特点是范围广、结合访谈效果更佳。调查问卷的问题种类,根据答题的形式不同,可分为:封闭式、开放式和半开半闭式3种。

(1)封闭式问题

这类问题的答案事先由调查者拟定,被调查者只需在这些答案中选择合适的一个或多个。

封闭式问题可分为以下几种问题形式:

①两项选择式(即是非题)

提供的答案只有两个,被调查者从中选择一个答案。一般采用"是/否"、"有/无"等形式来拟题。例如:

你认为现行考勤制度是否合理?

A. 合理　　B. 不合理

②多项选择式

问题的答案有3个或3个以上,问卷中将各种可能的答案列出,由被调查者根据自己的具体情况选择1个或多个合适的答案。例如:

你对公司目前的工作环境满意吗?

A. 满意　B. 较满意　C. 一般　D. 较不满意　E. 不满意

(2)开放式问题

这类问题没有已经拟定好的答案,被调查者可以根据自己的情况或想法,自由地发表意见。例如:

你希望公司用什么样的方式奖励你的出色表现(请概述):________________

(3)半开放半封闭式问题

这类问题的答案既具有封闭性又具有开放性。最常见的形式是让被调查者在做了"封闭性"的选择后,紧接着做"开放性"的回答。例如:

你认为公司目前的福利政策是否完善,若不完善,还需进行哪方面的改善:

A. 是　B. 否,改善:________________________

6.1.3.2　测评方法

1. 单一整体评估法

工作整体满意度调查量表(The Job in General Scale,简称JIG)是由Ironson等人(1989)创建,该量表用于整体满意度水平的评价。Ironson认为,虽然员工满意度可以被分解为多个因素,但是员工满意度水平并不是各个分要素满意度之和,必须对其整体满意度进行直接评价。JIG 调查量表由 18 个有关整体满意度水平的描述性短语或词组构成,被调查者根据自身感受,对每一短语或词组做出判断,选择"是"、"不确定"或"否"。

虽然单一整体评估法有很强的包容性,但该法具有非常明显的缺点,其只能得到员工满意度的总体得分,即员工满意或不满意情况。但企业管理者无法得知员工满意或不满意的原因。由此这样的调查结果对企业来说不具有任何实际意义,无法对企业管理中存在的具体问题进行诊断分析,不利于管理者的工作改进。

2. 综合要素评估法

与单一整体评估法相比,综合要素评估法将员工满意度分解为不同的构面,分别让员工进行评价。目前已经形成了多种规范的调查量表:

(1)"工作描述指数法"(Index of Job Satisfaction)

该量表是由 Brayfield & Rothe(1951)编制而成。主要用来衡量员工一般的工作满足程度,即综合满意度(Overall Job Satisfaction)。这是最有名的员工满意度调查,它对薪酬、晋升、管理、工作本身和公司群体等 5 个方面都有各自的满意等级,可用于各种形式的组织中。

(2)"工作满意度指数量表"(Job Satisfaction Survey,简称 JSS)

该量表是由 Spector(1985)编制而成。该量表将员工满意度分解为:薪酬、升职、主管领导、额外的福利、条件性奖励、制度环境、同事、工作本身属性、沟通等 9 个构面,员工对每个构面分别进行评价,求和得出总体满意度水平。

(3)"明尼苏达满意度调查量表"(Minnesota Satisfaction Questionnaire,简称 MSQ)

该量表是由 Weiss,Dawis,England & Lofquist(1967)编制而成。量表分为短式(Short - form)和长式(Long - form)两种。短式问卷包括 20 个题目,可测量员工的内在满意度、外在满意度及一般满意度;长式问卷则有 120 个题目,可测量员工对 20 个工作构面的满意度及一般满意度。20 个大项中每一大项包括 5 个小项。这 20 个大项分别是:个人能力的发挥,成就感,能动性,公司培训和自我发展,权力,公司政策及实施,报酬,部门和同事的团队精神,创造力,独立性,道德标准,公司对员工的奖惩,本人责任,员工工作安全,员工所享受的社会服务,员工社会地位,员工关系管理和沟通交流,公司技术发展,公司的多样化发展,公司工作条件和环境。

"明尼苏达满意度调查量表"也有简单形式,即以上 20 个大项可以直接填写每项的满意等级,总的满意度即为加权 20 项全部得分。MSQ 的优点在于工作满意度的整体性与构面皆予以完整的衡量,但是缺点在于其有 120 道题目,被调查者是否有耐心和够细心,在误差方面值得商榷。因此目前,MSQ 调查量表是员工满意度调查中最权威的调查量表之一，若采取此套衡量工具时，多半采用短式问卷形式。

(4)“彼得需求满意调查表”

该量表适用于管理层人员。其提问集中在管理工作上的具体问题，每个问题都有两句，比如“你在当前的管理位置上，个人成长和发展的机会如何？理想的状况应该如何？而现在的实际状况又是如何？”等等，因此适用于管理人员。

(5)“工作说明量表”(Job Descriptive Index，简称 JDI)

该量表是由 Smith，Kendall & Hullin(1969)编制而成。可用来衡量员工对工作本身、薪酬、晋升、上级和同事等五个构面的满意度，而这五个构面满意度分数的总和，即代表整体工作满意度的分数。JDI 的特点是不需要被调查者说出内心的感受，只是就不同构面(题数不一定相同)找出不同的描述词，由其选择即可。因此，对于教育程度较低的被调查者也可以容易回答。由于该量表的施测效果良好，受到许多学者的一致推崇，因此国内外多采用此量表作为工作满意度的衡量工具。

(6)“SRA 员工调查表”(SRA Employee Inventory)，又称为“SRA 态度量表”(SRA Attitude Survey)

该量表是由芝加哥科学研究会 Chicago：Science Research Association(1973)编制而成。其包括 44 个题目，可测量员工对十四个工作构面的满意度。

(7)“工作诊断调查表”(Job Diagnostic Survey，简称 JDS)

该量表是由 Hackman & Oldham(1975)编制而成，可测量员工一般满意度、内在工作动机和特殊满意度(包括工作安全感、待遇、社会关系、督导以及成长等构面)；此外，并可同时测量员工的特性及个人成长的需求强度。

(8)“工作满足量表”(Job Satisfaction Inventory)

该量表是由 Hackman & Lawler 编制而成。其可测量被调查者对自尊，自重，成长与发展，受重视程度，主管态度，独立思考与行动，工作保障，工作待遇，工作贡献，制订工作目标与方式，友谊关系，升迁机会，顾客态度及工作权力等 13 项衡量满意度的因素。

(9)“洛克、阿莫德和菲德曼量表”

洛克(Locker)提出了员工满意度构成的 10 个因素：工作本身、报酬、提升、认可、工作条件、福利、自我、管理者、同事和组织外成员。阿莫德(Arnold)和菲德曼(Feldma)提出的工作满意度的结构因素包括：工作本身、上司、经济报酬、升迁、工作环境和工作团体。

3. 层次分析法(AHP)——加权平均测评法

层次分析法是由美国匹兹堡大学教授萨蒂在 20 世纪 70 年代初提出的。该法简单、实用，用来处理具有多目标、多准则、多因素、多层次的复杂问题的决策分析与综合评价，是一种定性和定量分析相结合的系统分析与评价方法。

(1) 员工总体满意度加权求和公式，如式(6-1)所示：

$$ESD = \sum_{i=1}^{n} w_i x_i = w_1 x_1 + w_2 x_2 + \cdots + w_n x_n \tag{6-1}$$

其中　ESD——总体员工满意度；

w_i——分量 i 对总体满意度的贡献权重，可由层次分析法求得；

x_i——员工对分量 i 的满意度评价值。

(2) 层次分析法的基本步骤

层次分析法的基本步骤请参考 3.6 综合评估部分的层次分析法内容。

(3) 层次分析法(AHP)—加权平均员工满意度测量

应用 AHP—加权平均员工满意度测评方法时，有以下 4 个步骤：

①构建本企业员工满意度的 AHP 指标体系。对本企业的实际情况进行系统分析，分层次构建员工满意度测评指标；

②邀请人力资源方面的专家判断指标的重要性，构造两两比较判断矩阵，依据 AHP 来计算各个末层指标对于员工满意度的相对权重；

③进行员工满意度调查，收集员工对各个末层指标的评价分值；

④根据公式(6-1)来计算员工满意度水平。

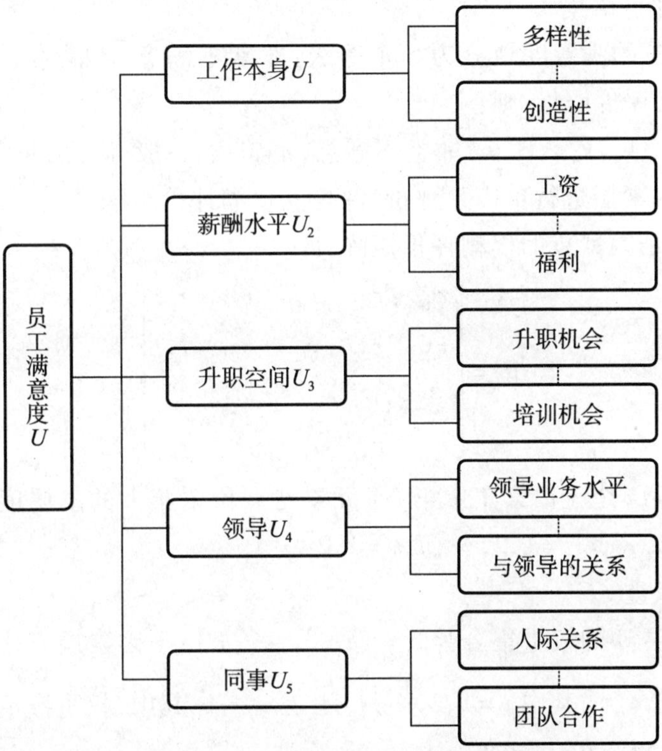

图 6.3　员工满意度二级模糊评价示意图

4. 二级模糊评价法

模糊评价法也是目前员工满意度测评中常见的方法。由于员工满意度是员工所持有的主观态度,其形成的原因各有不同,内涵和外延都不十分明确,具有一定的模糊性。因此,一些学者将模糊评价方法应用于员工满意度的评价。

与前面所述的方法不同,模糊评价法的综合评价结果不是一个具体的数值,而是一个向量形式的模糊集,如下所示:

非常不满意,不满意,一般,满意,非常满意

员工满意度 = {0.085,0.262,0.258,0.321,0.074}

亦即 26.2% 的员工感到不满意,32.1% 的员工感到满意等等,这样可以较为准确地反映员工态度本身的模糊状况。

模糊评价法的具体测评方法如下所述:

(1)建立评价因素

如上图 6.3 所示,其中 U 代表员工满意度,它由 s 个子因素集组成(记为 U_1, $U_2, \cdots U_s$),每个子因素集 U_i 由 n 个评价元素组成,即 $U_i = \{U_{i1}, U_{i2}, \cdots, U_{in}\}$,其中 $i = 1, 2, \cdots, s$。由此,U 满足以下条件:

$$\bigcup_{i=1}^{s} U_i = U, U_i \cap U_j = \varphi, i \neq j \tag{6-2}$$

(2)建立评价语集

可以将员工的满意度划分为 5 个等级:非常不满意、不满意、一般、满意和非常满意,令 V 为评价语集,则:

$V = \{V_1, V_2, V_3, V_4, V_5\}$ = {非常不满意,不满意,一般,满意,非常满意}。

(3)对子因素层进行单因素评价,并建立模糊评价矩阵。

令 R_i 为某子因素集的模糊评价矩阵,即

$$R_i = \begin{bmatrix} r_{i11} & r_{i12} & r_{i13} & r_{i14} & r_{i15} \\ r_{i21} & r_{i22} & r_{i23} & r_{i24} & r_{i25} \\ \cdots & \cdots & \cdots & \cdots & \cdots \\ r_{in1} & r_{in2} & r_{in3} & r_{in4} & r_{in5} \end{bmatrix} \tag{6-3}$$

其中 r_{ijk}——第 i 个子因素集中第 j 个元素对评价语集 k 的隶属度,其中的 $i = 1, 2, \cdots, s; j = 1, 2, \cdots, n; k = 1, 2, \cdots, 5$。

(4)确定权重

设主因素层 U 的权重集合为 $A = \{a_1, a_2, \cdots, a_s\}$,子因素层 U_i 上的权重集合为 $A_i = \{a_{i1}, a_{i2}, \cdots, a_{in}\}$,其中 $i = 1, 2, \cdots, s$,且 $\sum_{j=1}^{n} a_{ij} = 1$;其中,权重数值可由专家直接设定,也可由层次分析法确定。

(5)一级模糊综合评价

设 B_i 为某子因素的模糊评价集,即:

$$B_i = A_i \cdot R_i = \{b_{i1}, b_{i2}, b_{i3}, b_{i4}, b_{i5}\} \quad (6-4)$$

其中 b_{ik}——第 i 个子因素对评价语集 k 的隶属度。

(6)二级模糊综合评价

设 B 为主因素的模糊评价集,即:

$$B = A \cdot R = \{a_1, a_2, \cdots, a_s\} \cdot \begin{bmatrix} B_1 \\ B_2 \\ B_3 \\ B_4 \end{bmatrix} = \{b_1, b_2, b_3, b_4, b_5\} \quad (6-5)$$

其中 b_k——员工满意度对评价语集 k 的隶属度,而其中最大隶属度所对应的评价表明了企业大部分员工的满意度等级。

5. 德尔菲法

权重的确定除上述层次分析法(AHP)外,还可以采用德尔菲法。德尔菲(Delphi)法又称为专家法,其特点是集中专家的经验和意见,确定各指标的权重。采用德尔菲方法确定权重的基本步骤如下:

(1)选择专家。

这是很重要的一步,选择是否恰当将直接影响到结果的准确性。一般情况下,选择本专业领域中既有实际工作经验又有较深理论修养的专家。

(2)将待确定权重的若干个测评指标和有关资料以及统一的确定权重的规则发给选定的各位专家,请他们独立地给出各指标的权重值。

(3)回收结果并计算各指标权重的均值与标准差。

(4)将计算的结果及补充资料返还给各位专家,要求所有的专家在新的基础上重新确定权重。

(5)重复上述(3)和(4)步,直至各指标权重与其均值的标准差不超过预先给定的标准差为止,也就是各专家的意见基本趋于一致,以此时各指标权重的均值作为该指标的权重。

此外,为了使判断更加准确,让评价者了解已经确定的权数可靠程度,还可以运用"带有信任度的德尔菲法",该方法需在上述第(5)步每位专家给出最后权重数值的同时,标出各自所给权重数值的信任度,并求出平均信任度。这样,如果某一指标权重的信任度较高时,就可以有较大的把握使用它;反之,只能暂时使用或设法改进它。

6.1.4 员工满意度辅助分析方法

问卷回收后,经过整理、编码、录入以后,采用专业的市场调研软件 SPSS10.0 对问卷进行数据分析。常用的辅助分析方法有:

6.1.4.1 聚类分析法(Cluster Analysis)

聚类分析法主要是指在没有或者不用样品所属类别信息的情况下,以样品集数据的内在结构,在样品间相似性度量的基础上,对样品进行分类。一般分为样品和变量两类聚类分析问题。聚类分析法可以将被调查者从人口背景、消费习惯、生活方式、个性等方面进行分类,并将这些特性与消费习惯结合起来,这是营销管理中"市场区隔划分"的主要手段。

聚类分析法的基本思想是:首先将每个样品看作一类,然后根据样本的相似程度,将相似程度最高的两类合并,并且计算合并后的类与其他类之间的距离,再选择相近者进行合并,每合并一次减少一类,继续这一过程直到把所有对象合并为一个大类。在现实应用中,一般设定某个分类的临界值,即阀值,当类与类之间的距离大于其阀值或者相似系数小于阀值,聚类就停止。

聚类分析法的主要步骤如下:

(1)把每个样品看成一类,记为 $G_1, G_2, \cdots, G_n$。

(2)确定样品之间距离与两类之间的距离,记为 d_n 与 $D(p,q)$。

(3)选定距离计算公式,计算各个样品之间的距离,它们构成一个对角全为零的对称矩阵:

$$D(0)=\begin{bmatrix} 0 & & & \\ d_{21} & 0 & & \\ \cdots & \cdots & 0 & \\ d_{n1} & \cdots & d_{nn-1} & 0 \end{bmatrix}_{n\times n} \tag{6-6}$$

(4)按预定的阀值检验 $D(0)$ 中的每个非零元素,如果所有元素大于阀值则停止,如果存在某个元素小于阀值,则继续。

(5)把距离最小的两个类合并成一个新的类,记作 G_{n+1},并把原来两个类取消。

(6)计算新类与剩余类的距离,剩余各类间距离不变,于是得到降低一阶后的新矩阵。

(7)重复(4)到(6)的步骤,直到类与类之间的距离大于阀值为止。

(8)把上述聚类过程绘成聚类图。

聚类分析法可用于对调查的地铁乘客、地铁运营公司内部员工的样本进行分类研究。

6.1.4.2 主成分分析法

主成分分析法主要应用于多元统计中,其基本原理是运用降维的思想,把多个指标转化成少数几个指标,通过对原始变量相关矩阵内部关系的研究,找出影响所研究问题的几个综合指标,即主成分。主成分分析法借助一个正交变换 T,将其各个分量相关的原随机向量转换为其分量不相关的新随机向量。在综合评价中,所建立的评价指标体系中的各个指标就组成一个随机向量。而不同方案对应此指标体系的值则组成一个样本空间。

主成分分析法在代数上的意义就表现为将 x 的协方差变换为对角形矩阵；在几何上则表现为将原坐标系变换为一个新的正交坐标系，使之指向样本点散布最开的 P 个正交方向，然后对多维变量系统进行降低维数处理，使之能够以一个较高的精度转换成低维变量系统，再通过构造适当的价值函数，进一步把低维系统转化为一维系统。

主成分分析方法的优点在于可以消除各指标不同量化的影响，也可以消除由各指标之间相关性所带来的信息重叠以及人为确定各指标权重系数的问题。主成分分析方法可用于甄别影响乘客满意度和员工满意度的主要因素。

6.1.4.3　因子分析法(Factor Analysis)

因子分析法(Factor Analysis)是寻找公共因子的模型分析方法，它是在主成分的基础上构筑若干意义较为明确的公共因子，以它们为框架分解原变量，以此考察原变量间的联系与区别。

因子分析法是从研究变量内部相关的依赖关系出发，把一些具有错综复杂关系的变量归结为少数几个综合因子的一种多变量统计分析方法。它的基本思想是将观测变量进行分类，将相关性较高，即联系比较紧密的分在同一类中，而不同类变量之间的相关性则较低，那么每一类变量实际上就代表了一个基本结构，即公共因子。对于所研究的问题就是试图用最少个数的不可测的所谓公共因子的线性函数与特殊因子之和来描述原来观测的每一分量。其主要步骤是：

(1)确认待分析的原变量是否适合作因子分析；

(2)构造因子变量；

(3)利用旋转方法使因子变量更具有可解释性；

(4)计算因子变量得分。

因子分析法的主要优点是减少分析变量个数，通过对变量间相关关系探测，将原始变量进行分类，即将相关性高的变量分为一组，用共性因子代替该组变量。因子分析法可用于分析各项影响因素之间的相互影响，提炼出少数综合因子进行深入分析。

6.1.4.4　相关分析法

相关分析法是测定经济现象之间相关关系的规律性，并据以进行预测和控制的分析方法。在相关关系中，变量之间存在着不确定、不严格的依存关系，对于变量的某个数值，可以有另一变量的若干数值与之相对应，这若干个数值围绕着它们的平均数呈现出有规律的波动。例如，批量生产的某产品产量与相对应的单位产品成本，某些商品价格的升降与消费者需求的变化，就存在着这样的相关关系。

相关分析法的主要步骤是：

(1)确定现象之间有无相关关系以及相关关系的类型。对不熟悉的现象，则需要收集变量之间大量的对应资料，用绘制相关图的方法做初步判断。从变量之间相互关系的方向看,变量之间有时存在着同增同减的同方向变动,是正相关关系;有时变量之间存在着一增一减的反方向变动,是负相关关系。从变量之间相关的表现形式看有直线相关和曲线相关,从相关关系涉及到的变量的个数看,有一元相关或简单相关关系和多元相关或复杂相关关系。

(2)判定现象之间相关关系的密切程度,通常是计算相关系数 R 及绝对值在 0.8 以上表明高度相关,必要时应对 R 进行显著性检验。

(3)拟合回归方程,如果现象间相关关系密切,就根据其关系的类型,建立数学模型用相应的数学表达式——回归方程来反映这种数量关系,这就是回归分析。

(4)判断回归分析的可靠性,要用数理统计的方法对回归方程进行检验。只有通过检验的回归方程才能用于预测和控制。

(5)根据回归方程进行内插外推预测和控制。

相关分析法可用于分析各影响因素(指标)与满意度之间的相关性。

6.1.4.5 SWOT 分析

SWOT 分析是一种对企业的优势(Strengths)、劣势(Weaknesses)、机会(Opportunities)和风险(Threats)进行综合分析,在分析时,应把所有的内部因素(包括公司的优势和劣势)都集中在一起,然后用外部的力量来对这些因素进行评估。这些外部力量包括机会和威胁,它们是由于竞争力量或企业环境中的趋势所造成的。这些因素的平衡决定了公司应做什么以及什么时候去做。如图 6.4 所示。

SWOT 分析的主要步骤如下:

(1)确认当前的战略是什么;

(2)确认企业外部环境的变化;

(3)根据企业资源组合情况,确认企业的关键能力和关键限制;

(4)按照通用矩阵或类似的方式打分评价;

(5)将结果在 SWOT 分析图上定位;

(6)战略分析。

SWOT 分析方法的主要优点是利用系统的思想将公司内部优势和弱点、外部机会和威胁这些似乎独立的因素相互匹配起来进行综合分析。运用这种方法,有利于人们对组织所处情景进行全面、系统、准确地研究,有助于人们制定发展战略和计划,以及与之相应的发展计划或对策。

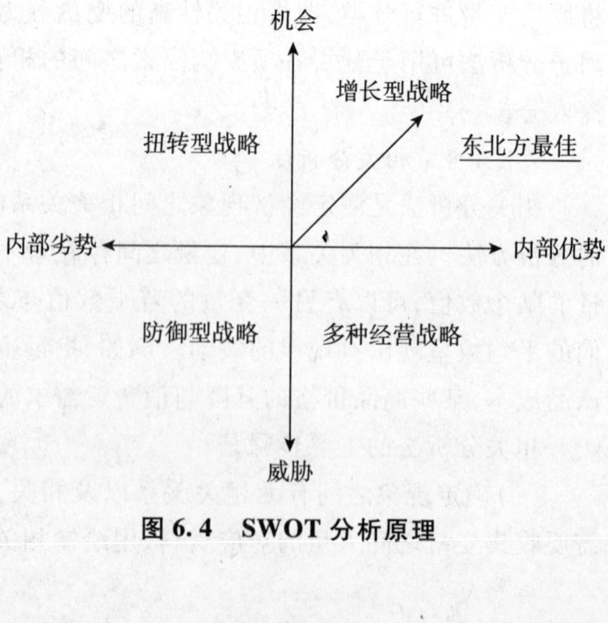

图 6.4 SWOT 分析原理

SWOT 分析可用于帮助地铁运营公司分析旅客运输市场,制定相应的发展战略。

6.1.5　调查方案设计与实施

6.1.5.1　问卷设计原则

在设计问卷时,应遵循以下原则:

(1)明确调查对象,确保被调查者有足够的信息或知识来回答问题

在调查中,调查人员首先应明确其调查对象。如果被调查者不具备足够的信息或知识回答问题,那其所作出的回答将影响调查结果的准确性。

(2)调查内容全面,语义明确无歧义,确保被调查者能够准确理解问题含义

调查问卷的内容应涵盖所有第二层次维度因素,不要出现遗漏现象。调查问卷中应尽可能选用准确的词语,减少模糊性词汇的出现,比如经常、偶尔等等。

(3)问卷的长度适中,确保被调查者有耐心回答问题

实践证明,被调查者的回答一般应在 15 min 左右的时间内完成,最多不要超过 30 min。问卷过多,被调查者往往会出现厌烦情绪,从而影响答题,降低调查质量;问卷中的问题过少,则不能满足调查者的要求,无法收集足够的信息。

(4)问题描述中性,要避免导向性

大部分调查尤其是商业调查,都有明确的目的性。设计问卷时,调查者不经意间就会加入个人倾向,要避免把问卷设计者的观点带入问题中,误导被调查者。

(5)采用匿名答题形式,确保被调查者如实回答

在员工满意度调查中,如果调查者就是员工的直接领导,或者员工感到其问卷很有可能被其领导看到,那么员工很有可能夸大其满意度,而对不满意轻描淡写。为保证问卷调查的公正性,问卷调查应采用匿名答题的形式。

(6)问卷的发放应采取按部门统一发放形式,最好以公司任务形式要求员工必须填写,同时规定合理的时间收回。

6.1.5.2　调查问卷指标量化

调查问卷建议采用明尼苏达满意度量表中的短式量表,充分考虑上述的调查问卷设计原则进行设计,并与员工进行直接沟通,对问卷进行修改和调整。问卷中的问题可以采用李克特 5 级量表的形式进行量化,即:满意、较满意、一般、较不满意和不满意,其相应的赋值分别为:5、4、3、2、1,如表 6-2 所示。

表 6-2　员工对工作物质回报满意度测评表(示例)

测评指标	满意	较满意	一般	较不满意	不满意
工资收入	□	□	□	□	□
加班工资	□	□	□	□	□
福利政策	□	□	□	□	□
社会保险	□	□	□	□	□

假设员工满意度调查的结果分值为5分制或百分制，其与员工的满意度水平的对应关系见表6-3。

表6-3 5分制/百分制与员工的满意度水平关系表

5分制	百分制	员工的满意度水平
5	100	满意
4	80	较满意
3	60	一般
2	40	较不满意
1	20	不满意

6.1.5.3 抽样调查方法

员工满意度问卷调查样本的抽取遵循覆盖各主要部门、各学历和职务层次、保持适当性别比例等原则，抽样调查的方法有：简单随机抽样、等距抽样、分层抽样、整群抽样、多阶抽样。

1. 简单随机抽样

设总体有 N 个单元，从中抽取 n 个，要求每个由 n 个单元组成的样本有同样的概率被抽到。简单随机抽样是各种抽样方法的基础。

例如：某工业公司，经营和销售各种加工工业所用的原材料。对该公司进行客户满意度调查，从该公司的500家客户里随机抽取100个客户进行问卷调查，其样本量为100。

2. 分层抽样

根据实际问题的需要，把总体分成若干个子总体，称为"层"。在每一层中独立地进行抽样。这种抽样方法不仅可以对总体进行估计，而且还可以对子总体进行估计，因此在顾客满意度调查中常常采用这种抽样方法。

例如：对上例中的某工业公司进行客户满意度调查，样本量为100，客户分层及样本抽取情况见表6-4。

表6-4 某工业公司客户及抽样情况

客户类型	客户市场量	独立随机抽取样本量
大型客户	50家	10
中型客户	100家	20
小型客户	350家	70
合　计	500家	100

3. 整群抽样

设总体由若干个初级单元（群）组成，每个初级单元（群）又可以分为若干个次级单元。在调查时,先随机抽取若干初级单元(群),对抽中的初级单元中的所有次级单元进行调查。

例如:某公司调查该公司生产的电梯的使用情况,首先将所有安装该电梯的单位视为初级单元(群),然后从中随机抽取若干个单位,凡是被抽中的单位对其所拥有的该电梯(即次级单元)进行调查。

4. 多阶抽样

设总体由若干个初级单元(群)组成,每个初级单元又可以分成若干个次级单元。在调查时,先随机抽取若干初级单元,在抽中的初级单元中再随机抽取若干次级单元,这就是二阶抽样。由此类推,可理解多阶抽样的方法。

例如:某城市划分为若干个区(即初级单元),每个区又包含有若干条街道(即二级单元),每条街道又含有若干个居委会(即三级单元),每一居委会又由许多家庭组成(即四级单元),那么可以先随机抽取几个区,在抽中的区中再随机抽取几条街道,在抽中的街道中随机抽取几个居委会,在抽中的居委会中随机抽取若干个家庭来进行某项调查,这就是多阶抽样。

5. 等距抽样(系统抽样)

把总体的 N 个单元按一定的次序进行排列,要从中抽取 n 个单元,那么将这一序列等分成 n 段,每一段含有 N/n(这里假设 k 为整数)个单元。在第一段中随机抽取 1 个,以后每隔 k 个抽取下一个。

例如:某加工制造公司进行客户满意度调查,该公司共有 500 家客户,将所有的客户按其市场需求量的大小进行排序,要从中抽取 100 家客户,那么将其进行分段,每段含有 $k = 500/100 = 5$ 家客户,在第一段中随机抽取一家,然后每隔 5 家抽取一家。

在具体实施时,根据具体的情况可以将上述几种方法综合运用。在顾客满意度调查中,常用的方法是简单随机抽样和分层抽样。

6.1.5.4　员工满意度调查的实施步骤

1. 确定调查任务

配合公司经营的方向与结合人力资源策略规划的目的,选取目前最需要了解影响员工满意度的因素,决定调查的主要内容,然后以内容决定任务,再以任务决定方法、技术手段和测量目标。

2. 制定调查方案

设计调查提纲,确定调查指标,列出调查问题,确定调查范围,选取调查对象,提出调查方法:如决定是进行普查还是抽样调查。

3. 进行预调查

对设计的问卷进行预调查,只需要较小的样本量。预调查尽可能采用面访的形式进行,这样除了可以详细了解员工的态度以外,更重要的是还可以了解员工对问卷本身的看法。根据预调查的分析结果,对问卷进行修改和完善。

4. 收集调查资料

实施调查过程,完成调查卷的收回,确保调查的数量和质量。

5. 处理调查结果

整理调查资料:检验、归类、统计,形成调查结果:图表、文字、总体评价,提交综合调查报告。

6. 沟通反馈,公布调查分析结果

向员工及时沟通反馈:员工满意度现状及可能的结论、满意度弱项的改进以及将涉及到的资源、达到的目标和效果、预防措施等。最后将整个满意度调查的操作过程和结果在被调查员工内公布。

6.1.6 实例分析

6.1.6.1 调查背景

某公司是一家私营企业,主要经营电子产品的代理和销售。公司分为总公司和5个主要的专卖店(柜)。

6.1.6.2 调查对象

该次调查采用问卷调查法。由于该公司规模较小,岗位设置相对简单,所以对于内部不同层面的员工采用了同一套调查问卷。调查实施过程中,尽可能征求每一位员工的看法。调查对象情况汇总见表6-5所示。

表6-5 调查对象的情况汇总

项目	分类	人数	有效问卷比例(%)	备注
工作地点	总公司	7	15.9	表中:$y+x$,x表示作废的问卷数,比如:8+1,1表示作废的问卷数为1。
	专卖店1	8+1	18.2	
	专卖店2	9	20.5	
	专卖店3	8+1	18.2	
	专卖店4	6	13.6	
	专卖店5	6+1	13.6	
	合计	44+3	100	
性别	男	10	22.73	
	女	34	77.27	
学历	中专或高中以下	7	15.91	
	中专或高中	22	50	
	中专或高中以上	15	34.09	

6.1.6.3 指标体系及指标权重的确定

依据二级模糊综合评判法,本次调查的指标体系见表6-6。该指标体系中,评价员工满意度的指标共计 16 个，建立评价语集 $V=\{V_1, V_2, V_3, V_4\}$ = {非常满意，满意，不满意，非常不满意}。即该公司的员工根据自身的实际情况，按照“非常不满意，不满意，满意，非常满意”进行选择，结果见表 6－6。

该指标体系的指标权重采用德尔菲法确定。共有五个人为员工满意度评价指标体系的各项打分：总公司经理、总公司两名老员工及两位人力资源方面的专家，将各项打分汇总并均值化后得到整体的指标权重，如表 6－6 所示。

6.1.6.4　调查结果及结果分析

如表 6－6 所示，本次调查共发放问卷数 47 份，回收数 47 份，有效问卷数 44 份，因此问卷的有效率为 44/47＝93.62%。

除采用二级模糊综合评判法来评价员工的整体满意度之外，还对调查问卷中的工作地点、性别、年龄、工龄、学历等几方面进行了聚类分析和单因素方差分析，进一步了解不同类别员工的满意程度。调查结果分析汇总如表 6－6 所示，表中右四列表示与各满意程度状态相对应的员工人数。

表 6－6　员工满意度评价指标体系、指标权重及实际调查结果汇总

	子因素 U_i	权重 a_i	评价元素 U_{ij}	权重 a_{ij}	评价语集　V			
					非常满意 V_1	满意 V_2	不满意 V_3	非常不满意 V_4
员工满意度评价 U	对工作回报的满意度	0.276	薪酬	0.42	12	27	4	1
			工作被认可	0.41	16	19	8	1
			培训与晋升	0.17	8	26	9	1
	对工作本身的满意度	0.18	工作胜任感	0.51	7	26	9	2
			责权匹配感	0.37	16	8	9	11
			工作安全感	0.12	11	18	11	4
	对企业的满意度	0.176	企业文化	0.26	20	17	6	1
			规章制度	0.19	25	13	5	1
			组织参与感	0.29	18	22	3	1
			发展远景	0.26	21	18	3	2
	对工作协作的满意度	0.226	领导支持与信任	0.39	18	18	6	2
			同事间的配合	0.38	24	16	3	1
			信息开放度	0.23	17	18	7	2
	对工作条件的满意度	0.142	工作时间	0.36	12	28	3	1
			工作环境	0.40	6	32	5	1
			工作配备	0.24	19	23	2	0

1. 模糊评价

(1)利用表6-6中的数据,可以计算出模糊评价矩阵:

$$R_1=\begin{bmatrix}12/44 & 27/44 & 4/44 & 1/44\\ 16/44 & 19/44 & 8/44 & 1/44\\ 8/44 & 26/44 & 9/44 & 1/44\end{bmatrix}=\begin{bmatrix}0.273 & 0.613 & 0.091 & 0.023\\ 0.363 & 0.432 & 0.182 & 0.023\\ 0.182 & 0.591 & 0.204 & 0.023\end{bmatrix},$$

同理,可以计算得到矩阵 R_2,R_3,R_4,R_5。

$$R_2=\begin{bmatrix}0.159 & 0.591 & 0.204 & 0.046\\ 0.364 & 0.182 & 0.204 & 0.25\\ 0.25 & 0.409 & 0.25 & 0.091\end{bmatrix},\ R_3=\begin{bmatrix}0.455 & 0.386 & 0.136 & 0.023\\ 0.568 & 0.295 & 0.114 & 0.023\\ 0.409 & 0.5 & 0.068 & 0.023\\ 0.477 & 0.409 & 0.068 & 0.046\end{bmatrix},$$

$$R_4=\begin{bmatrix}0.409 & 0.409 & 0.136 & 0.046\\ 0.545 & 0.364 & 0.068 & 0.023\\ 0.386 & 0.409 & 0.159 & 0.046\end{bmatrix},\ R_5=\begin{bmatrix}0.273 & 0.636 & 0.068 & 0.023\\ 0.136 & 0.727 & 0.114 & 0.023\\ 0.432 & 0.522 & 0.046 & 0\end{bmatrix}。$$

(2)由此,第一级模糊综合评价为:

$$B_1=A_1\cdot R_1=[0.42\quad 0.41\quad 0.17]\cdot\begin{bmatrix}0.273 & 0.613 & 0.091 & 0.023\\ 0.363 & 0.432 & 0.182 & 0.023\\ 0.182 & 0.591 & 0.204 & 0.023\end{bmatrix}$$

$$=[0.294\quad 0.535\quad 0.148\quad 0.023]$$

$$B_2=A_2\cdot R_2=[0.51\quad 0.37\quad 0.12]\cdot\begin{bmatrix}0.159 & 0.591 & 0.204 & 0.046\\ 0.364 & 0.182 & 0.204 & 0.25\\ 0.25 & 0.409 & 0.25 & 0.091\end{bmatrix}$$

$$=[0.246\quad 0.418\quad 0.209\quad 0.127]$$

$$B_3=A_3\cdot R_3=[0.26\quad 0.19\quad 0.29\quad 0.26]\cdot\begin{bmatrix}0.455 & 0.386 & 0.136 & 0.023\\ 0.568 & 0.295 & 0.114 & 0.023\\ 0.409 & 0.5 & 0.068 & 0.023\\ 0.477 & 0.409 & 0.068 & 0.046\end{bmatrix}$$

$$=[0.469\quad 0.408\quad 0.094\quad 0.029]$$

$$B_4=A_4\cdot R_4=[0.39\quad 0.38\quad 0.23]\cdot\begin{bmatrix}0.409 & 0.409 & 0.136 & 0.046\\ 0.545 & 0.364 & 0.068 & 0.023\\ 0.386 & 0.409 & 0.159 & 0.046\end{bmatrix}$$

$$=[0.455\quad 0.392\quad 0.116\quad 0.037]$$

$$B_5=A_5\cdot R_5=[0.36\quad 0.40\quad 0.24]\cdot\begin{bmatrix}0.273 & 0.636 & 0.068 & 0.023\\ 0.136 & 0.727 & 0.114 & 0.023\\ 0.432 & 0.522 & 0.046 & 0\end{bmatrix}$$

$$=[0.256\quad 0.645\quad 0.081\quad 0.018]$$

(3)第二级模糊综合评价为:

$$B = A \cdot R = [0.276 \quad 0.18 \quad 0.176 \quad 0.226 \quad 0.142] \cdot \begin{bmatrix} 0.294 & 0.535 & 0.148 & 0.023 \\ 0.246 & 0.418 & 0.209 & 0.127 \\ 0.469 & 0.408 & 0.094 & 0.029 \\ 0.455 & 0.392 & 0.116 & 0.037 \\ 0.256 & 0.645 & 0.081 & 0.018 \end{bmatrix}$$

$$= [0.347 \quad 0.476 \quad 0.134 \quad 0.043]$$

根据二级模糊综合评价的结果可知:员工对该公司的整体满意度评价中,非常满意的占 34.7%,满意的占 47.6%,不满意的占 13.4%,非常不满意的占 4.3%。换句话来说:该公司达到满意水平的员工占 82.3%,没有达到满意水平的员工仅占 17.7%;即对于整体而言,该公司的员工满意水平相当不错。

假设规定评价语集 V 中的 4 个评语对应的分值分别为:非常满意 $V_1=4$,满意 $V_2=3$,不满意 $V_3=2$,非常不满意 $V_4=1$,那么该公司的员工满意度综合得分为 $V=\sum_{i=1}^{4} V_i b_i = 3.127 > 3$,超过了满意水平。另外,如果进一步分析各子因素的得分,根据最大隶属度原则,可以得出该公司指标体系中各维度的得分,如表 6-7 所示。

表 6-7　员工满意度评价得分总表

评价因素	得　分	排　序
总体评价	3.127	—
对工作回报的满意度	3.100	4
对工作本身的满意度	2.783	5
对企业的满意度	3.317	1
对工作协作的满意度	3.265	2
对工作条件的满意度	3.139	3

从表 6-7 可以看出来,除了"对工作本身的满意度"没有达到满意水平外,员工对其他方面的满意度都高于"满意"水平。其中员工最满意的维度是对企业的满意度。

2. 聚类分析和单因素方差分析

通过聚类分析将工龄和年龄进行适当的分组。

对于该公司而言,本公司员工的工龄的取值有:0.1,0.2,0.5,1,2,2.1,3,4,4.1,4.5,5,5.5,经过聚类分析后,将工龄分为三类:$x<2$、$2 \leqslant x<4$ 和 $x \geqslant 4$,其中 x 代表工龄。

对于该公司而言,本公司员工的年龄的取值有:19,20,21,22,23,24,25,26,27,28,29,30,31,35,经过聚类分析后,将年龄分成五类:$y \leqslant 21$,$22 \leqslant y \leqslant 23$,$24 \leqslant y \leqslant 27$,$28 \leqslant y \leqslant 31$ 和 $y \geqslant 32$,其中 y 代表年龄。

经过聚类分析之后，对工作地点、工龄、年龄、性别、学历五个因素进行单因素方差分析，以观察它们对各指标的影响。单因素方差分析结果表明：

①工作地点的改变对“规章制度”和“工作协作”有显著影响；

②工龄的不同对“薪酬”、“领导支持信任”、“同事配合”、“信息开放度”、“工作时间”、“工作回报”、“工作协作”和“整体满意度水平”有显著影响；

③年龄对“工作环境”和“工作协作”有显著影响；

④性别对“企业文化”、“领导支持与信任”和“工作协作”有显著影响；

⑤学历对“薪酬”、“企业文化”、“组织参与感”、“发展远景”、“同事配合”、“工作配备”、“工作回报”、“工作本身”、“企业”、“工作环境”和“整体满意度水平”都有显著影响。

6.1.6.5 对策与结论

上述分析结果表明，员工对企业的整体满意度水平很好，且5个子因素中，员工对企业的满意度最高。同时，分析结果还反映出该公司的不足之处，指标体系中，没有达到满意水平的二级指标有：培训与晋升、权责匹配感、工作安全感和工作环境；没有达到满意水平的一级指标仅有“工作本身”一项。在肯定公司长处的同时，也要针对上述的不足之处提出改进的意见和建议。

1. 持续提供有效的培训，完善晋升制度

根据目前公司的具体情况，公司目前的培训还做得不是很够，培训次数较少且缺乏专业培训。另外，公司目前的晋升制度不够完善，不能通过有效的职务提升激发员工的竞争力和创造性。因此，建议该公司建立长效的专业培训机制，增加员工培训，设置合理的晋升竞争机制，能够不断激发员工的创造力。

2. 授权赋能，落实权责匹配原则

分析调查结果显示：从工龄、年龄、性别、学历和工作地点五个角度来看，大部分员工对“权责匹配感”这个指标的评价是不满意。说明该公司目前权责匹配这方面做得很不够，大部分员工感到工作的灵活性不够。因此该公司应该高度重视该指标满意水平的提高，建议公司的上级管理层对下属进行适度的分权与授权，将部分决策权分配给下属管理层，同时要注意正确授权。

3. 增加员工的工作安全感

工作安全感是指员工在工作中是否担心被辞退。调查结果显示：有34.1%的员工对工作安全感的满意度没有达到满意水平。建议公司可以从以下几方面着手增加员工安全感：①公司建立明确的奖惩制度，哪些行为是公司鼓励的，哪些行为是违反公司规章制度、会被开除的；②公开提拔有绩效的员工，鼓励员工尽职尽责地工作，只要努力工作就有被提拔的可能；③辞退员工时公开辞退原因，避免员工误信谣言，造成不必要的担心；④为员工建立医疗保险和养老保险等社会保险制度，使员工更加安心的工作。

4. 优化工作环境

调查结果显示：有13.7%的人对工作环境的满意度没有达到满意水平。建议该公司先调查了解员工对工作环境的不满意的原因在哪里，哪些是公司需要改善的；若公司的工作环境的某些方面无法改善，则向员工解释不能改善的原因，并请求员工的谅解。

6.2 地铁乘客满意度

6.2.1 概 述

按照格罗鲁斯教授所创建的服务质量差距理论及后来美国的服务质量差距模型，从顾客角度来看，服务质量评价的结果不外乎有三种：第一，企业所提供的服务已经超越了顾客理想的服务期望，在这种情况下，顾客是愉悦的；第二，企业所提供的服务正好落在顾客的服务容忍区域内，此时，顾客是满意的；第三，为顾客所提供的服务未能达到顾客最低服务要求，即未能达到顾客期望的恰当的服务，顾客就会不满意，从而产生退出服务、抱怨等一系列行为[26]。

现代社会中，顾客服务在商品交易中的地位显得愈加重要。对于地铁运营公司而言，这就意味着要想与乘客建立长期而稳定的关系，就必须取悦它的乘客，建立乘客忠诚度。通过满意度调查可以收集大量乘客感知和需求信息，为提高运营服务管理效能提供科学依据。

1. 顾客满意（Customer Satisfaction，简称CS）

ISO 9000:2000《质量管理体系基础和术语》中对顾客满意的定义是：“顾客对其要求已被满足的程度”。即顾客满意就是指顾客通过对一个产品或服务的感知效果或结果与其期望的相互比较之后，所形成的愉悦或失望的感觉状态。

通常情况下，顾客在这种比较后会出现以下几种感受：

当感知≪期望时，则顾客会感到非常不满意，甚至会产生抱怨或投诉；

当感知 < 期望时，则顾客会感到不满意；

当感知 = 期望时，则顾客会感到满意；

当感知 < 期望时，则顾客会感到很满意；

当感知≫期望时，则顾客会从满意到忠诚。

2. 顾客满意度（Customer Satisfaction Degree，简称CSD）

顾客满意度是指顾客对企业（公司）所提供的产品或服务满足其要求的程度。国内也有专家学者对顾客满意度（CSD）与顾客满意度指数（CSI）不作区别，将其定义为顾客对企业（公司）提供的产品满足其要求（需求及期望）程度的感受。

3. 顾客满意度指数（Customer Satisfaction Index，简称CSI）

顾客满意度指数(CSI)是运用统计的方法把顾客满意度的衡量指数化,并通过建立 CSI 模型和进行测评,表现组织的产品(或服务)特性、满足顾客需求的程度及顾客消费行为等多层递进关系;研究顾客需求,发现未能满足顾客需求的因素,从而为加强和改进组织工作指明方向。

4. 顾客忠诚

顾客忠诚是指顾客对企业产品或服务的依赖和认可、坚持长期购买和使用该产品或服务所表现出的在思想和情感上的一种高度信任和忠诚的程度,是客户对企业产品在长期竞争中所表现出的优势的一种综合评价。

5. 顾客忠诚度

顾客忠诚度是指顾客忠诚的程度,是一个量化的概念。顾客忠诚度是指在质量、价格、服务等诸多因素的影响下,顾客对企业的产品或服务产生感情,形成偏爱并长期重复购买该产品或服务的程度。

结合上述概念,地铁乘客作为消费者,意味着乘客可视为地铁运营公司的顾客,则地铁乘客满意度就是指乘客通过对地铁服务的感知效果或结果与其期望值相比较后,所形成的愉悦或失望的感觉状态。乘客满意度指数就是乘客满意水平的量化,是从消费者的角度来衡量地铁服务质量。

6.2.2 乘客满意度指数模型

6.2.2.1 模型简介

1. 瑞典顾客满意度指数(Sweden Customer Santisfaction Barometer,简称 SCSB)

瑞典于 1994 年建立了全国性的顾客满意度指数(SCSB)——瑞典顾客服务测评标准,是由 Claes Fornell 设计的,采用瑞典统计局收集的数据,分别编制了国家指数、各经济领域指数和各公司指数。

SCSB 模型见图 6.5,其前导变量有两个:①顾客对产品/服务的期望;②顾客对产品/服务的价值感知。顾客满意度的结果变量是顾客抱怨和顾客忠诚度,忠诚度是模型中的最终因变量,因为它可作为顾客保留和企业利润的晴雨表。

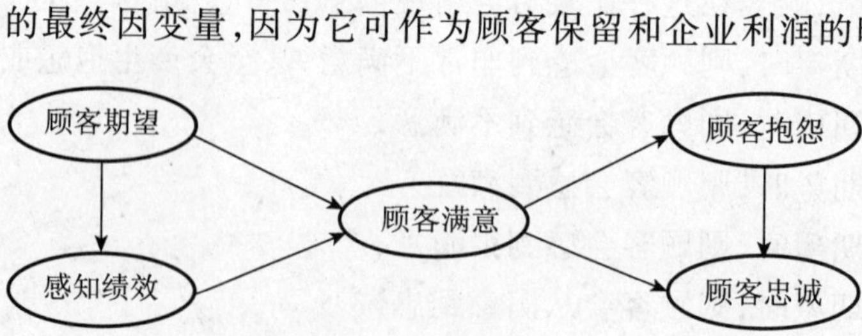

图 6.5 SCSB 模型

SCSB 模型可用两个函数关系式来表示,见式(6-7)和(6-8):

顾客满意度 $=f$(购前期望,感知表现) (6-7)

顾客忠诚度 $=f$(满意度,转移障碍,顾客意见) (6-8)

SCSB 模型经推出后，其在实践中也受到了一些质疑：如“价值感知对满意度的影响是必然的，但是价值因素与质量因素相比，哪个更为重要？”“由于顾客对不同产品或服务的质量感知是有差别的，若在模型中加入质量感知变量，将如何来衡量？”等等。

2. 美国顾客满意度指数（American Customer Satisfaction Index，简称 ACSI）

美国顾客满意度指数（ACSI）模型是 1994 年由美国密歇根大学商学院、美国质量协会（American Society of Quality，简称 ASQ）的国家质量研究中心（National Quality Research Center，简称 NQRC）和一家国际咨询公司（Claes Fornell International，简称 CFI）联合编制，是在 SCSB 模型的基础上进行创建的，见图 6.6。

ACSI 模型是在 SCSB 模型的基础上增加了一个潜在变量——感知质量，将质量感知从价值感知中分离出来。1996 年 ACSI 模型又针对耐用消费品，将质量感知进一步分为产品质量感知和服务质量感知。目前，ACSI 模型已成为影响最为广泛的模型，被新西兰、中国台湾、奥地利等多地所采用，也是挪威和欧盟顾客满意度指数模型的基础。

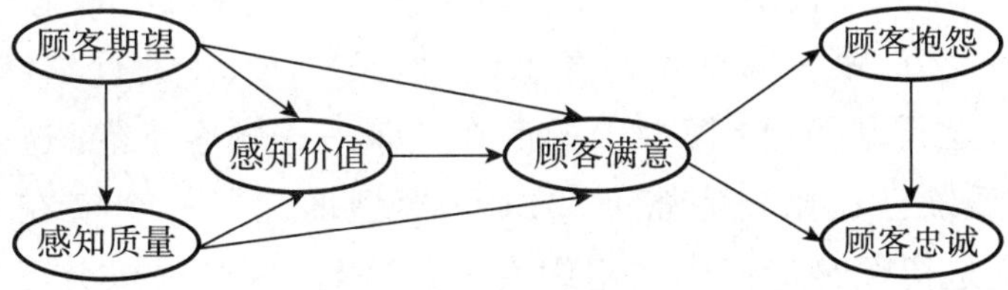

图 6.6　ACSI 模型

ACSI 模型中包含感知质量、顾客期望、感知价值、顾客满意度、顾客抱怨和顾客忠诚等 6 个主要因素（潜变量）。

(1)顾客期望

顾客期望包括顾客从主要媒体、广告、促销人员和其他消费者等的口碑获得产品/服务的信息和经历。顾客期望从总体期望、顾客满意程度的期望以及可靠性的期望这 3 个方面来衡量。

(2)感知质量

感知质量可通过整体质量、可靠性和产品/服务满足顾客需求程度（定制化）3 个方面来衡量。

(3)感知价值

感知价值通过给定价格下的质量和给定质量下的价格两个方面来衡量。

(4)顾客满意度

顾客满意度是指顾客的感觉状况水平，是顾客对企业的产品/服务的感知和顾客的期望进行比较的结果。

(5)顾客抱怨

顾客抱怨的测量是指在一定的时间内顾客对企业的产品/服务产生不满,并提出不满的比例。顾客满意度和顾客抱怨之间呈现负相关关系。

(6)顾客忠诚

顾客忠诚通过考察在不同价格水平上企业产品/服务被顾客购买的可能性来测量。顾客满意度对顾客忠诚有正影响,但是这种正影响对于不同的企业或行业来说差异较大。[50]

该模型认为:①顾客的满意度是由顾客期望、感知质量和感知价值共同决定的;②如果顾客对服务质量不满意,就会产生抱怨;③顾客的忠诚取决于顾客的满意程度和事后抱怨的处理。与其他模型相比,该模型科学运用了顾客的消费认知过程,客观反映出消费者对服务质量的评价,综合反映了顾客的满意程度;同时,该模型所得出的结果可以在不同行业里进行比较,有利于企业服务质量的不断改进,但是对服务质量中的具体因素分析不够深入。

3. 欧洲顾客满意度指数(European Customer Satisfaction index,简称 ECSI)

从 1999 年开始,欧洲顾客满意度指数在欧盟的 11 个国家进行试点调查。ECSI 模型(见图 6.7)继承了 ACSI 模型的基本架构和一些核心概念,如顾客期望、感知质量、感知价值、顾客满意和顾客忠诚;但又对 ACSI 进行了修正,主要表现在:①ECSI 模型去除了 ACSI 模型中的潜在变量——顾客抱怨,这是由于许多国家的顾客投诉系统已经比较完备。②ECSI 模型增加了一个潜在变量——企业形象,企业形象是指顾客记忆中和组织有关的联想,这些联想会影响人们的期望值、满意度以及忠诚度。

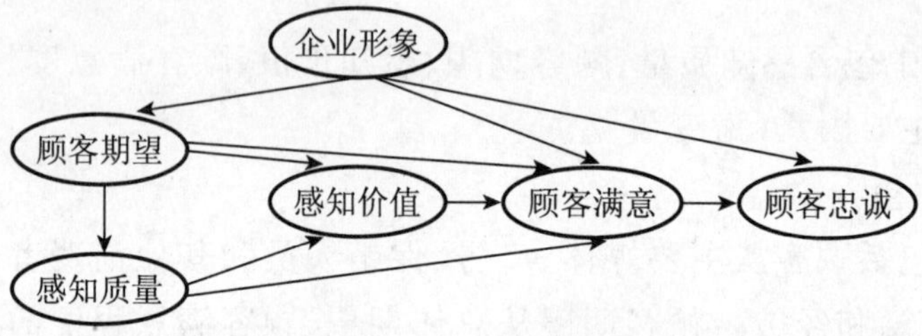

图 6.7 ECSI 模型

在模型的度量上,ACSI 模型从 1996 年以后才开始且只针对耐用品类商品对其产品质量和服务质量进行分别测度;但是 ECSI 模型在针对所有行业的产品/服务的测评中,都将感知质量统一地拆分为针对产品质量的评判和针对服务质量的评判。

中国顾客满意度指数(CCSI)是借鉴美国顾客满意度指数(ACSI),结合中国国情对模型结构和测评指标体系进行必要的改造后而建立起来的。但到目前为止,我国尚未正式实施国家级的 CSI 评价制度,也缺少相应的规章、规范。因此,本书中关于地铁乘客满意度的测评方法采用的是美国顾客满意度指数(ACSI)模型。

6.2.2.2　乘客满意度指数模型

1. 乘客满意度指数模型

本书中地铁乘客满意度评估采用的是美国 ACSI 顾客满意度指数理论模型来研究。要衡量地铁乘客满意度就必须建立模型，将一些与乘客满意度相关的变量（例如：价值、质量、投诉行为、忠诚度等）联系起来，参考模型见图 6.8。

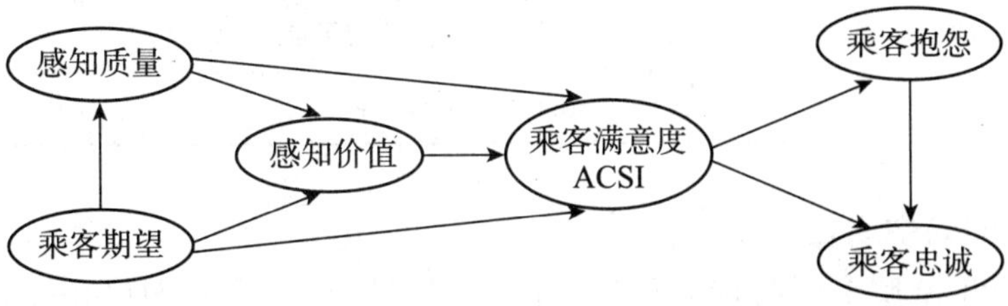

图 6.8　地铁乘客 ACSI 模型

2. 模型变量

ACSI 模型包含了 6 个潜变量，其中感知质量、乘客期望、感知价值是乘客满意度的前置因素；乘客抱怨和忠诚是乘客满意度的后置因素。依据消费者行为理论、ACSI 模型中潜变量的定义以及地铁提供服务的特性（快捷性、方便性、安全性、舒适性）等，模型采用的变量见表 6－8：

表 6－8　乘客满意度模型变量说明

潜变量（LV）	观测变量（MV）
乘客期望 ξ	乘坐地铁前的总体期望 x_{11}
	对快捷性的期望 x_{21}
	对安全性的期望 x_{31}
	对舒适性的期望 x_{41}
	对服务设施方便性、可靠性的期望 x_{51}
感知质量 η_1	对设备和服务总体的评价 y_{11}
	对安全性、快捷性、舒适性的感知 y_{21}
	对服务设施方便性、可靠性的感知 y_{31}
感知价值 η_2	依目前票价对地铁提供服务的感知 y_{12}
	依目前地铁提供服务对票价的感知 y_{22}
乘客满意度 η_3	总体满意度 y_{13}
	与乘坐地铁之前的期望相比的满意度 y_{23}
	与理想中地铁的情况相比的满意度 y_{33}

续上表

潜变量(LV)	观测变量(MV)
乘客抱怨 η_4	对地铁服务是否有抱怨 y_{14}
	对地铁服务是否有投诉 y_{24}
忠诚度 η_5	再次乘坐地铁的可能性 y_{15}
	推荐家人朋友乘坐地铁的可能性 y_{25}
	价格变动的容许度 y_{35}

3. 模型的数学表达

乘客 ACSI 模型采用结构方程模型的形式。结构方程模型(Structural Equation Modeling,简称 SEM,也称作协方差结构模型),是一种建立、估计和检验因果关系模型的多元统计分析技术,由瑞典统计学家 Karl Joreskog 与其合作者 Dag Sorbom 于 20 世纪 70 年代中期提出并逐步改进和完善。

结构方程模型用于对复杂现象的模式进行处理,根据理论模式与实际数据关系的一致性程度,对理论模式作出评价,从而达到对复杂的实际问题进行定量研究,找出其规律性的目的。结构方程模型广泛应用于医学、经济学、金融学、心理学、社会学、管理学、行为科学等研究领域,尤其是满意度研究中应用广泛。

(1)基本概念

结构方程模型中把描述研究对象特征的指标或现象称为变量。

①显变量(MV)与潜变量(LV)

显变量(Manifest Variable,简称 MV)是指可观测的或可度量的变量;而潜变量(Latent Variable,简称 LV)是指无法直接观测的,但人们可以找到一些可观测的显变量作为潜变量的标志,对潜变量进行间接的测量和研究。

②外生变量与内生变量

在一个因果关系的模型中,一些变量被认为是其他变量的原因,而相应的另外一些变量则被看作是这些变量的结果。引起模型中其他变量变化且自身的变化受模型外部因素影响的变量称为外生变量。即,外生变量不受系统中其他变量的影响,相当于线性回归分析中的自变量。而与外生变量相对应的是内生变量,这些变量受系统中的外生变量及其他变量的影响,相当于线性回归分析中的因变量。

外生潜变量对内生潜变量的影响用 γ 表示。显变量对潜变量的回归系数用 λ 表示。

(2)方程模型

结构方程模型一般是由一个测量模型和一个结构模型组成,其中测量模型描述了潜变量与显变量之间的因果关系,而结构模型描述了外生潜变量与内生潜变

量之间的因果关系,具体表达见如下三个矩阵方程式:

$$\eta = B\eta + \Gamma\xi + \zeta \tag{6-9}$$

$$y = \Lambda_y \eta + \varepsilon \tag{6-10}$$

$$x = \Lambda_x \xi + \delta \tag{6-11}$$

其中 η——内生潜变量向量,$\eta' = (\eta_1, \eta_2, \cdots, \eta_m)$;

B——$B(m \times m)$是 η 对 η 的路径系数矩阵;

ξ——外生潜变量向量,$\xi' = (\xi_1, \xi_2, \cdots, \xi_n)$;

Γ——$\Gamma(m \times n)$是 ξ 对 η 的路径系数矩阵;

ζ——残差项构成的向量;

y——内生显变量向量,$y' = (y_1, y_2, \cdots, y_p)$;

Λ_y——$\Lambda_y(p \times m)$是 y 对 η 的回归系数矩阵;

ε——y 的测量误差构成的向量;

x——可观测的外生变量,即外生显变量,$x' = (x_1, x_2, \cdots, x_q)$;

Λ_x——$\Lambda_x(q \times n)$是 x 对 ξ 的回归系数矩阵;

δ——x 的测量误差构成的向量。

式(6-9)是结构模型部分,式(6-10)和式(6-11)均为测量模型部分。其中式(6-9)描述了根据顾客满意度理论研究的潜变量之间的关系,式(6-10)表示了内生潜变量 η 与其显变量 y 之间的因果关系,式(6-11)表示了外生潜变量 ξ 与其显变量 x 之间的因果关系。

ACSI 模型中的结构模型和测量模型:

①结构模型

$$\begin{bmatrix} \eta_1 \\ \eta_2 \\ \eta_3 \\ \eta_4 \\ \eta_5 \end{bmatrix} = \begin{bmatrix} 0 & 0 & 0 & 0 & 0 \\ \beta_{21} & 0 & 0 & 0 & 0 \\ \beta_{31} & \beta_{32} & 0 & 0 & 0 \\ 0 & 0 & \beta_{43} & 0 & 0 \\ 0 & 0 & \beta_{53} & \beta_{54} & 0 \end{bmatrix} \begin{bmatrix} \eta_1 \\ \eta_2 \\ \eta_3 \\ \eta_4 \\ \eta_5 \end{bmatrix} + \begin{bmatrix} \gamma_{11} \\ \gamma_{21} \\ \gamma_{31} \\ 0 \\ 0 \end{bmatrix} \xi + \begin{bmatrix} \zeta_1 \\ \zeta_2 \\ \zeta_3 \\ \zeta_4 \\ \zeta_5 \end{bmatrix} \tag{6-12}$$

②测量模型

$$\begin{bmatrix} x_1 \\ x_2 \\ x_3 \\ x_4 \\ x_5 \end{bmatrix} = \begin{bmatrix} \alpha_{11} \\ \alpha_{21} \\ \alpha_{31} \\ \alpha_{41} \\ \alpha_{51} \end{bmatrix} \xi + \begin{bmatrix} \delta_1 \\ \delta_2 \\ \delta_3 \\ \delta_4 \\ \delta_5 \end{bmatrix} \tag{6-13}$$

$$\begin{bmatrix} y_{11} \\ y_{21} \\ y_{31} \\ y_{12} \\ y_{22} \\ y_{13} \\ y_{23} \\ y_{33} \\ y_{14} \\ y_{24} \\ y_{15} \\ y_{25} \\ y_{35} \end{bmatrix} = \begin{bmatrix} \lambda_{11} & 0 & 0 & 0 & 0 \\ \lambda_{21} & 0 & 0 & 0 & 0 \\ \lambda_{31} & 0 & 0 & 0 & 0 \\ 0 & \lambda_{12} & 0 & 0 & 0 \\ 0 & \lambda_{22} & 0 & 0 & 0 \\ 0 & 0 & \lambda_{13} & 0 & 0 \\ 0 & 0 & \lambda_{23} & 0 & 0 \\ 0 & 0 & \lambda_{33} & 0 & 0 \\ 0 & 0 & 0 & \lambda_{14} & 0 \\ 0 & 0 & 0 & \lambda_{24} & 0 \\ 0 & 0 & 0 & 0 & \lambda_{15} \\ 0 & 0 & 0 & 0 & \lambda_{25} \\ 0 & 0 & 0 & 0 & \lambda_{35} \end{bmatrix} \begin{bmatrix} \eta_1 \\ \eta_2 \\ \eta_3 \\ \eta_4 \\ \eta_5 \end{bmatrix} + \begin{bmatrix} \varepsilon_{11} \\ \varepsilon_{21} \\ \varepsilon_{31} \\ \varepsilon_{12} \\ \varepsilon_{22} \\ \varepsilon_{13} \\ \varepsilon_{23} \\ \varepsilon_{33} \\ \varepsilon_{14} \\ \varepsilon_{24} \\ \varepsilon_{15} \\ \varepsilon_{25} \\ \varepsilon_{35} \end{bmatrix} \tag{6-14}$$

(3)显变量的方差－协方差结构

由式(6－9)、(6－10)和(6－11)，可以求得向量 Z＝(Y′,X′)的方差—协方差矩阵：

$$S = \begin{bmatrix} \Lambda_Y A(\Gamma\Psi\Gamma' + \psi)A'\Lambda'_Y + \Theta_\varepsilon & \Lambda_Y A\Gamma\psi\Lambda'_X \\ \Lambda_X \Psi\Gamma' A'\Lambda'_Y & \Lambda_X \Psi\Lambda'_X + \Theta_\delta \end{bmatrix} \tag{6-15}$$

其中：$A=(I-B)^{-1}$；$\Phi,\psi,\Theta_\varepsilon$和$\Theta_\delta$分别为$\xi,\zeta,\varepsilon$和$\delta$的协方差矩阵。检验模型对数据拟合的好坏就是根据$(S-\Sigma)$的差异是否足够小，其中$S$表示由原始观测数据给出的$Z$的样本协方差矩阵，而$\Sigma$则表示模型成立时$Z$的理论协方差矩阵。

4. 模型估计

结构方程模型的目的是再生一个观测变量的引申方差—协方差矩阵Σ，使之与样本方差协方差矩阵S尽可能地接近，即将拟合函数$F(S,\Sigma)=S-\Sigma$最小化。目前，就我国研究情况来说，对于乘客满意度结构方程模型参数估计多采用偏最小二乘法(PLS)进行模型估计。PLS 于 1983 年由伍德(S. Wold)和阿巴诺(C. Albano)等人首次提出。

(1)PLS 的逻辑基础

①因果关系随机性

事件 Y 和 X 的因果关系可用式(6－16)来表达：

$$Y=f(X)+\varepsilon \tag{6-16}$$

其中：f表示函数，ε表示模型中所有其他因素的影响。因果关系的随机性可理解为条件概率，用条件期望来表达。在假定了某个因果关系的条件下，事件 Y

可用条件期望 $E[Y/X]$ 来表示。条件期望 $E[Y/X]$ 可以用多项式表达，如果阶数取值为 1，那么：

$$E[Y/X]=f_{linear}(x)=\beta_0+\beta_1 x \tag{6-17}$$

当 $X=x$ 时，Y 的真实值为：

$$y_{X=x}=E[Y/X=x]+\nu=f_{linear}(x)+\nu=\hat{y}+\nu=\beta_0+\beta_1 x \tag{6-18}$$

②预测变量设定

预测变量设定可理解为因变量和自变量之间的线性条件期望关系，即对于方程(6-9)有：

$$E[\eta/\eta,\xi]=B\eta+\Gamma\xi \tag{6-19}$$

$$E[\zeta/\xi]=0 \tag{6-20}$$

(2) PLS 模型方程

PLS 模型包括：内部关系，外部关系和加权关系三部分。内部关系、外部关系的设定基于：显变量 MV 区组之间的所有信息通过潜变量 LV 表现，PLS 模型不涉及 MV 之间任何直接关系。同时，所有变量(包括 MV 和 LV)都标准化为零均值和单位方差，且忽略了常数项(即截距，在 PLS 中称为位置参数)。

①内部关系

其表达形式同(6-9)，其简化形式为：

$$\eta=(I-B)^{-1}\Gamma\xi+(I-B)^{-1}\zeta=B^{*}\xi+\zeta^{*} \tag{6-21}$$

其中　B^{*}——外生潜变量 LVξ 的总效应。

式(6-21)中，假设 $E[\zeta^{*}/\xi]=0$，可以得到结构模型形式和简化形式的预测变量设定，同式(6-19)、(6-20)，具体到每一区组：

$$E[\eta_h/\eta_h^{*},\xi_h^{*}]=\beta_h\eta_h^{*}+\gamma_h\xi_h^{*},h=1,2,\cdots,H,$$
$$E[\zeta_h/\eta_h^{*},\xi_h^{*}]=0,Cov[\zeta_h,\eta_h^{*}]=Cov[\zeta_h,\xi_h^{*}]=0 \tag{6-22}$$

其中　H——方程总数，对于 ACSI 来说，$H=6$；

η_h——第 h 个内生潜变量；

η_h^{*} 和 ξ_h^{*}——η_h 的内生预测潜变量和外生预测潜变量的列向量；

β_h 和 γ_h——系数行向量。

②外部关系

PLS 的外部关系包括反应性外部关系和影响性外部关系，反应性外部关系中认为 MV 反映 LV 而不是决定 LV，而影响性测量模型中认为 MV 是 LV 的原因，与反映性模型相反。顾客满意度模型中一般没有影响性测量模型，因此这里只介绍反应性外部关系。

反应性外部关系其形式同式(6-10)和(6-11)。由于 Λ_y 和 η 是未知的，因此对模型的测量单位进行标准化，即 $Var(\eta)=1$，$Var(\xi)=1$。其预测变量设定为：

$$E[y/\eta]=\Lambda_y\eta, E[x/\xi]=\Lambda_x\xi \qquad (6-23)$$

在顾客满意度模型中，所有 LV 都具有反映性 MV。PLS 方法对于每个 LV 的 MV 没有个数限制。

③加权关系

PLS 中，每个样本的 LV 得分通过其 MV 的加权合计进行估计：

$$\hat{\eta}=\omega_\eta y, \hat{\xi}=\omega_\xi x \qquad (6-24)$$

其中：ω_η 和 ω_ξ 为权重，需要进行单位调整，使 $Var(\eta)=Var(\xi)=1$。

(3) PLS“软”假设及其目标

①PLS“软”假设

a. 内部关系

假设：$E[\zeta]=0$；

内生 LV 的残差与其预测 LV 不相关，即 $E[\xi\zeta']=0$。

b. 反映性外部关系

假设：$E[\varepsilon\delta']=E[\eta\varepsilon']=E[\xi\delta']=0$；

$E[\varepsilon]=E[\delta]=E[\eta\delta']=E[\xi\varepsilon']=0$，即所有 LV 与外部残差 δ 和 ε 均不相关。

c. 标准化

$E[\eta]=E[\xi]=0, Var(\eta)=Var(\xi)=1; E[x]=E[y]=0, Var(x)=Var(y)=1$。

其中：关于 MV 标准化的假设不重要，若 MV 的单位不同，就必须进行标准化。

②PLS 目标

PLS 的目标是最小化残差方差，PLS 中最小化的残差变量有：ζ、δ 和 ε。通过定义一系列的标准，分别处理各残差变量，最终达到以下估计目标：

a. 对所有内生 LV，最小化 $Var[\zeta]$，即 Ψ；

b. 对所有外向区组，最小化 $Var[\varepsilon]$，即 θ_ε；

c. 对所有内向区组，最小化 $Var[\delta]$，即 θ_δ。

(4) PLS 估计的具体过程

ACSI 模型中有 6 个潜变量 LV，每个 LV 有几个观测变量 MV，因此所有 LV 都具有反映性 MV，作为 MV 的主成分进行估计。

①用迭代法估计权重和 LV 得分。

②使用 OLS（Ordinary Least Square，最小二乘法）估计路径系数和载荷系数。

③估计 MV 和 LV 的均值和方程的位置参数（截距）。

首先，第①步通过 MV 来估计 LV 的得分；然后，通过第②步估计 LV 之间的路径系数，以及 LV 与 MV 之间的载荷系数；最后，因为变量都是标准化的，所以通过第③步来估计方程的位置参数。

5. 乘客满意度指数计算

通过 PLS 方法进行模型估计后，得到乘客满意度的 LV 与其 MV 的权重 ω_i，通过式（6－25）加权计算乘客的满意度分值：

$$\eta = \sum_{i=1}^{k} \omega_i y_i \tag{6-25}$$

其中　η——乘客满意度潜变量 LV；

y_i——该潜变量 LV 对应的显变量 MV；

k——该潜变量 LV 对应的显变量 MV 的个数；

ω_i——权重，ω_i 和 y_i 要一致，即均是标准化或未标准化数值。

然后通过式（6－26）计算乘客满意度指数 ACSI：

$$ACSI = \frac{E[\eta] - \min[\eta]}{\max[\eta] - \min[\eta]} \times 100 \tag{6-26}$$

乘客满意度 LV 的最大值和最小值是通过相应的测量变量 MV 来确定的，即：

$$\min[\eta] = \sum_{i=1}^{k} \omega_i \min[y_i] \tag{6-27}$$

$$\max[\eta] = \sum_{i=1}^{k} \omega_i \max[y_i] \tag{6-28}$$

其中　$E[\eta]$——乘客满意度 LV 的均值；

$\min[\eta]$——乘客满意度 LV 的最小值；

$\max[\eta]$——乘客满意度 LV 的最大值。

在 ACSI 模型中，计算乘客满意度 LV 有 3 个 MV，且取值范围为 1～10，计算公式可简化为[51]：

$$ACSI = \frac{\sum_{i=1}^{3} \omega_i \bar{y}_i - \sum_{i=1}^{3} \omega_i}{9 \sum_{i=1}^{3} \omega_i} \times 100 \tag{6-29}$$

6.2.3　乘客满意度测评指标体系

乘客满意度指数 ACSI 模型中的乘客期望、乘客对质量的感知、乘客对价值的感知、乘客满意度、乘客抱怨和乘客忠诚均为潜变量，都是不可以直接测评的。因此，需要对这 6 个潜变量进行逐级展开，直到形成一系列可以直接观测的指标，这些观测指标就构成了乘客满意度测评指标体系。因此建立乘客满意度测评指标体系，就成为对乘客满意度进行评价的首要问题。

6.2.3.1　建立乘客满意度测评指标体系的原则

建立乘客满意度测评指标体系，必须遵循以下几条原则：

（1）建立乘客满意度测评指标体系，必须要以乘客为主。以乘客的需求来确定测评指标体系是设定测评指标体系的最基本要求。要准确把握乘客的需求，选择乘客认为最为关键的测评指标。

（2）测评指标的选取应具有全面性。测评指标是用来测量乘客满意程度指数模型的潜变量的,如果不全面,就不能准确反映乘客的满意状况,也就无法全面分析改进或提高服务质量的措施。

(3)测评指标的选取应具有代表性。影响乘客满意度的因素很多,实际上不可能选取得到全部因素的测量指标。代表性原则要求,只要保证某些指标能够代表某一方面即可。

(4)测评指标必须能够控制。进行乘客满意度测评能够使乘客产生新的期望,促使地铁运营公司采取改进措施。但如果公司在某一方面还无条件或无能力采取行动加以改进,则应暂不采用这方面的测评指标。

(5)测评指标必须是可测量的。乘客满意度测评的结果是一个量化的数值,因此设定的测评指标必须是可以进行调查、统计、计算和分析的。

(6)测评指标的独立性。测评指标之间应该是独立的。如果存在相关性,就会夸大或抵消某些指标的影响性,使乘客满意度指数的测评出现误差。可以通过相关性分析,判断指标之间是否存在相关性。

(7)建立乘客满意度指数测评指标体系还需要考虑到与竞争者的比较,设定测评指标时要考虑到竞争者的特性。

6.2.3.2 乘客满意度测评指标体系的构成

乘客满意度测评指标体系是一个多指标的结构,可划分为四个层次:每一层次的测评指标都是由上一层次的测评指标展开的,而上一层次的测评指标则是通过下一层次的测评指标的测评结果反映出来的。

根据上述内容,①乘客满意度指数是总的测评目标,为一级指标,即第一层次;②乘客满意度指数 ACSI 模型中的乘客期望、乘客对质量的感知、乘客对价值的感知、乘客满意度、乘客抱怨和乘客忠诚等六个潜变量作为二级指标,即第二层次;③根据地铁运营服务的特点,可将六个潜变量为具体的三级指标,即第三层次;④三级指标可以展开为调查问卷上的问题,形成测评指标体系的四级指标,即第四层次。

实际情况中,建立乘客满意度测评指标体系的主要任务是设定测评指标体系中的三级指标和四级指标。测评指标体系的四级指标是由三级指标展开而来,是乘客满意度测评中直接面向乘客的指标,是和乘客满意度测评问卷中的问题相对应的。表 6－9 是地铁乘客满意度测评指标体系示例,在实际操作中,地铁运营公司应该根据乘客对地铁服务的期望和关注点的实际情况进行具体选择,灵活运用。

表6－9　地铁乘客满意度测评指标体系示例

一级指标	二级指标	三级指标	四级指标
地铁乘客满意度指数	乘客期望		乘客乘坐地铁前的总体期望
			乘客对快捷性的期望
			乘客对安全性的期望
			乘客对舒适性的期望
			乘客对服务设施方便性、可靠性的期望
	感知质量	导向指引	上车站点的地面设立的指示牌
			上车站点的出口指示
			上车站点的出口周边建筑、交通路线标识
			上车站点的购票、出入闸等导向指引
			上车站点的站台上确定列车行驶方向
			上车站点洗手间的指引
		整洁舒适	上车站点的地铁站内的明亮、整洁程度与畅通性
			上车站点的地铁站内的空气流通性与温度适宜性
			上车站点的候车座椅的舒适性与整洁性
			车厢内明亮、整洁
			车厢内的空气流通性与温度适宜性
			车厢内座椅的舒适性与整洁性
		准时快捷	列车到站的准时性
			列车运行速度的快捷性
			列车发车间隔的合理性
			首末班车运营时间设置的合理性
		安全保障	上车站点的楼梯、自动扶梯及电梯的使用安全性
			对车门、屏蔽门即将关闭的提前通知及时性
			列车行驶的安全平稳性
			出现非正常情况，对乘客的告知及其处理的恰当性
			地铁站内的治安环境
			车内的治安环境

续上表

一级指标	二级指标	三级指标	四级指标
		票务服务	地铁票价的合理性
			票亭兑换硬币、零钞的便利性
			购票所等待时间的可接受性
			目前地铁的优惠票、周票、特种计次票信息知晓程度
			目前地铁的乘车票的种类足够满足乘车需求程度
			各类票购票、退票的合理性
		设备设施	上车站点的自动售票机摆放位置的合理性
			上车站点的自动售票机购票方法的介绍清晰易懂性
			动售票机在使用过程中出现故障的次数程度
			闸机在乘客通过时出现故障的次数程度
			自动扶梯出现故障的次数程度
		员工服务	地铁工作人员的服务态度热情主动程度
			地铁工作人员解决乘客的困难与疑问的效率
			投诉、沟通途径明确程度
			地铁运营公司处理乘客建议、投诉及时程度
		信息宣传	地铁运营公司对地铁宣传的充分性
			获得地铁票务政策、乘坐指引及安全乘车知识等必要信息方便性
		商业环境	地铁内广告形式布局与车站环境的和谐性
			地铁内商铺数量可以满足地铁内购物需求的程度
	感知价值		依据目前票价，对地铁提供服务的感知
			依据地铁的目前状况，对地铁票价的感知
	乘客满意度		对地铁总体满意度
			地铁是超出乘客的期望还是低于乘客的期望
			地铁与理想中的地铁相比，是相差很远还是很接近
	乘客抱怨		向其他人抱怨过地铁
			对地铁有过投诉
	乘客忠诚		出行若乘地铁可直达目的地的话，选择乘坐地铁的可能性
			出行若乘地铁不可直达目的地的话，选择乘坐地铁的可能性
			地铁票价涨幅多少以内可以接受，会再次选择乘坐地铁
			地铁票价跌幅多少，会再次选择乘坐地铁
			建议其他人选择乘坐地铁的可能性

6.2.3.3 测评指标的量化

乘客满意度测评的本质是一个定量分析的过程，需要对测评指标进行量化。乘客满意度测评了解的是乘客对地铁运营服务的看法、偏好和态度，通过直接询问或观察的方法来了解乘客态度是困难的。量化指标的方法是采用量表进行量化处理。量表的设计包括以下两步：

①“赋值”，根据设定的规则，将不同的态度赋予不同的数值。

②“定位”，将这些数字排列或构成一个序列，根据乘客的不同态度，将其在这一序列上进行定位。

在量表中用数字表征态度是出于两个目的：第一，数字便于统计分析；第二，数字使乘客满意度的测量本身变得更加容易、清楚和明确。

基本的测量量表有 4 种：类别量表、顺序量表、等距量表和等比量表，乘客满意度测评中可采用 5 级李克特量表，属于顺序量表。其一般采用的 5 级态度分别是：满意、较满意、一般、较不满意和不满意，相应赋值分别为：5、4、3、2、1。当然也可以以相反的顺序来赋值，如 1 代表满意，5 代表不满意等；也可以将 5 级态度在题目开头给出，然后让被调查者根据对每个测评指标的满意程度直接在相应的方框上“√”或“○”。表 6 - 10 是一个利用李克特量表测评顾客对某产品质量满意程度的示例。

表 6 - 10　顾客对某产品质量满意度测评表(示例)

测评指标	满意	较满意	一般	较不满意	不满意
产品外观	□	□	□	□	□
质量稳定性	□	□	□	□	□
使用性能	□	□	□	□	□
安全性	□	□	□	□	□

另外，在乘客满意度测评中我们常常会遇到某些定量的测评指标，而这些指标又不能直接用于李克特量表。为方便数据信息的搜集、统计和分析，必须将这些指标转化成为李克特量表所要求的测评指标。其转化的方法是：将指标的量值恰当地划分为 5 个区间，每个区间对应于李克特量表的 5 个赋值，这样就实现了指标的转化[52]。如表 6 - 11 所示。

表 6 - 11　定量测评指标转化(示例)

测评指标	赋值规则				
	5	4	3	2	1
通话接通的平均时间(s)	<5	5 ~ 15	16 ~ 25	26 ~ 30	>30
手机接通率(%)	>99	90 ~ 99	80 ~ 89	70 ~ 79	<70
顾客投诉比例(%)	<1	1 ~ 5	6 ~ 10	11 ~ 20	>20

但为了减少极度偏移而产生的统计误差，乘客满意度 ACSI 测评采用 10 分制；相对于 5 分制或 7 分制来说，10 分制能够使乘客更好地对指标进行区分，使用

多重指标测量也能够减少偏度。乘客满意度调查结果分值设为百分制，其与乘客的满意程度的对应关系见表 6-12。

表 6-12 百分制与满意度关系表

百分制	乘客的满意程度
100	满意
80	较满意
60	一般
40	较不满意
20	不满意

在确定了乘客满意度测评指标体系之后，有必要邀请有关专家和具有一定代表性的乘客，对确定的测评指标体系和评价标准进行论证，在认真听取意见的基础上，对确定的测评指标体系进行修改，以保证乘客满意度测评结果的公正性和有效性。

有可能的情况下可以组织一次试调查，对所确定的测评指标体系进行再次验证，以证实其合理性及有效性。可以在小范围内抽取适量的样本，根据拟定好的测评指标体系制作好调查表，实施试测评。根据测评的结果和调查过程中遇到的问题，对乘客满意度测评指标体系进行必要的、适当的调整和修改。

6.2.4 乘客满意度辅助分析

6.2.4.1 乘客忠诚度分析

顾客的忠诚是顾客内在积极态度、情感、偏爱和外在重复购买行为的统一。顾客忠诚度是用来衡量顾客忠诚的一个数量指标。顾客忠诚是相对于顾客满意而言，前者不仅强调顾客的情感，而且还强调顾客的消费行为。顾客忠诚度也是企业品牌的重要反映，企业应该努力提高顾客忠诚度。

1. 忠诚度指数计算

参照乘客满意度指数(ACSI)的计算方法，如式(6-24)，可以得到乘客忠诚度指数的计算方法，见式(6-30)：

$$CLI = \frac{E[\xi] - \min[\xi]}{\max[\xi] - \min[\xi]} \times 100 \tag{6-30}$$

乘客忠诚度 LV 的均值、最大值和最小值是通过相应的测量变量 MV 来确定的，即：

$$E[\xi] = \sum_{i=1}^{n} \omega_i x_i \tag{6-31}$$

$$\min[\xi] = \sum_{i=1}^{n} \omega_i \min[x_i] \tag{6-32}$$

$$\max[\xi] = \sum_{i=1}^{n} \omega_i \max[x_i] \tag{6-33}$$

其中 ξ——潜变量乘客忠诚度；

$E[\xi]$——乘客忠诚度的期望值；

$\min[\xi]$——乘客忠诚度的最小值；

$\max[\xi]$——乘客忠诚度的最大值；

x_i——乘客忠诚度对应的各个测量变量；

ω_i——权重；

n——潜变量乘客忠诚度对应的测量变量的个数。

计算忠诚度指数的方法还有:将各个测量变量采用简单的加权平均。假设共有 N 个受测乘客,忠诚度共有 n 个测量变量,则 x_{ij} 表示第 j 个乘客对第 i 个测量变量的评价,ω_i 为第 i 个测量变量对忠诚度的权重,那么乘客忠诚度指数的计算方法为:

$$CLI = \frac{\sum_{j=1}^{N}\left(\frac{\sum_{i=1}^{n} x_{ij}\omega_i}{\sum_{i=1}^{n}\omega_i}\right)}{N} \times 10 \tag{6-34}$$

上式可以简化为:

$$CLI = \frac{\sum_{i=1}^{n} \bar{x}_i\omega_i}{\sum_{i=1}^{n}\omega_i} \times 10 \tag{6-35}$$

当 $\sum_{i=1}^{n}\omega_i = 1$ 时,式(6－35)就简化为式(6－31)。采用简单加权平均的方法得到的忠诚度指数具有简单直观的优点,对忠诚度指数结果的解释变得更容易。

2. 忠诚度行为—情感模型

对于忠诚度的分析采用“品牌忠诚度行为—情感模型”。品牌忠诚度包括:行为忠诚度和态度忠诚度两方面的内容。行为忠诚度是指顾客在实际行动上能够持续购买/使用某一品牌。顾客这种行为的产生可能源于顾客对该品牌内在的好感,也可能是由于购买冲动、促销活动、消费惯性、转换成本或者市场覆盖率高于竞争品牌等其他与情感无关的因素促成的。态度忠诚度是指某一品牌的个性与顾客的生活观念、价值观念相吻合,顾客对该品牌已产生了感情,甚至引以为豪,并将此作为自己的“朋友”和精神寄托,进而表现出持续购买的欲望和行为。运用情感忠诚度与行为忠诚度组成的两维坐标图,对情感忠诚度、行为忠诚度进行分类、量化,将两者分别划分为低、中、高三个忠诚度,形成 9 个区域,从而可以得到品牌忠诚度分析模型,如图 6.9 所示。

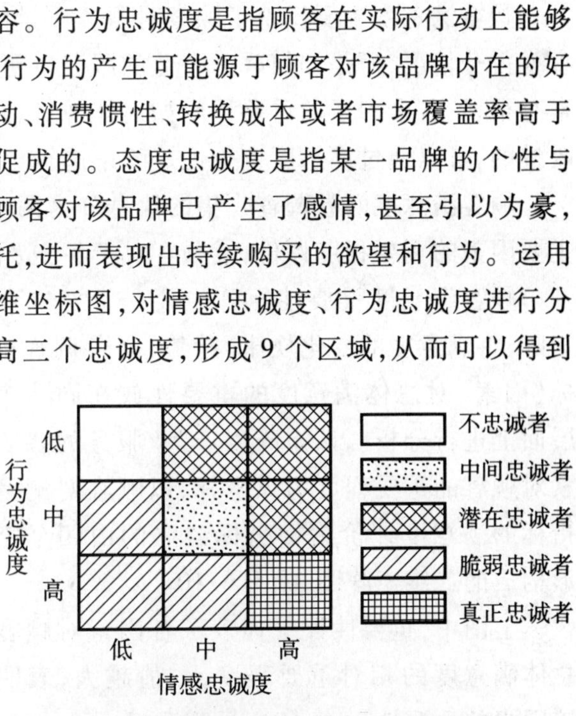

图 6.9　品牌忠诚度行为—情感模型

潜在忠诚者是指情感忠诚度高于行为忠诚度的忠诚者。该类忠诚者对某品牌的忠诚主要来源于顾客内在的良好的情感和态度,因而潜在忠诚者的忠诚度更具有持久性,并且容易向真正忠诚者转变。相对地,情感忠诚度低于行为忠诚度的忠诚者是脆弱忠诚者。该类忠诚者对某品牌的忠诚更多地来源于外在因素的影响,因此该类忠诚者的忠诚度会不太稳定,比较容易成为中、低度忠诚者,甚至彻底转变为其他品牌的真正忠诚者。

对于某品牌来说,如果潜在忠诚者远多于脆弱忠诚者,那么说明该品牌已建立起鲜明、独特的品牌个性,并获得了多数顾客在情感方面的认同感(无论顾客是否购买)。但是,如果潜在忠诚者远少于脆弱忠诚者,那么说明该品牌的消费者并没有对该品牌产生认同感,这会对品牌日后的竞争与发展产生不利影响。

模型中的右下区域代表真正忠诚者,是品牌忠诚度分析模型中最重要的部分。一个好的品牌必须拥有较高比例的真正忠诚者,该类忠诚者倾向于对这一品牌的持久忠诚。此类忠诚者会长久关心、持续购买这一品牌,其忠诚既包括情感上的认同感,又包括购买行为的持久性。该类忠诚者不仅对该品牌已产生持久的情感上的认同感,而且该品牌已经成为他们生活中必不可少的一部分,即使是日后面对质量更好、价格更低的产品也不会改初衷。因此,维持真正忠诚者的忠诚度,能够保持并不断提高品牌的市场占有率。

一个健康的品牌不但要维持真正忠诚者的忠诚度,而且要尽力挖掘潜在忠诚者,以使更多的潜在忠诚者发展成为真正忠诚者。只有这样,才能使品牌的影响力不断发展、壮大。因此,要使品牌真正壮大就必须从情感、行为两方面综合考虑,使更多的顾客发展成为潜在忠诚者,进而转变成为真正忠诚者。

6.2.4.2 满意度重要性矩阵

顾客满意度主要反映了顾客对服务质量的感知程度,而企业关注的并不是满意度得分情况,而是如何改进企业的服务以更好地为顾客服务。影响满意度的因素有很多,各个因素的重要程度如何体现;以及对于企业而言,哪些因素是其亟待改进的,可以通过满意度重要性矩阵来进行分析。

顾客满意度问卷调查收集的信息分为两类,包括:①顾客对于产品/服务的各主要因素的重要程度评价;②顾客对于各主要因素的满意度评价。

顾客满意度重要性矩阵主要是通过二维矩阵,将满意度的变化规律(趋势)与各调查指标(因素)对总体满意度的重要性放在同一个层面上进行分析。该矩阵以产品/服务的各因素对顾客的重要程度为纵坐标,以顾客对测量指标的满意度评价为横坐标建立的由四个矩形构成的二维矩阵图,见图 6.10。

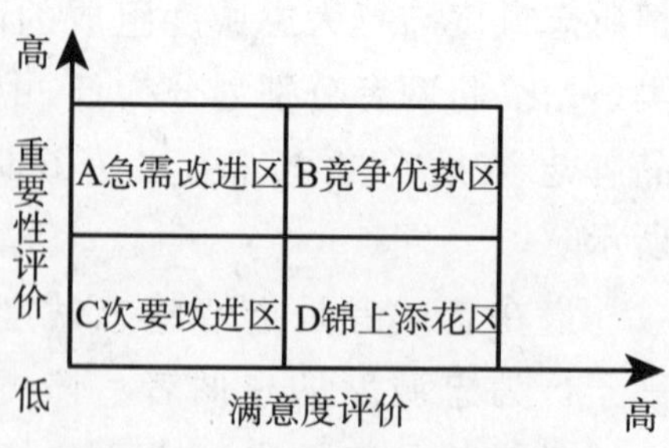

图 6.10 满意度重要性矩阵

上图中,重要性评价代表了各因素对顾客总体满意度的相对重要程度,数值越大,表明该因素的重要性越高,越应受到重视。具体分析如下:

A 急需改进区:落在急需改进区的因素是影响整体顾客满意度的重要因素,但是顾客对于公司在这些方面的表现感到不满意,给顾客总体满意度带来了负面影响,是公司急需着重改进的方面。对于地铁运营公司而言,要提高乘客满意度,就要先从这几方面着手展开改进工作。

B 竞争优势区:落在竞争优势区的因素是影响整体顾客满意度的重要因素,而且顾客对于公司在这些方面的表现感到很满意,给顾客总体满意度带来了积极影响,落在该区的因素可视为公司的优势,因素越多说明公司的竞争力越强。对于地铁运营公司而言,这个区域的因素是地铁的优势所在。

C 次要改进区:落在次要改进区的因素是整体顾客满意度的影响较小,顾客不太在意,并且该区域因素的满意度较低。因此在公司资源有限的情况下,可考虑次要改进,即公司对急需改进的因素改进后,可以对该区因素进行改进,使之进入D 锦上添花区。对于地铁运营公司而言,在“次要改进区”中的指标意味着他们对于乘客质量的感知不是很重要,乘客评价也不高,所以这些因素是乘客满意度中影响较小的因素。

D 锦上添花区:落在锦上添花区的因素是整体顾客满意度的影响较小,但是顾客对该区因素的满意度评价很高,对总体满意度影响力小却有正面影响。因此在一定程度上也可以提升公司的竞争力,但不需要再花很大功夫去改进,暂时维持现状即可。

对于地铁运营公司,乘客满意度和内部员工满意度的分析都可以采用此模型。通过各指标满意度的得分与对各因素重要性的矩阵分析,明确地铁运营公司的提升方向,从而为地铁运营公司采取有效改进措施提供很好的建议和参考。

针对顾客对产品/服务的各因素的重要性和满意程度,按照式(6-36)得到最大的改进机会:

$$\text{改进的机会}=\frac{\text{顾客的重视程度}}{\text{顾客的满意程度}} \tag{6-36}$$

从改进的机会的计算公式中可知,对于某因素而言,顾客的重视程度越高,顾客的满意度越低,则其改进的机会越大,越应成为重点解决的问题。

在顾客满意度的调查中,有时考虑到被调查者的耐心问题,设计问卷时尽量缩短问卷的长度,于是就会略去对各因素的重要性评价,或者设计一道对所有的影响满意度的因素进行排序的问题。这样,在做满意度重要性矩阵分析的时候就没有重要性评价的得分,这时我们可以采用以下方法来替代:

①如果在问卷中有对于影响满意度的因素的重要性排序问题,可考虑采用对重要性排序选择的结果赋予不同的权重(比如:第一选择权重设为7,其次为6,依此类推)进行加总,并对结果进行极值标准化处理:

$$S_i=\frac{x_i-\min(x_i)}{\max(x_i)-\min(x_i)} \tag{6-37}$$

然后以 S_i 作为纵坐标，以顾客对各因素的满意度评价作为横坐标，得到满意度重要性矩阵。

②若问卷中没有关于各因素重要性排序的问题，可以考虑采用各个因素与总体满意度的相关系数作为各因素重要性评价的替代，也能够得到较好的结果。但需要声明的是，在采用这个方法进行分析的时候，有可能会出现伪相关的情况，所以要把定量分析和定性分析结合起来[51]。

6.2.5 调查方案设计与实施

乘客满意度调查采用随机抽样调查的方法，通过访谈、发放《乘客满意度调查表》等方式获得调查结果，抽样调查的方法可参考6.1.5.3进行选取。

6.2.5.1 调查问卷的设计原则

问卷设计通常要遵循的原则，可参考6.1.5.1中的内容。

6.2.5.2 调查对象

乘客满意度调查的调查对象为乘坐在地铁列车上的乘客。乘客按照社会人口特征分类，主要是从乘客的性别、年龄、文化程度、职业、经济能力、民族、居住地域等方面来进行分类。

比如，处在不同生理年龄阶段的乘客，其需求和期望是不相同的，这是因为随着年龄的增长，其消费心理由不成熟逐渐向成熟变化，而且同时还与各自的文化程度、职业、经济收入等各种因素的相互影响有关。乘客按照生理年龄分类，一般可以分为少年乘客（<18岁的未成年人）、青年乘客（18~35岁之间的成年人）、中年乘客（35~60岁之间的成年人）和老年乘客（<60岁）4种。

6.2.5.3 调查方式

调查方式的选择是否合理，直接影响到调查结果。因此，合理选择调查方式也是顾客满意度指数测评工作中重要的一环。

顾客满意度调查中常用的调查方式有：自填式、面谈调查、电话调查等。每一种调查方式都有其优缺点，要结合具体的调查情况来进行选择。

1. 面谈调查法

面谈调查法，就是调查人员与一个被调查者直接进行面谈，或者与几个被调查者集体面谈；可以面谈一次，也可以面谈多次。

面谈调查方法的优点是：能直接与被调查者见面，听取意见并能观察其反应，灵活性较大，可以简单面谈，也可以深入详细面谈，能够互相启发，得到的资料也较真实。这种方法的缺点是：成本较高，调查结果受调查人员的素质水平影响较大。

2. 电话调查法

电话调查法是由调查人员根据抽样的要求，在样本范围内，通过电话向被调查者提出询问,听取意见。

电话调查方式具有:收集资料快、成本低,并能以统一格式进行询问,所得资料便于统一处理的优点。但是这种方法由于受到时间的限制具有一定的局限性:只能对有电话的用户进行询问,不易取得被调查者的合作,不能询问较为复杂的问题,问卷设计不能太长,调查难以深入等。

3. 自填式

自填式是指被调查者在没有调查人员的协助的情况下完成问卷调查。在进行顾客满意度调查的时候,可以通过很多方式把调查问卷递送给被调查者,如调查人员定点拦截被调查者,入户将问卷交给被调查者让其自行填写,通过邮寄调查的方式,通过网络调查的方式,或通过媒体将问卷刊登进行调查,或通过传真的方式将调查问卷发给企业组织。除了入户和拦截式的问卷调查的时效性比较强外,其他自填式问卷的时效性较差。

4. 秘密顾客调查法

秘密顾客调查法,通常是某些受委托的顾客匿名光顾被调查企业的服务现场并接受服务,并对该企业的服务给予评价。秘密顾客调查方法的特点是:能够做到 100% 的回收率,测评结果也较为详细,但随机性较差,容易受到主观因素的影响。

电话调查法和自填式调查法是顾客满意度调查中最常用的两种数据资料收集方法。秘密顾客调查方法也是顾客满意度调查中较为常用的一种方法。上述的调查方法各有优缺点,在顾客满意度调查中,为了保证评价更为客观公正,通常采用多种调查方法相结合的方式进行。

6.2.5.4　乘客满意度调查的实施步骤

1. 明确调查目的和调查任务

依据乘客满意度调查的目的:了解乘客对地铁现状总体的满意程度和具体各方面的满意程度、了解乘客对地铁的抱怨和忠诚情况以及意见建议,来决定调查的内容,然后以内容决定任务,再以任务决定方法、技术手段和测量目标。

2. 制定调查方案

设计调查提纲,确定调查指标,列出调查问题,确定调查范围,选取调查对象,提出调查方法:如决定是进行普查还是抽样调查。

3. 进行预调查

对设计的问卷进行预调查,只需要较小的样本量。通过预调查进行检验,根据预调查的分析结果,对问卷进行修改和完善。

4. 实施调查,收集调查资料

实施调查过程,完成调查卷的收回,确保调查的数量和质量。

5. 处理分析调查结果

整理调查资料:检验、归类、统计,形成调查结果:图表、文字、总体评价,提交综合调查报告。

6.2.6 常客满意度调查

6.2.6.1 调查对象

地铁常客满意度调查以一周内乘坐地铁次数在 2 次及以上的乘客作为调查对象。调查对象的可按以下几种方法分类:

1. 按照年龄结构划分

按照年龄结构,可将地铁常客的年龄划分为 6 个阶段: <16 岁、16 ~ 25 岁、26 ~35 岁、36 ~45 岁、46 ~60 岁、>60 岁。

2. 按照学历划分

按照学历,可将地铁常客分为:初中以下、高中、大专、本科、硕士及以上。

3. 按照职业划分

按照职业,可将地铁常客的职业构成划分为:学生、公司职员、自由职业者、政府及事业单位员工、离退休人员、公交系统人员和其他七大类。

4. 按照收入划分

按照收入,可将地铁常客的收入水平划分为: <800 元、800 ~ 1 500 元、1 500 ~ 2 500 元、2 500 ~ 4 000 元、4 000 ~ 6 000 元、>6 000 元。

5. 按照乘车时间划分

按照乘车时间,可划分为:07:00 之前、07:01 ~ 09:00、09:01 ~ 17:00、17:01 ~ 19:00、19:01 之后、随机。

6. 按照出行目的划分

按照出行目的,可将地铁常客划分为:上下学、上下班、外出办事、游玩购物、探亲访友。

6.2.6.2 调查目的

地铁乘客中的常客由于经常乘坐地铁,其对地铁的安全运营、服务质量等方面具有比较全面的感知和认识。通过常客满意度调查可以更加全面地掌握地铁乘客对地铁运营服务的评价,也可以更加透彻地了解乘客对地铁各项服务指标的满意程度,从而找出地铁运营服务的不足之处;广泛收集常客对地铁服务的意见和建议,为提出改进地铁服务措施提供更高价值的参考依据。

其调查内容、调查方法、指标体系、数据处理和模型分析等与地铁乘客满意度调查相同,在这里就不再赘述。

6.2.7 实例分析

6.2.7.1 实例背景

深圳市地铁于 2004 年 12 月 28 日正式通车,到目前为止已开通了 3 年。现已投入运行的有 1 号线和 4 号线，全长 21.866 km，并设有 19 个车站。深圳地铁与香港九广铁路接驳到罗湖。罗湖为深圳经济特区与香港特别行政区边界的陆路口岸之一，乘客可通过地铁到达该口岸，然后再换乘铁路。除此之外，深圳地铁 1 号线亦接驳到深圳市内著名旅游点“世界之窗”，它是深圳地铁第一期工程中 1 号线之终点站。

地铁作为城市轨道交通系统，成为越来越多市民将出行的首选交通工具。通过地铁乘客满意度调查以了解不同细分市场的特征和需求，了解乘客乘车行为习惯，包括乘客搭乘地铁的频率、时间段、出行目的以及选择地铁出行的原因；了解目前地铁的运营状况和改进的意见。

6.2.7.2　调查方法及对象

采用随机抽样在地铁车站拦截访问的方法选取乘坐地铁的乘客。调查时间为 2007 年 9 月 20 日至 2007 年 10 月 6 日。19 个车站的调查样本量见表 6－13，其中，罗湖站和皇岗站涉及过境客流，因此，两站调研样本量分别取为 200 个。

表 6－13　各站点乘客满意度调查样本量

ID	站　名	计划样本量	实际完成量	ID	站　名	计划样本量	实际完成量
1	罗　湖	200	217	11	车公庙	150	126
2	国　贸	150	140	12	竹子林	50	50
3	老　街	150	144	13	侨城东	50	51
4	大剧院	100	88	14	华侨城	50	60
5	科学馆	100	75	15	世界之窗	200	274
6	华强路	100	222	16	福　民	50	53
7	岗　厦	100	101	17	市民中心	50	51
8	会展中心	150	115	18	少年宫	50	59
9	购物公园	50	63	19	皇　岗	200	153
10	香蜜湖	50	35	合 计		2000	2077

6.2.7.3　地铁乘客满意度评价

1. 乘客满意度模型

本实例乘客满意度评价采用的理论模型是 ACSI 模型，见图 6.11，其指标体系见表 6－15，模型估计采用 PLS 方法。

2. 计算路径系数与权重

首先，将收回的问卷按照相应的数据编号整理输入 Excel。接下来用 PLS－GUI 软件计算满意度指数模型中的各项指标的权重和一级指标（潜变量之间的路径系数），见表 6－14 和表 6－15。

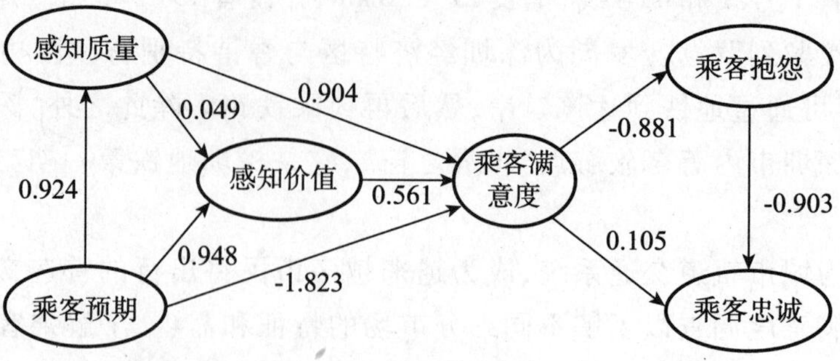

图 6.11 地铁乘客满意度模型及路径系数

表 6－14 路径系数表

	γ_{11}	γ_{21}	γ_{31}	β_{21}	β_{31}	β_{32}	β_{43}	β_{53}	β_{54}
路径系数	0.924	0.948	－1.823	0.049	0.904	0.561	－0.881	0.105	－0.903

表 6－15 指标体系及权重

一级指标	二级指标	三级指标	权重
乘客预期		对深圳地铁总体的期望	1.000
乘客满意度		对深圳地铁总体满意度	0.335
		深圳地铁是超出您的期望还是低于您的期望	0.325
		深圳地铁与您理想中地铁相比，比完美状态差很远还是很接近	0.340
感知价值		依照目前的票价，您对深圳地铁满意度	0.501
		依照深圳地铁目前的状况，您对深圳地铁票价满意度	0.499
乘客抱怨		抱怨过深圳地铁	0.665
		在过去一年内，您对深圳地铁投诉	0.335
乘客忠诚度		您出行若乘地铁可直达目的地的话，选择乘坐地铁的可能性	0.317
		出行若乘地铁不可直达目的地的话，选择乘坐地铁的可能性	0.313
		您建议您的家人和朋友出行，选择乘坐深圳地铁的可能性	0.370
感知质量	导向指引	上车站点的地面设立的指示牌	0.008
		上车站点的出口指示	0.06
		上车站点的出口周边建筑、交通路线标识	0.046
		上车站点的购票、出入闸等导向指引	0.089
		上车站点的站台上确定列车行驶方向	0.043
		上车站点洗手间的指引	0.042

续上表

一级指标	二级指标	三级指标	权重
感知质量	整洁舒适	上车站点的地铁站内的明亮、整洁程度与畅通性	0.013
		上车站点的地铁站内的空气流通性与温度适宜性	0.029
		上车站点的候车座椅的舒适性与整洁性	0.01
		车厢内明亮、整洁	0.056
		车厢内的空气流通性与温度适宜性好	0.033
	准时快捷	列车到站得准时性	0.081
		列车发车间隔时间合理性	0.029
		首末班车运营时间设置得合理性	0.032
	列车运行与安全	上车站点的楼梯、自动扶梯及电梯的使用安全性	0.012
		对车门、屏蔽门即将关闭的提前通知及时性	0.022
		列车行驶得安全平稳性	0.01
		出现非正常情况,对乘客的告知及处理恰当性	0.046
		车内、车内治安环境	0.02
	票务服务	深圳地铁的票价合理性	0.064
		票亭换硬币、零钞的便利性	0.015
		购票所等待的时间您可接受性	0.021
		深圳地铁的“深圳通”、优惠票、周票、特种计次票信息知晓程度	0.01
		目前深圳地铁的乘车票的种类足够满足您乘车需求程度	0.015
		各种票购票、退票合理性	0.008
	设备设施	上车站点的自动售票机摆放的位置合理性	0.034
		上车站点的自动售票机购票方法介绍得清晰易懂性	0.007
		自动售票机在您使用过程中出现故障的次数程度	0.045
		闸机在您通过时出现故障的次数程度	0.003
		您碰到过自动扶梯出现故障的次数程度	0.01
	员工服务	地铁工作人员的服务态度热情主动程度	0.006
		地铁工作人员解决乘客的困难与疑问的效率	0.01
		投诉、沟通途径明确程度	0.005
		深圳地铁运营公司处理乘客建议、投诉及时程度	0.026
	信息宣传	深圳地铁运营公司对深圳地铁的宣传充分性	0.001
		获得地铁票务政策、乘坐指引及安全乘车知识等必要信息方便性	0.031
	商业环境	地铁内广告形式布局与车站环境和谐性	0.008
		地铁内商铺数量可以满足地铁内购物需求程度	0.003

3. 乘客满意度指数计算与分析

关于潜变量乘客满意度相对应的观测变量指标为乘客满意度的 y_1, y_2, y_3，整理可知 $\overline{y_1} = 7.717$，$\overline{y_2} = 6.318$，$\overline{y_3} = 6.662$。由表 6－16 可知，其对应的权重 ω_i 分别为：0.335，0.325，0.340。所以，由式（6－33）得：满意度指数 $ACSI = \frac{\sum_{i=1}^{3}\omega_i \overline{y_i} - \sum_{i=1}^{3}\omega_i}{9\sum_{i=1}^{3}\omega_i} \times 100 = 65.6$，依据表 6－11，乘客总体满意度的等级为：一般。由此可知，深圳地铁的服务质量还有待于提高。

结合路径系数对影响满意度指数的因素进行分析，见图 6.11。由图可知：

①乘客预期对乘客满意度的影响力为 －1.832，说明乘客预期越高，则乘客满意度越低；

②感知质量对乘客满意度的影响力为 0.904，说明如果深圳地铁提供的质量越高，乘客满意度也就越高；

③感知价值对乘客满意度的影响力为 0.561，说明如果深圳地铁产生的价值越高，乘客满意度也就越高。

6.2.7.4　*感知质量下属指标的满意度得分及分析*

1. 感知质量及其观测指标满意度得分计算结果如表 6－16 所示，并对二级指标的满意度得分情况进行比较，如图 6.12 所示。

表 6－16　感知质量及其观测指标满意度得分

二级指标	三级指标	三级指标平均分	三级指标满意度得分	三级指标权重	二级指标满意度得分
导向指引	上车站点的地面设立的指示牌	7.74	77.4	0.008	74.9
	上车站点的出口指示	7.74	77.4	0.06	
	上车站点的出口周边建筑、交通路线标识	7.31	73.1	0.046	
	上车站点的购票、出入闸等导向指引	7.83	78.3	0.089	
	上车站点的站台上确定列车行驶方向	8.09	80.9	0.043	
	上车站点洗手间的指引	5.97	59.7	0.042	
整洁舒适	上车站点的地铁站内的明亮、整洁程度与畅通性	8.15	81.5	0.013	86.3
	上车站点的地铁站内的空气流通性与温度适宜性	7.891	78.912	0.029	
	上车站点的候车座椅的舒适性与整洁性	8.03	80.3	0.01	
	车厢内明亮、整洁	8.73	87.3	0.056	
	车厢内的空气流通性与温度适宜性好	7.90	79.0	0.033	
准时快捷	列车到站得准时性	8.85	88.5	0.081	83.7
	列车发车间隔时间合理性	7.70	77.0	0.029	
	首末班车运营时间设置得合理性	7.02	7.02	0.032	

续上表

二级指标	三级指标	三级指标平均分	三级指标满意度得分	三级指标权重	二级指标满意度得分
列车运行与安全	上车站点的楼梯、自动扶梯及电梯的使用安全性	8.17	81.7	0.012	83.6
	对车门、屏蔽门即将关闭的提前通知及时性	8.14	81.4	0.022	
	列车行驶得安全平稳性	8.79	87.9	0.01	
	出现非正常情况，对乘客的告知及处理恰当性	7.61	76.1	0.046	
	站内、车内治安环境	7.99	79.9	0.02	
票务服务	深圳地铁的票价合理性	6.87	68.7	0.064	66.5
	票亭换硬币、零钞的便利性	6.40	64.0	0.015	
	购票所等待的时间您可接受性	6.46	64.6	0.021	
	深圳地铁的“深圳通”、优惠票、周票、特种计次票信息知晓程度	5.77	57.7	0.01	
	目前深圳地铁的乘车票的种类足够满足您乘车需求程度	6.76	67.6	0.015	
	各种票购票、退票合理性	6.68	66.8	0.008	
设备设施	上车站点的自动售票机摆放的位置合理性	7.47	74.7	0.034	76.3
	上车站点的自动售票机购票方法介绍得清晰易懂性	7.81	78.1	0.007	
	自动售票机在您使用过程中出现故障的次数程度	7.53	75.3	0.045	
	闸机在您通过时出现故障的次数程度	7.74	77.4	0.003	
	您碰到过自动扶梯出现故障的次数程度	8.40	84.0	0.01	
员工服务	地铁工作人员的服务态度热情主动程度	6.99	69.9	0.006	67.2
	地铁工作人员解决乘客的困难与疑问的效率	7.02	70.2	0.01	
	投诉、沟通途径明确程度	6.34	63.4	0.005	
	深圳地铁运营公司处理乘客建议、投诉及时程度	6.78	67.8	0.026	
信息宣传	深圳地铁运营公司对深圳地铁的宣传充分性	6.98	69.8	0.001	70.5
	获得地铁票务政策、乘坐指引及安全乘车知识等必要信息方便性	70.6	70.6	0.03	
商业环境	地铁内广告形式布局与车站环境和谐性	7.26	72.6	0.007	70.7
	地铁内商铺数量满足地铁内购物需求程度	6.63	66.3	0.002	

从表 6－16 和图 6.12 可以看出，地铁乘客感知质量的二级指标中，整洁舒适的满意度得分最高，其次是准时快捷和列车运行与安全，在 80 分以上，属于较满意等级；其次是设备设施、导向指引、商业环境和信息宣传；员工服务和票务服务

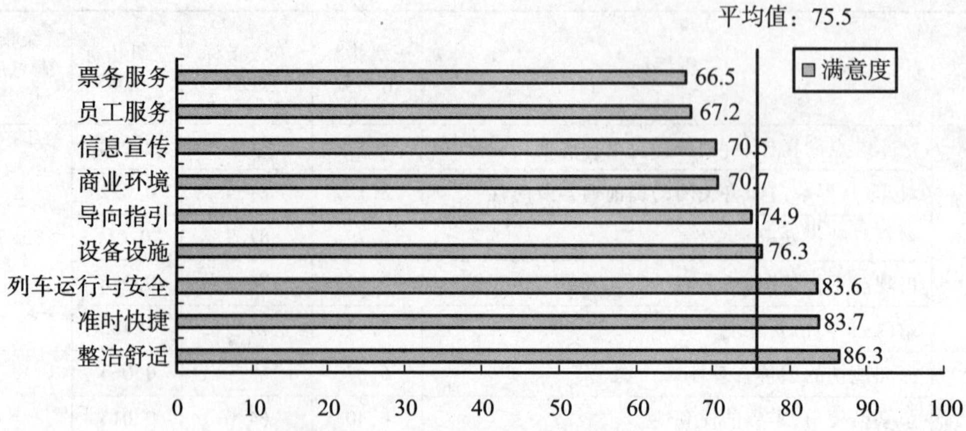

图 6.12 二级指标满意度得分比较

的满意度得分较低，不足 70 分，属于一般等级。

2. 满意度重要性分析

通过满意度重要性分析可得，由感知质量的二级指标的权重及其满意度得分构成满意度重要性矩阵图。由图 6.13 发现：

①票务服务和导向指引对整体满意度影响较大但是其满意度得分比较低，是急需改进的指标；

②员工服务、信息宣传和商业环境三个方面乘客不是很关注，满意度得分也比较低，可以作为次要改进的指标；

③列车运行与安全和设备设施方面虽然对整体满意度影响较小但是其满意度得分很高，继续维持就好，也可以从中发掘机会；

④整洁舒适和准时快捷三个方面是深圳地铁运营公司的竞争优势区，其满意度得分也较高。

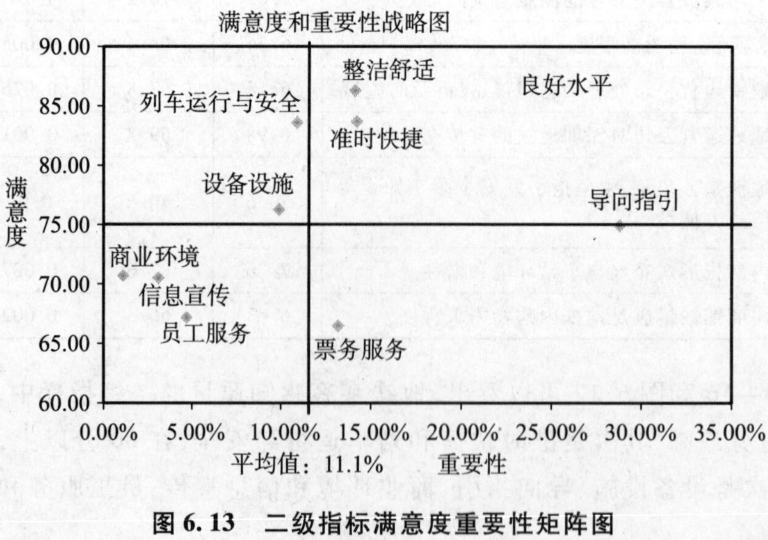

图 6.13 二级指标满意度重要性矩阵图

因此,今后深圳地铁运营公司服务过程提升方向是:

①重点关注的方面:票务服务,导向指引;

②次要关注的方面:信息宣传,员工服务,商业环境。

同理,通过满意度重要性矩阵,对感知质量的三级指标进行分析,可知:

①对总体满意度重要性高(影响程度较高),但其满意度较低,建议立即采取行动进行改进的指标主要有表 6-17 的内容。

表 6-17　急需改进的三级指标

二级指标	三级指标
导向指引	上车站点的出口指示
	上车站点的出口周边建筑、交通路线标识
	上车站点的购票、出入闸等导向指引
	上车站点洗手间的指引
整洁舒适	上车站点的地铁站内的空气流通性与温度适宜性
	车厢内的空气流通性与温度适宜性好
票务服务	深圳地铁的票价合理性
设备设施	上车站点的自动售票机摆放的位置合理性
	自动售票机在您使用过程中出现故障的次数程度
员工服务	深圳地铁运营公司处理乘客建议、投诉及时程度
信息宣传	获得地铁票务政策、乘坐指引及安全乘车知识等必要信息方便性

②对总体满意度重要性不高(影响程度较低)、且满意度得分较低(低于 70),建议充分关注、可酌情采取行动进行改进的指标有表 6-18 的内容。

表 6-18　次要改进的三级指标

二级指标	三级指标
票务服务	目前深圳地铁的乘车票的种类足够满足您乘车需求程度
	各种票购票、退票合理性
	购票所等待的时间您可接受性
	票亭换硬币、零钞的便利性
	目前深圳地铁的“深圳通”、优惠票、周票、特种计次票信息知晓程度
商业环境	地铁内商铺数量可以满足地铁内购物需求程度
信息宣传	深圳地铁运营公司对深圳地铁的宣传充分性
员工服务	地铁工作人员的服务态度热情主动程度
	投诉、沟通途径明确程度

③属于竞争优势指标,满意度较高且对总体影响也较重要,应重点保持表 6-19的内容。

表 6－19 竞争优势的三级指标

二级指标	三级指标
导向指引	上车站点的站台上确定列车行驶方向
整洁舒适	车厢内明亮、整洁
准时快捷	列车到站得准时性

④其他指标大部分都属于重要性较低(影响程度并不高)但满意度较高的指标,属于锦上添花的指标。这一部分指标可以通过挖掘指标的内涵,发现存在的机会,增加服务内容,提高其重要性。

6.2.7.5 深圳地铁重点关注方向

乘客满意度提升和改进的方向,不仅要考虑到重要性,也得考虑到成本和效益,以及相关的政策,因此综合考虑所有的因素,建议关注以下指标:

1. 重点关注指标:

(1)导向指引:上车站点洗手间的指引,上车站点的购票、出入闸等导向指引,上车站点的出口指示,上车站点的出口周边建筑、交通路线标志;

(2)票务服务:深圳地铁的票价合理性,目前深圳地铁的"深圳通"、优惠票、周票、特种计次票的信息知晓程度;

(3)准时快捷:首末班车运营时间设置的合理性,列车发车间隔时间合理性;

(4)安全保障:出现非正常情况,对乘客的告知及处理恰当性;

(5)设备设施:自动售票机在您使用过程中出现故障的次数程度,上车站点的自动售票机摆放的位置合理性。

2. 次要关注指标:

(1)票务服务:购票所等待的时间您可接受性,票亭换硬币、零钞的便利性,目前深圳地铁的乘车票的种类足够满足您乘车需求程度,各种票购票、退票合理性;

(2)整洁舒适:车厢内的空气流通性与温度适宜性好,上车站点的地铁站内的空气流通性与温度适宜性;

(3)员工服务:地铁工作人员的服务态度热情主动程度,投诉、沟通途径明确程度,深圳地铁运营公司处理乘客建议、投诉及时程度;

(4)信息宣传:深圳地铁运营公司对深圳地铁宣传的充分性、获得地铁票务政策、乘坐指引及安全乘车知识等必要信息方便性。

6.3 非地铁乘客意见调查

6.3.1 概　　述

6.3.1.1 城市交通方式的概述

现代城市客运交通包括两大类：一类是公共交通，另一类是私人交通。公共交通是居民共同享用的客运交通，包括公共汽车、高速铁路、地下铁道等公共交通工具，而私人交通是指私人小汽车、自行车和摩托车等。在几百年的公共交通发展中，各个国家的城市交通曲折多变，但呈现出一条基本线索，即交通功能与城市发展互为因果，私人交通工具与公共交通工具激烈竞争，相互促进。下面介绍几种主要的城市交通工具：

1. 便捷的短途交通工具：自行车、摩托车、电动单车

因为其轻便、灵活、能耗低、占用空间小、适合短距离出行的优点，在许多城市里，自行车、摩托车和电动单车都是人们喜爱的交通工具。但是它们也具有不可克服的缺点：①自行车速度慢，而且靠人力驱动；②电动单车速度中等偏慢，靠电力驱动，充电麻烦；③摩托车速度中等，但安全性差，事故死亡率较高。总结它们的优缺点，见表6－20。

6－20 短途交通工具优缺点

短途交通工具	优　　点	缺　　点
自行车	轻便、灵活、能耗低、占用空间小、适合短距离出行	速度慢，靠人力驱动
摩托车		速度中等，但安全性差，事故死亡率较高
电动单车		速度中等偏慢，靠电力驱动，充电麻烦

随着城市的发展，这三种交通工具的发展受到限制，特别在一些特大/大城市里，摩托车已被禁止或被限制在特定时段、特定区域内使用。

2. 小汽车

目前，国内小汽车保有量越来越高，小汽车成为了私人交通工具的代表，受到越来越多人的欢迎，也被许多城市作为支柱产业来发展。小汽车的主要优点有：①灵活方便，适应性强；②在旅行中可以直接是从出发点到达目的地，而且就出发点和目的地的数量来说，是没有限制的；③既可作为短程的交通工具，也可以作为远程旅行的交通工具。

当然，小汽车的缺点也很多，其主要有以下几个方面：①占用道路面积大；②客运量少；③污染大；④事故严重。

自从中国加入 WTO 以后，进口小汽车价格下降，每年人们购买小汽车数量不

断增加。2006 年我国国内汽车销量突破 700 万辆,2007 年 1 ~6 月份国内汽车销量累计同比增长 23. 3% ,其中小汽车增速为 25. 9% 。预计未来小汽车的消费增长势头依然强劲,人们对于小汽车拥有量将进一步扩大。

3. 公共汽车

公共汽车是最常见的公共交通工具,它在城市公共交通中起着极其重要的作用。公共汽车主要的优点包括:①线路多,覆盖面积广;②客运能力大而且投资小;③道路建设费用低,通行量大。同时,公共汽车也存在着不足:①公交到达车站的准时性较差;②汽车环境的舒适程度不够;③服务质量也有所欠缺。

目前,许多地方十分重视公共汽车的发展,纷纷施行了公交优先的政策。例如:开辟公交专用线、专用道,以及在交叉路面上安装公交车专用信号灯,对公交车辆优先放行等等。

4. 出租汽车

出租汽车,俗称"的士"。它在城市公共交通中担当着重要的角色。出租汽车的优点包括:①灵活方便,适应性强;②在乘客出行中可以不停地从出发点到达目的地,而且就出发点和目的地的数量来说,是没有限制的;③乘车环境好,舒适度高。出租车的缺点包括:①占用道路面积大,特别是在上下班高峰期的时间段;②客运量少,车内座位一般为 5 个,座位数量很少;③污染大。由于乘客的随机性很强,需要经常停车等候。

5. 地铁

地铁是城市轨道的一种,是地下铁道的简称,与地面交通不同,地铁具有其独特的优势:

①运量大,速度快,是地铁的最大优势。地铁不仅理论速度高,而且实际的营运速度也大大快于电车和公共汽车。

②节约城市用地。地铁充分地利用了地下空间,有效地节约城市用地。

③安全性高。地铁的安全率要比自行车、摩托车、公共汽车、无轨电车等交通工具高出 10 倍以上。

④污染少。与地面交通相比,地铁是使用电能作为动力源,因此其污染是最少的。

地铁最主要的缺点是造价十分昂贵,而且工期比较长。目前,城市轨道交通的发展受到人们的重视,地铁的发展也倍受关注。由于投资较大,我国目前建有地铁并运营的城市并不多,但是由于政府积极支持地铁的发展,地铁将成为城市公共交通发展的新方向。

对于地铁来说,地铁最主要的竞争对手是公交和出租车,因此对于非地铁乘客的意见调查,其调查对象主要是公交车和出租车的乘客。

6. 3. 1. 2 非地铁乘客意见调查的目的

与传统的交通方式——公交车和出租车相比,地铁有其自身的优势,但是由于发展时间较短,地铁也存在着明显的不足,例如:站点少,覆盖面积不够等等。如何在竞争中凸显优势、弥补不足,如何制定长期的应对竞争的策略是地铁需要解决的问题之一。

所谓“知己知彼,百战不殆”。面对传统的竞争对手公交车和出租车,地铁不可能闭门造车,只顾自己发展。它必须了解对手的状况,了解它所处的竞争环境,充分发挥其优势,改善其不足,从而在竞争中立于不败之地。非地铁乘客意见调查收集乘客对地铁、公交车和出租车三种交通方式的意见,并根据所得的调查结果分析地铁所存在的优劣势,从而为地铁制定应对竞争策略、改善运营服务水平提供参考意见。

6.3.1.3　非地铁乘客意见调查的对象

非地铁乘客意见调查的调查对象采用随机抽样的方法选择在与地铁线路走向相近的公交线路的公交站点上的公交乘客或出租车的乘客。

6.3.2　调查方法与内容

6.3.2.1　调查方法

非地铁乘客意见调查的调查方法采用问卷调查或访谈调查的方式,在与地铁线路的相近或重合公交车线路上选取几个合理的公交站点。在不同站点以随机抽取非地铁乘客为调查样本的方式进行调查,并当场回收表格。

6.3.2.2　调查内容

非地铁乘客意见调查的内容可以分为三部分,包括:乘客基本资料、乘客乘车信息和乘客不选择地铁的原因调查。问卷设计的问题数目不要太多,内容要主题鲜明、层次清晰,问题的语义要明晰无歧义,问题不带有导向性以免误导乘客。表 6－23 是以深圳地铁为例的非地铁乘客意见调查表。

(1)乘客基本资料包括了乘客的性别、年龄、职业、文化程度、家庭月总收入水平来对乘客进行划分等内容。不同的性别、年龄、职业、文化程度、家庭月总收入水平的乘客对地铁的服务需求是不一样的,通过对乘客的分类,可以细化市场,了解不同乘客的不同需求。

(2)乘客乘车信息包括乘客居住地区、常用交通方式、一般出行目的、乘客的乘车频率、乘车时段、乘客对地铁、公交巴士和出租车的满意度比较等内容。

(3)乘客不选择地铁出行的原因以及其对地铁的建议。

6.3.3　信息处理与分析

调查问卷回收后,将调查数据进行汇总整理,比如采用建立 EXCEL 数据库的形式,对所收集的第一手资料录入并进行相应的统计分析。按照乘客的基本信息和乘车信息的不同方面,将信息进行分类统计汇总,并对其进行比较;将乘客反映的意见和建议，按照不同的问题角度，对其进行分类汇总。由此，得到乘客对地铁、公交、出租三种交通方式的意见和比较，找出地铁目前的优势和劣势，提出改进措施。

表 6－21 非地铁乘客意见调查表(以深圳地铁为例)

深圳非地铁乘客调查问卷

调查日期：　　　年　　月　　日
问卷编号：

样本站点：		调查人员：		
1. 世界之窗	2. 竹子林	3. 香蜜湖	4. 岗厦	5. 国贸

问卷审核

审核签名：	复核签名：
编码员签名：	录入员签名：

尊敬的先生/女士：

您好！

我们正在进行一项乘客对地铁满意度方面的调研，目的是促进深圳地铁改善服务设施、提高服务水平，从而为您和广大地铁乘客创造一个更理想的乘车环境。您的乘车经历和感受对我们研究非常宝贵，因此希望您能协助我们完成本次调查。

谢谢！

甄别问卷

【记录访问开始时间(24 小时制)】　[ ][ ]:[ ][ ]

S1 请问在最近一个月中您是否曾经接受过有关地铁方面的调查访问？

1. 否　　2. 是 ——> 终止访问，致谢离开

Part Ⅰ：乘客乘车信息

A1 您乘坐深圳公交的频率：

1. 天天都坐　2. 平均每周 2～3 次(往返算一次)　3. 平均每周 1 次　4. 每月 1～2 次　5. 偶尔乘坐

A2 您主要在什么时段乘坐公交(可多选)：

1. 07:00 以前　2. 07:01～09:00　3. 09:01～17:00　4. 17:01～19:00　5. 19:00 以后　6. 随机

A3 您选择公交出行的原因(可多选)：

1. 可直达　2. 换乘方便　3. 价格合理　4. 安全快捷　5. 车内环境舒适　6. 环保
7. 其他，请注明：

A4 您这次出行的起点到最近的地铁站点有多远？

1. 300 米以内　2. 300～600 米　3. 600～900 米　4. 900～1200 米　5. 1200 米

A5 您这次出行的起点到这个巴士站点有多远？

1. 300 米以内　2. 300～600 米　3. 600～900 米　4. 900～1200 米　5. 1200 米

续上表

A6 您觉得乘坐深圳地铁方便吗?
1. 方便 ——> 跳答至 A8　　2. 不方便　　3. 无所谓

A7 您觉得乘坐深圳地铁不方便,主要是因为:
____
____
______________________________。

A8 请将三种交通方式在以下方面的表现进行评价(请在每一栏中相应表现处打上"√")

评价方面	深圳地铁	深圳巴士	出租车
很快捷	很好/较好/一般/较差/很差	很好/较好/一般/较差/很差	很好/较好/一般/较差/很差
乘坐舒适	很好/较好/一般/较差/很差	很好/较好/一般/较差/很差	很好/较好/一般/较差/很差
发车间隔可接受	很好/较好/一般/较差/很差	很好/较好/一般/较差/很差	很好/较好/一般/较差/很差
车内人均空间大	很好/较好/一般/较差/很差	很好/较好/一般/较差/很差	很好/较好/一般/较差/很差
空气流通好	很好/较好/一般/较差/很差	很好/较好/一般/较差/很差	很好/较好/一般/较差/很差
行驶安全	很好/较好/一般/较差/很差	很好/较好/一般/较差/很差	很好/较好/一般/较差/很差
秩序、治安好	很好/较好/一般/较差/很差	很好/较好/一般/较差/很差	很好/较好/一般/较差/很差
价格合理	很好/较好/一般/较差/很差	很好/较好/一般/较差/很差	很好/较好/一般/较差/很差
更容易到达目的地	很好/较好/一般/较差/很差	很好/较好/一般/较差/很差	很好/较好/一般/较差/很差
工作人员服务态度好	很好/较好/一般/较差/很差	很好/较好/一般/较差/很差	很好/较好/一般/较差/很差
导引指示明确	很好/较好/一般/较差/很差	很好/较好/一般/较差/很差	很好/较好/一般/较差/很差

您觉得深圳公交最主要的不足之处是:
(1)______________________________
(2)______________________________
(3)______________________________

续上表

您觉得深圳地铁最主要的不足之处是： (1)______________________________ (2)______________________________ (3)______________________________
Part Ⅱ：背景资料
Z1 您的性别是： 1. 男　　2. 女
Z2 您的身份是： 1. 深圳居民　2. 外地游客　3. 香港居民　4. 其他：请注明：__________
Z3 请问您的年龄？ 1. 16 岁以下　2. 16～25 岁　3. 26～35 岁　4. 36～45 岁　5. 46～60 岁　6. 60 岁以上
Z4 请问您的职业？ 1. 学生　2. 公司职员　3. 自由职业者　4. 政府及事业单位员工　5. 公交系统人员 6. 其他（请注明：__________）
Z5 请问您的文化程度是： 1. 初中及以下　2. 高中、职高、技校、中专　3. 大专　4. 本科　5. 硕士及以上
Z6 最后请问以下哪一项最能代表您的家庭月总收入水平？ 1. 1 600 元以下　2. 1 600～3 000 元　3. 3 001～5 000 元　4. 5 001～8 000 元　5. 8 001～12 000 元　6. 12 000 元以上
Z7 您的电话：　　姓名：
【记录访问结束时间（24 小时制）】　[ ][ ]：[ ][ ]

第 7 章　综合评估与结论

7.1 综合评估

7.1.1 评价体系

地铁运营评估总指标体系包括运营安全评估子系统和运营服务评估子系统，见表 7－1。每个子系统评估后得到的结果，通过综合评价方法，对每个子系统进行加权平均，得出地铁运营评估的综合得分。

7.1.2 评价标准

地铁运营评估的评价结果的评判采取等级评判方式，等级的确定依据相关的法律法规、建设部相关文件及相关书籍资料，具体见表 7－2，此评价等级表根据建设部《城市轨道交通安全生产工作督查要点表》得到。在实际应用中，地铁运营公司可以根据自身的具体情况，进行调整。

表 7－1　地铁运营评估指标体系

目标层	Ⅰ级指标层	Ⅱ级指标层
地铁运营评估	运营安全评估	人员因素
		设备因素
		管理因素
		环境因素
	运营服务评估	列车运行服务
		乘客服务
		设备服务

表 7－2 评价等级

评价等级	对应分值	定性描绘
A	85 分～100 分	优
B	71 分～84 分	良
C	60 分～70 分	中
D	<60 分	差

7.1.3 评价方法

地铁运营评估采用综合评价方法，其指标权重的确定可以采用层次分析法（AHP）、德尔菲法（Delphi，专家咨询法）等方法来确定。那么，地铁运营综合评价

结果 = 运营安全评估得分 × ω_1 + 运营服务评估得分 × ω_2

其中：ω_1，ω_2分别为运营安全评估和运营服务评估的权重，$\omega_1 + \omega_2 = 1$。另外，评价时，一般把运营安全与运营服务视为同等重要，即 $\omega_1 = \omega_2 = 0.5$，地铁运营综合评价结果即为运营安全评估得分和运营服务评估得分的平均值。

7.2 结　论

1. 通过对国内外地铁运营评估理论和方法的研究，结合地铁发展概况和现状分析，建立一个比较系统、完善的城市地铁运营评估体系。

根据地铁的实际情况，对城市地铁的运营评估进行细化，包括地铁运营安全评估和地铁运营服务评估两个子系统；同时，再将两个子系统细分为若干指标，建立完整的地铁运营评价指标体系。针对各个指标层，选择科学的评价方法，利用层次分析法、德尔菲法、PLS 法等方法估计和确定指标权重，对指标进行科学的量化，确定评价标准和评价等级，通过综合评价以期获得科学、公正的评估结果。

2. 本书通过客流分析与预测、地铁运营安全评估、地铁运营服务评估、运营法制化建设和满意度调查与分析等五个方面对地铁运营状况进行全面的分析与评估。

（1）客流分析与预测

通过对地铁的客流现状进行调查，分析地铁客流情况，进行客流预测，为地铁今后的运营安排提供参考依据。

（2）地铁运营安全评估

以安全系统工程的理论和方法为基础，分析影响地铁运营系统安全的相关因素，从人员因素、设备因素、管理因素和环境因素四个方面建立地铁运营安全评价指标体系，综合考察地铁系统运营过程中的安全状况，以期发现地铁运营中的安全薄弱环节，提出合理、可靠的改善措施或建议。

（3）地铁运营服务评估

从运行服务、乘客服务、设备服务等三个方面，深入考虑影响地铁运营服务的因素，建立地铁运营服务评价体系，细化评价指标，确定指标计算方法和评价标准，对地铁运营服务进行全面评估。并选择合理的分析方法，对评价结果进行分析。针对地铁运营服务方面的现状，对各个指标进行评价分析，找出地铁运营服务现存的优缺点。

（4）运营法制化建设

以促进地铁运营的全面法制化建设为目的，本书主要从立法、执法、司法等三个角度，对地铁运营法制化建设进行分析。通过对地铁运营公司的执法队伍建设情况和执法成效进行分析，找出地铁运营执法方面现有的执法难点和不足。

(5)满意度调查分析

从“以人为本”的角度出发,通过对员工满意度、乘客满意度、常客满意度以及非常客意见进行调查和分析。

通过马斯洛理论和员工激励理论,对员工满意度影响因素进行分析,建立员工满意度评价体系,选取合理的调查和分析方法,对员工满意度进行调查与分析。

利用满意度指数模型,对乘客满意度影响因素进行分析,建立乘客满意度评价体系,选取合理的调查和分析方法,对乘客满意度进行调查与分析。

同时,对乘客中的常客和非地铁乘客进行调查与分析,找出地铁现存的优势与劣势。

结合当前地铁实际运营情况与员工以及乘客的需求、期望的吻合程度,客观评价地铁运营情况,提出地铁运营公司今后提升的方向和改进的措施,改善运营环境,提高运营质量。

3. 通过对地铁运营安全和服务进行评估,结合地铁客流分析及预测和满意度调查与分析的结果,综合评估和分析地铁运营现状,寻找和发现地铁运营过程中存在的问题和不足之处;为地铁的发展和地铁公司的运营提出合理化意见和建议,以便及时排除安全隐患,提高服务质量,使地铁实现可持续发展战略。

第8章 案例分析

8.1 项目背景

8.1.1 深圳地铁发展概述

深圳地铁一期工程是深圳市第一个国家重点工程，也是深圳建市以来投资最大的市政重大工程。深圳地铁一期工程由规划的1号线东段（罗湖站—侨城东站）、西延段（华侨城—世界之窗）和4号线南段（皇岗站—少年宫站）组成，线路总长21.866 km，共设车站20座，乘客可在会展中心站进行1、4号线换乘，竹子林设有车辆段及综合维修基地和控制中心，工程概算总投资为115.53亿元。

1. 六次压缩行车间隔

①2005年4月28日，深圳地铁第一次压缩列车行车间隔，一号线发车间隔从开通初期的15 min缩减至12 min，四号线发车间隔从开通初期的20 min缩减至17 min；

②2005年6月28日，深圳地铁第二次压缩列车行车间隔，1号线列车行车间隔由12 min缩减到10 min、高峰期8 min；

③2005年9月28日，深圳地铁第三次压缩列车行车间隔，1号线列车行车间隔由10 min缩减到8 min、高峰期6 min；

④2005年12月28日，深圳地铁第四次压缩列车行车间隔，1号线列车行车间隔由8 min缩减到7 min、高峰期5 min；

⑤2006年4月28日，深圳地铁第五次压缩列车行车间隔，1号线早高峰行车间隔压缩到6 min；

⑥2007年2月12日，深圳地铁第六次压缩列车行车间隔，1号线早高峰行车间隔压缩到5 min。

2. 安全运营里程

①2005年4月6日，运营分公司实现安全运营100天；

②2007年1月1日，运营分公司累计实现安全运营734天。

3. 八项服务承诺

为进一步提高服务质量，地铁公司2006年向社会公开许下八项承诺：

①乘客投诉回复率100%；②列车服务班次兑现率99.9%；③列车正点率99%；④自动扶梯可使用程度98%；⑤自动售票机可靠程度98%；⑥自动充值机可靠程度98%；⑦出入闸机可靠程度99%；⑧列车服务可靠程度为行走50万车公里以上才可能遇到一次5 min及其以上的延误。并且以上八项承诺均已实现。

8.1.2　评估总指标体系

深圳地铁运营评估总指标体系分为运营安全评估子系统和运营服务评估子系统，各子系统都有两个指标层，合计采用了52个明细指标对深圳地铁一期工程

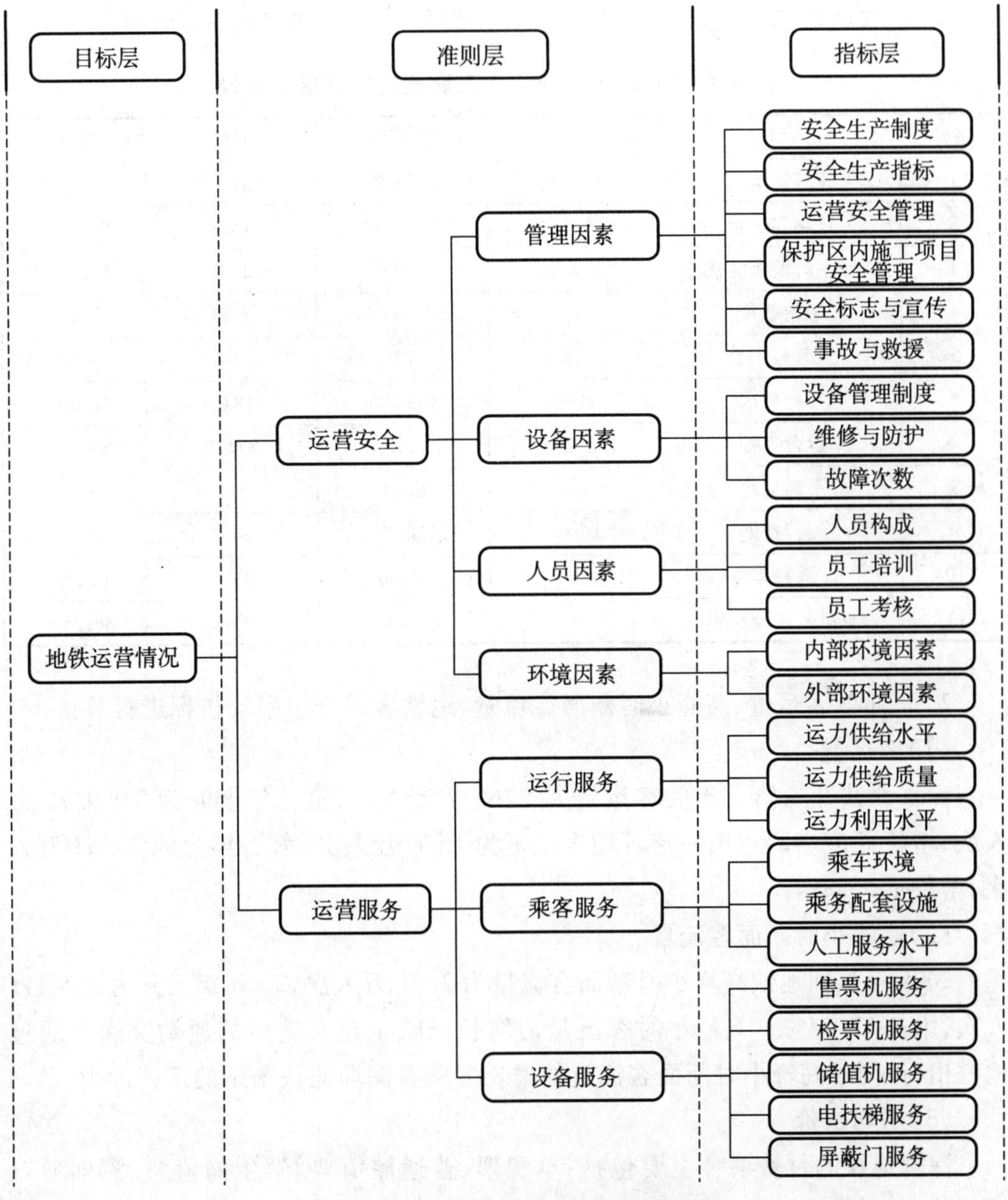

图8.1　深圳地铁运营评估总指标体系

运营情况进行详细评估，其中：运营安全评估子系统有 28 个明细指标，运营服务评估子系统有 24 个明细指标。

8.2 地铁客流分析

8.2.1 地铁客流总体情况

8.2.1.1 客运指标分析

1. 地铁运营二年以来，各项运营指标持续优化，具体见表 8-1 所示。

表 8-1 2005 年～2006 年深圳地铁运营指标比较

序号	指标名称	单位	2006 年	2005 年	增/减百分率
1	客运量	万人次	8 989.75	5 765.7	55.92
2	日均客运量	万人次	24.63	15.8	55.89%
3	高峰小时断面客流量	万人次	4.57	2.91	57.04%
4	平均票价	元	2.91	2.91	0
5	运营列车数	列	22	20	10.00%
6	开行列次	列次	169 205	118 656	42.60%
7	运营里程	万车公里	1 305.58	843.9	54.71%
8	平均运距	km	6.69	–	–
9	旅行速度	km/h	34.7	34.7	0.00%
10	满载率	%	28.56	26.1	9.43%
11	城市公交分担率	%	5.08	3.72	36.56%

2. 下面就客运量、高峰小时断面客流量、地铁客运分担率等指标进行分析：

(1)客运量

深圳地铁开通第一年的客运量为 5 765.7 万人次，第二年上升为 8 989.75 万人次，增长了 55.92%；第一年日均客运量为 15.8 万人次，第二年为的 24.63 万人次，增长了 55.89%。

(2)高峰小时断面客流量

2005 年深圳地铁高峰小时断面客流量为 2.91 万人次，2006 年上升为 4.57 万人次，增长 57.04%。高峰小时客流量的增长反映了越来越多的通勤交通量通过地铁出行，同时高峰小时断面客流量的增长考验着深圳地铁车站的运营能力。

(3)平均票价

深圳地铁的付费票种主要包括：单程票、普通储值票、学生储值票、深圳通以及其他票种，其中以单程票和普通储值票为主（所占比例为 97%）。2006 年 6 月平均票价为 2.86 元人民币，具体见表 8－2。

表 8－2　2006 年 6 月深圳地铁票价收入情况

票种类别	平均票价(元)	占总收入比例
所有票种	2.86	100%
付费票种	2.93	100%
其中:单程票	3.05	61.32%
普通储值票	2.76	36.43%
学生储值票	1.44	0.37%
深圳通	2.78	1.58%
其他	2.93	0.30%

注:资料来源于深圳地铁公司。

(4)运送速度

目前深圳地铁的旅行速度为 34.7 km/h，广州地铁 1 号线的旅行速度设计值为 35 km/h，两地的差别不大。比较深圳巴士 20 km/h 的运行速度，地铁的优势较为明显。

(5)客运分担率

深圳地铁的开通虽然缓解了部分公交客运的压力，但是客运分担率仍然有待提高。2006 年深圳地铁的客运分担率为 5.08%，与广州地铁的客运分担率为 8.4%（2004 年）相比有一定差距，而香港地铁快车线的客运分担率为 25.2%，差距更大，随着深圳地铁其他线路的相继开通，其客运分担率必将会有所提高。

6.2.1.2　客流时间变化分析

1. 一周内各站全日客流分布特征

深圳地铁一周客流分布的基本情况是:五个工作日内地铁 1 号线和 4 号线的客流比较平均，周一的客流稍微偏高，周末两天的客流量呈现明显的上升态势，如图 8.2 所示。

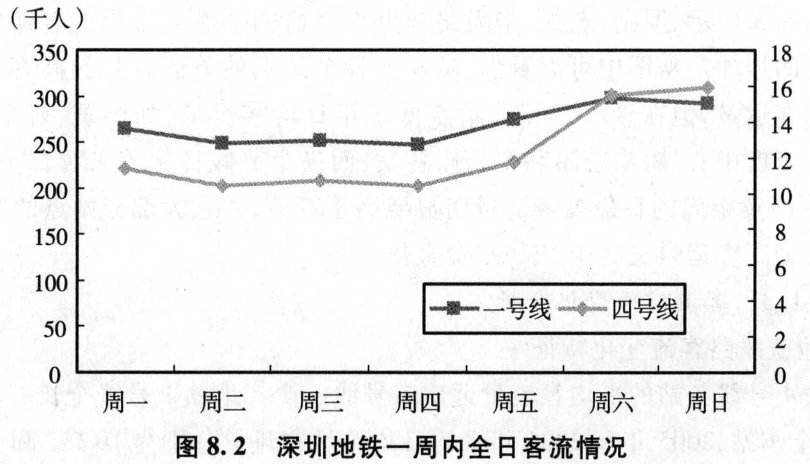

图 8.2　深圳地铁一周内全日客流情况

不同地铁站点的一周客流分布情况不尽相同。在国贸、岗厦、购物公园、车公庙、竹子林等站，通勤客流所占的比重大；而在连接商业网点、旅游景点的轨道交通线路上，双休日的客流又往往会有所增加，如罗湖、老街、华强路、世界之窗、少年宫等站，如图 8.3 所示。图 8.4 是选取具有代表性的五个地铁站，从图中可以看出一周客流变化的趋势。

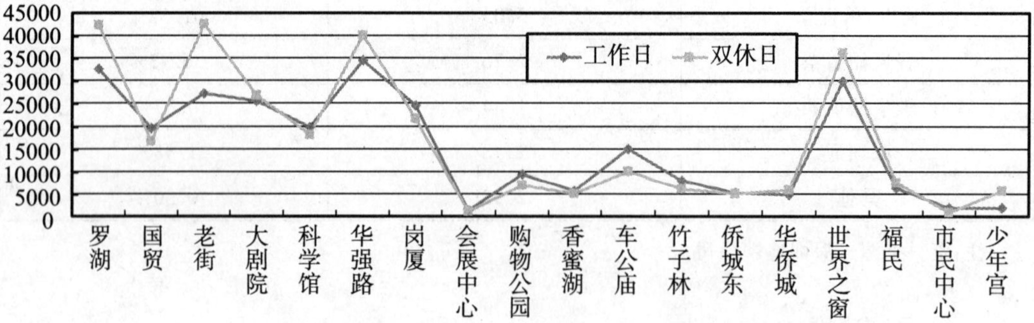

图 8.3 深圳地铁各站工作日与双休日客流比较图

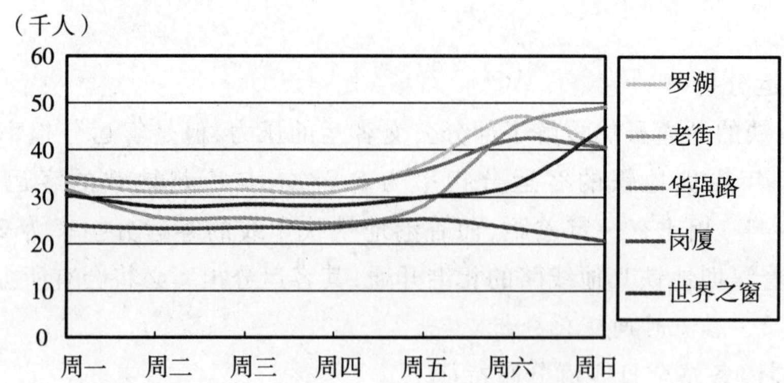

图 8.4 部分站点一周客流趋势图

2. 黄金周各站客流分布特征

如图 8.5 所示，罗湖、老街、华强路和世界之窗四个站黄金周的客流较平日有较大幅度的增加。从图中可以看出，基本上各个站点的节假日日最高客运量都高于年日均客运量，但在春节有部分站点低于年日均客运量，如国贸、科学馆、华强路、岗夏、会展中心、购物公园和车公庙各站；而三个节假日比较来看，“五一”黄金周和“十一”黄金周的日最高客运量明显要高于春节，并且大部分站点的“十一”黄金周的日最高客运量又高于“五一”黄金周。

8.2.1.3 客流空间变化分析

1. 地铁线路客流变化特征

地铁 4 号线各站的平均客流量远比 1 号线的少。地铁 1 号线全长 17.387 km，共设 15 个车站，2005 年和 2006 年平均日均单站客流量分别为 10 237 和 15 888 人

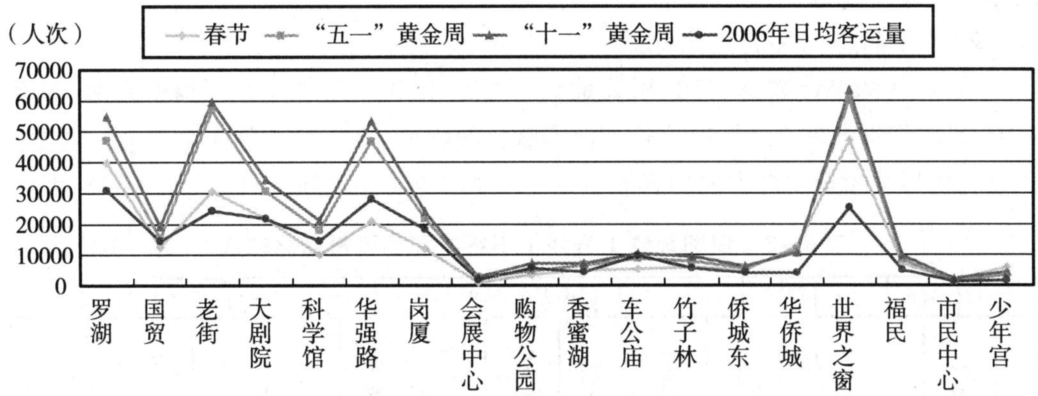

图 8.5 2006 年深圳地铁各站节假日日最高客运量与年日均客运量比较图

次;地铁 4 号线全长 4.479 km,共设 5 个站(目前皇岗站未开通),2005 年和 2006 年平均日均单站客流量为 1 978 和 2 920 人次,二者存在较大的差距,如图 8.6 所示。

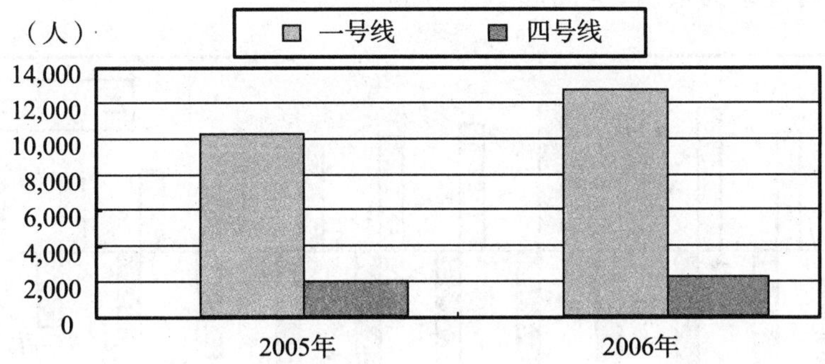

图 8.6 深圳地铁 1 号、4 号线日均单站客运量比较

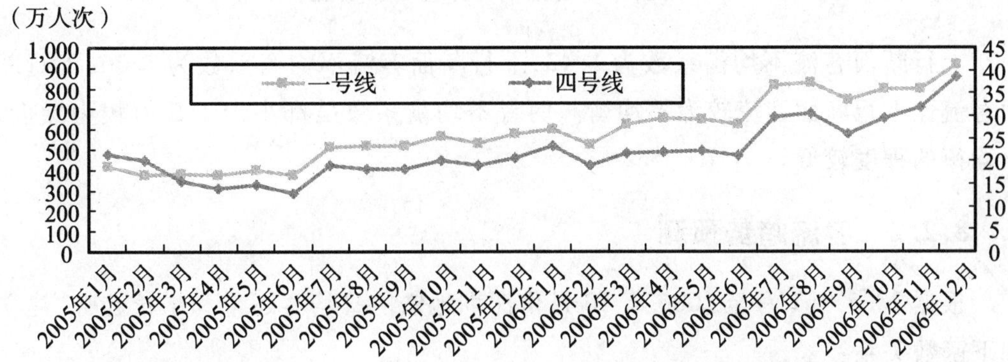

图 8.7 深圳地铁 1 号线、4 号线各月客运量增长趋势比较

从图 8.7 深圳地铁 1 号线、4 号线各月客运量增长趋势比较可以看出,地铁 1 号线与 4 号线的客流增长自 2005 年 4 月以来趋于同步,但最近几个月来,4 号线的增长速度开始高于 1 号线。

2. 上下行方向客流变化特征

表 8－3 的统计数据表明，深圳地铁 1 号线上下行方向客流不均衡系数 α_2 为 1.02，反映深圳地铁 1 号线上下行方向客流比较均衡，即从罗湖至世界之窗方向的客流量与世界之窗至罗湖方向的客流量变化不大，1 号线的客流分布特征为双向型。

表 8－3 深圳地铁 1 号线上下行断面客流量变化情况① 单位：千人

上行34.1	45.6	61.4	73.0	73.5	75.4	65.3	58.9	54.6	50.6	42.4	37.8	34.7	31.1	
罗湖	国贸	老街	大剧院	科学馆	华强路	岗厦	会展中心	购物公园	香蜜湖	车公庙	竹子林	侨城东	华侨城	世界之窗
下行31.3	42.4	64.0	75.7	75.8	78.9	67.1	61.4	57.1	53.5	44.0	38.4	34.8	30.9	

3. 线路断面客流变化特征

图 8.8 中的各个断面的客流量以大剧院至科学馆站、科学馆至华强路站以及华强路站至岗厦站为最多，呈凸起状态分布。

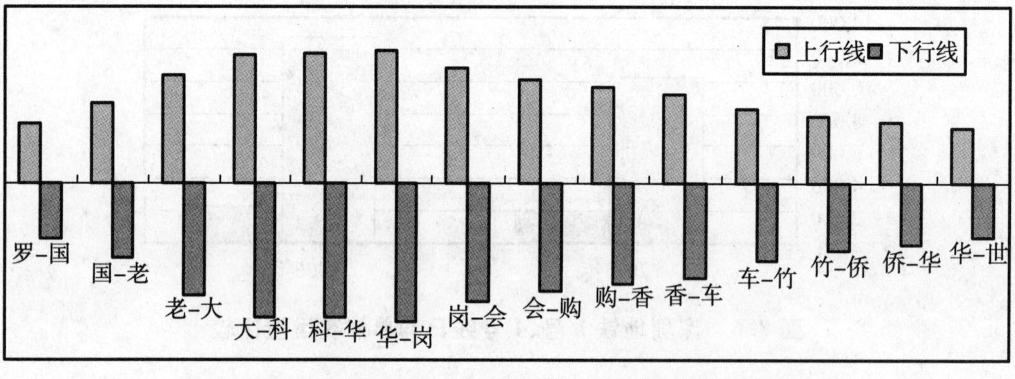

图 8.8 深圳地铁 1 号线上下行方向断面客流分布情况②

上行断面客流不均衡系数为 1.43，下行断面客流不均衡系数为 1.46，下行断面客流比上行断面客流较为不均衡。两者不均衡系数虽都小于 1.5 但较为接近，不均衡的程度较低。

8.2.2 客流趋势预测

根据 2005 年 1 月至 2006 年 10 月份深圳地铁的日均客运量和增长趋势，建立如下函数关系：

$$Y = 7035.9x^{-9E+06}$$

① 会展中心站包括换乘客流；红色框表示上行方向，蓝色框表示下行方向。

② 会展中心站包括换乘客流；"罗－国"指客流从罗湖站到国贸站的数量。

$$R^2 = 0.91$$

得到如图8.9所示结果,地铁平均每日客流量时间序列具有指数函数分布关系。根据趋势函数预测,到2007年6月份,地铁日均客流量将达到31万人次/日左右,月客流量达到900万人次以上。

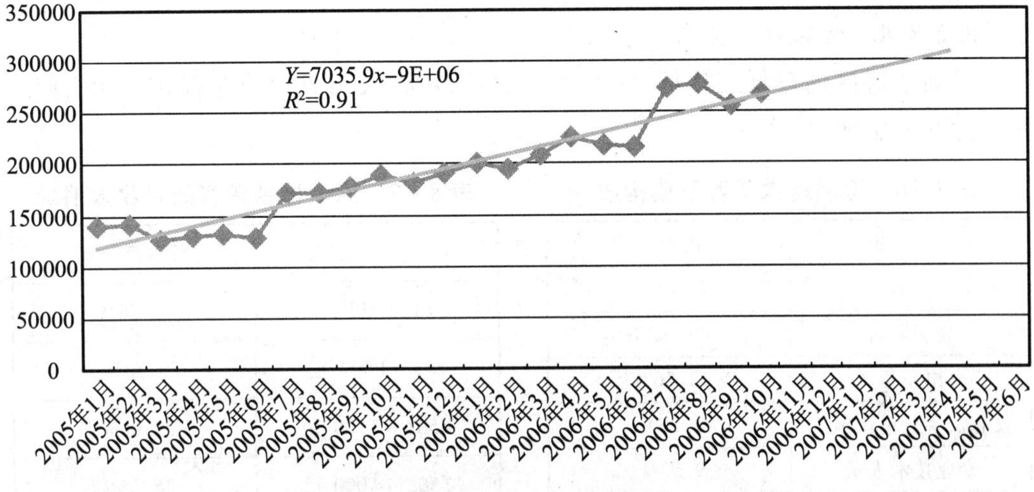

图8.9 深圳地铁日均客流量增长趋势

8.2.3 地铁常客出行分析

在本项目的乘客调查问卷样本中,以一周内乘坐地铁次数在2次及以上的乘客作为地铁常客进行研究,共收集有效样本量1463个,以下将对这些常客样本量进行分析。

8.2.3.1 常客年龄结构分析

其年龄结构分布情况如表8-4所示,由此可以看出,深圳地铁常客以年轻人为主,16岁~35岁的地铁乘客占了87%。

8.2.3.2 常客学历分析

地铁乘客的学历情况如表8-5所示,由此可见,地铁常客的文化层次较高,素质也相对较高,这也有利于地铁公司今后各项工作的开展。

表8-4 深圳地铁常客年龄结构情况

类 别	所占百分比
16~25岁	46.85%
26~35岁	40.21%
36~45岁	9.52%
46~60岁	2.60%
60岁以上	0.82%

表8-5 深圳地铁常客学历构成

类 别	所占百分比
初中及以下	5.19%
高中	24.54%
大专	36.23%
本科	31.03%
硕士及以上	3.01%

8.2.3.3 常客职业分析

将地铁乘客的职业构成划分为:学生、公司职员、自由职业者、政府及事业单位员工、专业技术人员、离退休人员、公交系统人员和其他八大类,其职业构成情况如表 8 -6 所示,上班族和学生是地铁常客的主体,占 77% 。

8.2.3.4 常客收入分析

深圳市特区内最低工资标准为 810 元/月,在收入构成划分时以 810 元为起点划分为 6 个层次,如表 8 -7 所示。

表 8 -6 深圳地铁常客职业构成

类　别	所占百分比
学生	11.48%
公司职员	49.42%
自由职业者	13.26%
政府及事业单位员工	9.16%
专业技术人员	9.57%
离退休人员	0.89%
公交系统人员	0.68%
其他	5.54%

表 8 -7 深圳地铁常客的月收入情况

类　别	所占百分比
810 元以下	10.86%
811 ~1 500 元	9.30%
1 501 ~2 500 元	22.08%
2 501 ~4 000 元	26.25%
4 000 ~6 000 元	15.31%
6 000 元以上	16.20%

8.2.3.5 常客出行时间分析

地铁乘客出行时间的分布情况如表 8 -8 所示,由此可见,选择在早高峰(07:01 ~09:00)乘坐地铁的乘客最多。

8.2.3.6 常客出行目的分析

地铁常客出行目的划分及构成比例如表 8 -9 所示。由此可见,地铁乘客的出行以通勤交通为主。此外,外出办事的比例也比较高。

表 8 -8 深圳地铁常客出行时间分布情况

类　别	所占百分比
07:00 前	5.75%
07:01 ~09:00	29.74%
09:01 ~17:00	14.10%
17:01 ~19:00	18.79%
19:01 以后	11.06%
随机	20.56%

表 8 -9 深圳地铁常客出行目的构成

类　别	所占百分比
上下学	7.12%
上下班	38.15%
外出办事	29.56%
游玩购物	15.66%
探亲访友	5.52%
其他	3.99%

8.2.3.7 常客选择地铁出行原因分析

根据地铁的特征,将深圳地铁乘客选择地铁出行的可能原因列出如表8-10所示。从调查统计数据可知,迅速准时是大部分乘客选择地铁出行的主要原因,所占比例也最高,为27%;其次是地铁车内环境舒适,占15.42%;考虑地铁车站环境舒适和行驶安全因素的比例相当,均为11%以上。

总之,目前深圳地铁的常客主要为上班族和学生。常客年龄主要在16岁至35岁之间,月收入集中在1 501元至6 000元,在上午7点至9点之间乘坐地铁为最多。

表8-10 深圳地铁常客出行原因情况

类　　别	所占百分比
迅速准时	27.00%
就近上车	8.25%
换乘方便	7.47%
车内环境舒适	15.42%
车站环境舒适	11.69%
价格合理	6.10%
行驶安全	11.61%
治安环境好	9.16%
服务好	2.98%
其他原因	0.32%

8.3 地铁运营安全评估

由于该项目完成于2007年,在《地铁运营安全评价标准》(GB/T 50438-2007)实施之前。因此对深圳地铁一期工程的运营安全情况的评估与该标准以及本书第3章内容上有些出入。深圳地铁一期工程的运营安全评估从地铁运营系统的管理、设备、人员和环境四个方面入手,对深圳地铁的运营安全状况进行全面细致的分析评估,及时辨清深圳地铁运营过程中潜在的风险因素,从而达到降低地铁运营风险、间接创造效益的目标。

8.3.1 管理因素分析

8.3.1.1 安全生产制度

1. 安全生产管理机构评价

深圳地铁运营分公司设立了从决策层到执行层的健全的安全管理机构,各机构的职责划分明确,分工合理,形成了紧密的安全管理网络。在人员方面,分公司配有17名专职安全管理人员,其中有7人取得了注册安全主任证书,超出了国家规定的每千人配以3名取得注册安全主任证书的安全管理人员的标准,健全的管理机构和专业的管理人员确保了地铁的运营安全。根据查阅地铁运营分公司相关文件和档案,评估项目组对地铁安全生产管理机构的评价见表8-11。

表 8－11　对地铁安全生产管理机构的评价

指标层 2	评价标准	评价等级
安全生产管理机构	设置了健全的安全生产管理机构，配备足够数量的专职安全生产管理人员	A

2. 安全生产责任制评价

地铁运营分公司参照国家和国际相关标准建立了完善的安全生产责任制，内容齐全、责任明确、落实到人，形成职责清晰、层次分明、衔接紧密、覆盖全面的安全生产责任体系，强化了领导干部和员工的安全意识，起到了很好的约束和激励作用。通过查阅地铁运营分公司安全生产责任制档案文件并与相关人员座谈，评估项目组对地铁安全生产责任制的评价见表 8－12。

表 8－12　对地铁安全生产责任制的评价

指标层 2	评价标准	评价等级
安全生产责任制	建立了全面的安全生产责任制，内容齐全，责任明确，落实到人	A

3. 安全教育培训评价

地铁运营分公司建立了完善的安全教育培训制度，经常组织地铁员工进行技能、安全教育培训，积极组织地铁员工赴外学习先进经验，对特种作业人员进行了严格的上岗培训和审核，持证上岗率达 100%，并对安全教育培训进行了详细的台账记录，使各项教育培训活动得以顺利开展。形式多样、内容丰富的安全教育和培训大大增强了地铁员工的安全意识和安全技能，2004 年 12 月 28 日地铁开通以来从未发生员工因公死亡、重伤事故和责任乘客死亡事故。根据查阅地铁运营分公司的安全教育培训记录等资料及对地铁车站的调查，评估项目组对地铁公司的安全培训教育的评价见表 8－13。

表 8－13　对安全培训教育的评价

指标层 2	评价标准	评价等级
安全培训教育	建立了完善的安全教育培训制度。对企业所有人员实施年度安全教育培训；经常组织干部、员工开展安全生产法律法规宣传、学习；特种作业人员持证上岗并按要求进行审核，台账齐全	A

4. 安全检查评价

深圳地铁运营分公司制定了详细有效的安全检查计划，并按计划执行各项检查任务，重点加强安全检查和安全考核工作，为地铁的安全运营提供了有力的保障。但是，地铁公司不但要对发现的隐患及时整改，而且应该及时将隐患、事故及处理情况上报行业主管部门备案。地铁公司应该完善安全检查体系，建立科学、长效的安全计划、执行、监督与反馈机制，避免安全检查工作成为节假日或重大活动前的临时性、突击性行为，使安全管理真正落实在每个领导和员工的具体工作中。通过查阅地铁公司安全检查相关档案和记录情况，评估项目组对地铁公司的安全检查的评价见表 8－14。

表 8－14　对安全检查的评价

指标层 2	评价标准	评价等级
安全检查	建立完善的安全检查制度，定期开展安全检查，对企业重大隐患和危险源全面监控并对发现的隐患及时进行整改	B

5. 保险与防护评价

地铁运营分公司为地铁员工投保社会保险和团体意外伤害险，保障了他们的生命财产安全。先进的防护设备和系统，大大提升了地铁运营安全水平，增强了应对突发事件的能力。根据参阅地铁公司职工参与保险情况、安全防护系统运行情况及劳动防护用品配备情况，评估项目组对地铁公司的保险和防护的评价见表 8－15。

表 8－15　对保险与防护评价

指标层 2	评价标准	评价等级
保险与防护	劳动合同中安全条款符合国家有关规定，全额缴纳职工工伤社会保险，职工劳动防护用品的配备符合国家的有关规定，有毒有害作业点防护措施到位	A

8.3.1.2　安全生产指标

1. 伤亡事故控制指标评价

深圳地铁自 2004 年 12 月 28 日运营以来，责任乘客死亡事故、员工因工死亡、重伤事故、责任重大火灾事故均未发生，地铁公司根据自身的运营实际情况，合理设置了伤亡事故控制指标，评估项目组对地铁公司的伤亡事故控制的评价见表 8－16。

表 8－16　对伤亡事故控制指标评价

指标层 2	评价标准	评价等级
伤亡事故控制指标	根据本单位实际情况制定责任伤亡事故年控制指标，指标严于市政府和上级管理部门的要求，指标控制好	A

2. 生产运营事故控制评价

深圳地铁开通以来，责任行车重大、大事故、责任设备重大事故、责任重大火灾事故指标均为零；2005 年实现责任行车险性事故、一般事故运营里程 390 万车公里，大大超出指标设定值 28 万车公里；2006 年无责任行车险性事故、一般事故发生。深圳地铁设置了合理的生产运营事故控制指标值，形成了自我约束、不断改进的安全生产氛围，评估项目组对地铁公司的生产运营事故控制的评价见表 8－17。

表 8－17 对生产运营事故控制评价

指标层 2	评价标准	评价等级
生产运营事故控制	根据本单位实际情况制定生产运营事故年控制指标，指标严于市政府和上级管理部门的要求，指标控制好	A

8.3.1.3 运营安全管理

1. 危险源识别与控制评价

2004 年，地铁公司已经开始了危险源的识别与控制工作，并制定了相关的应急处理程序。之后又引进了权威的职业安全与健康管理标准和先进的“6S”管理模式，组织了相应的培训和演练活动，使相关工作人员掌握了识别与控制危险源的技能，有效地保证了安全生产工作，提高了地铁公司的管理水平。地铁公司仍然需要加强危险源的识别与控制，对所属的每个重大危险源进行风险分析评价，并提出有针对性的、完善的应急预案；制定科学的安全技术措施和组织管理措施，对每个重大危险源进行严格的管理控制；对重大危险源的控制进行科学规划、建档，并上报行业主管部门，接受协助与监督。评估项目组对地铁公司在危险源识别与控制方面的评价见表 8－18。

表 8－18 对危险源识别与控制的评价

指标层 2	评价标准	评价等级
危险源识别与控制	企业危险源识别、评价工作认真到位，对危险源控制进行有效规划和建档，对重大危险源制定了完善的应急预案	B

2. 专业管理（车站管理）评价

深圳地铁公司制定了完善的乘务、站务、控制中心和各类设备系统管理办法，详细记录各项专业管理工作情况，安全设施齐全，岗位职责明确，保证了运营的正常进行。但是，客流组织管理方面存在一些不足，客流交叉造成的混乱现象在一些客流大的地铁站点时有发生；地铁车站管理工作尚需细化，车站各项检查与巡视工作基本到位，但在检查的细节及记录的完整性方面还存在不足；车站设施设备的维护还需加强，比如某些地铁车站个别导向标志已经破损，但一直未修复。评估项目组对地铁公司专业管理的评价见表 8－19。

表 8－19 对地铁公司专业管理的评价

指标层 2	评价标准	评价等级
专业管理（车站管理）	制定完善的管理办法并实施（站务、乘务、控制中心、和各类设备系统）；检查记录各项专业管理工作情况；现场安全设施符合国家有关安全标准	B

3. 落实消防规范评价

在投入试运营前,深圳市政府和由北京、上海、广州、天津、香港等14名地铁运营资深专家组成的专家评估小组对包括消防在内的深圳地铁安全设施进行了专业验收,一致认为深圳地铁的消防安全设施符合消防设计规范,并给予了很高的评价。通过项目组成员的实地调查,深圳地铁消防安全设施配备齐全,安全疏散通道、疏散楼梯、安全出口畅通无阻,火灾应急处理能力较强。评估项目组对地铁公司落实消防规范的评价见表8-20。

表8-20 对落实消防规范的评价

指标层2	评价标准	评价等级
落实消防规范	车站、车间、仓库等建筑物耐火等级、防火分区等符合消防技术规范要求。车站、车间、仓库、物管区等建筑物消防设施按消防规范要求设置。安全出口、疏散通道、应急照明装置、疏散指示标志等完全符合消防安全要求	A

4. 消防管理评价

纵观国内外地铁事故,火灾出现的可能性最大,深圳地铁公司也深深地意识到消防管理的重要性,不但组织编写了相关的管理规程,还制定了详细的消防管理工作计划,并进行了实操演练,大大提高了消防管理人员的安全意识和处理火灾事故技能。正是由于地铁公司强烈的消防安全意识和对消防管理工作的周密部署和安排,创造了自运营以来责任重大火灾事故为零的佳绩。通过查阅地铁公司制定的相关防火制度、档案管理及制度具体落实情况,评估项目组对地铁公司的消防管理的评价见表8-21。

表8-21 对消防管理的评价

指标层2	评价标准	评价等级
消防管理	制定完善的消防安全责任制、消防安全管理制度和重点场所、设备设施防火检查制度,消防安全管理档案齐全。发现消防隐患及时整改,消防设施、安全防护装置设专人负责管理,定期检测。用火、用电、用油、用气符合消防安全管理规定	A

5. 危化用品管理评价

地铁公司严格按照国家有关危化品管理的法律、法规来管理地铁生产用危化品,制定了《运营分公司危险品管理办法》,规定了有毒、危险、易燃易爆物品、腐蚀性用品的采购、仓储、使用管理。此外,地铁公司设有专门的危险品库,有效地降低了工作人员和乘客免受其威胁的几率。评估项目组对地铁公司的危化用品管理的评价见表8-22。

表 8－22 对危化用品管理的评价

指标层 2	评价标准	评价等级
危化用品管理	制定完善的危险化学品、物资材料等分类管理制度，按规定进行有毒、危险、易燃易爆物品、腐蚀性用品的采购、仓储、使用管理	A

8.3.1.4 保护区内施工项目的安全管理

1. 对与运营有关的施工方案进行论证、审核评价

通过对地铁运管办实地调查了解，在实际操作中，《深圳市地铁运营管理暂行办法》对地铁安全保护区内施工项目要求的法律执行力度不够，部分建设工程项目甚至在没有听取地铁公司或地铁分管政府主管部门的意见下便开始动工。评估项目组对地铁保护区内施工项目的安全管理的评价见表 8－23。

表 8－23 对保护区内施工方案论证和审核的评价

指标层 2	评价标准	评价等级
保护区内施工方案论证和审核	对保护区内的工程项目严格论证审核，审核意见全面	C

2. 对保护区内施工项目的监管、巡查评价

深圳地铁运管办目前拥有专职执法人员 26 人，尚无地铁工程监理人员，要负责地铁 21.866 公里沿线，20 个车站的保护区施工项目安全管理，难度较大，也因此而存在较大的安全隐患。运管办根据有关法律法规，制定了《深圳市地铁安全保护区工程建设管理暂行规定》，由于是部门内部的规定，内容也相对简单，实施起来效果并不是很好。通过查阅保护区安全管理文件，评估项目组对地铁保护区内施工项目的安全管理的评价见表 8－24。

表 8－24 对地铁保护区内施工项目的监管和巡查的评价

指标层 2	评价标准	评价等级
保护区内施工项目的监管和巡查	制定完善的安全施工监护管理制度、日常安全巡查管理制度，各种相关（监护、巡查等）管理制度按规定落实到位	C

8.3.1.5 安全标志与宣传

1. 公众安全教育评价

深圳地铁采用网络、乘客广播信息系统、宣传册等多种宣传手段，向广大乘客普及安全知识的同时也增强了地铁员工的安全意识，营造了良好的安全生产氛围。但是，地铁公司仍需加强公众安全宣传教育力度，宣传内容应该更加丰富、宣传形式应该更加多样。通过现场调研情况，评估项目组对地铁公众安全教育的评价见表8－25。

表8－25 对地铁公众安全教育的评价

指标层2	评价标准	评价等级
公众安全教育	经常开展乘客安全乘车教育，宣传紧急情况下逃生知识，形式多样、内容全面	B

2. 标志、标识评价

深圳地铁安全标志清晰醒目、指示明确、设置较为合理。但是，目前仍有相当数量的临时性安全标志，个别标志存在破损现象尚无及时更新。通过现场调研，评估项目组对地铁标志、标识的评价见表8－26。

表8－26 对地铁标志、标识的评价

指标层2	评价标准	评价等级
地铁标志、标识	安全警示标志、标识醒目，设置齐全，符合要求	B

8.3.1.6 事故与救援

1. 事故报告处理评价

地铁公司专门设立了事故处理机构，各机构职责明确。但是，在事故情况上报方面，地铁公司应该主动向行业主管部门汇报，使行业主管部门随时了解事故情况，有利于地铁事故的处理，便于形成完善的地铁运营监督与管理机制。同时，地铁公司应建立科学、长效的事故处理机制，保证在发现事故苗头或发生事故时便有完善的事故处理程序跟进并予以落实。通过查阅地铁公司事故处理程序及事故处理档案等情况，评估项目组对地铁事故报告处理和事后分析及人员教育的评价见表8－27。

表8－27 对地铁事故报告处理评价－

指标层2	评价标准	评价等级
事故报告处理	制定了完善的事故报告和处理制度，落实“四不放过”原则，事故档案齐全	B

2. 抢救救援队伍、装备和抢险演练评价

深圳地铁公司编制了一系列突发事件应急处理预案和设备抢修预案，形成了较为完善的预案体系。其中，《深圳市地铁有限公司运营突发公共事件应急分预案》作为唯一的企业预案被收录在市总体应急预案中，说明地铁公司较高的预案编制水平。地铁公司成立了抢救救援队伍，分工明确，并组织队伍进行了多次抢救救援演练，大大提高了队伍的抢险救援和突发事件应对能力。

通过查阅地铁公司对应各种非正常情况的应急救援预案及应急救援演练记录，评估项目组对深圳地铁抢救救援队伍、装备和抢险演练的评价见表8－28。

表 8-28 对地铁应急预案制定与演练评价

指标层 2	评价标准	评价等级
消防安全抢险救援队伍、装备、抢险演练	制定完善的消防预案，建立专/兼职消防抢救救援队伍，配置相应的装备，经常开展日常抢险训练	A
生产安全抢险救援队伍、装备、抢险演练	制定完善的各专业预案，建立专/兼职生产抢救救援队伍，配置相应的装备，开展日常抢险训练	A
自然灾害抢险救援队伍、装备、抢险演练	制定完善、全面的预案，建立专/兼职自然灾害抢救救援队伍，配置相应的装备，开展日常抢险训练	A

8.3.2 设备因素分析

8.3.2.1 地 铁 车 辆

1. 管理制度

深圳地铁车辆管理制度包括地铁车辆技术标准汇编和地铁车辆管理标准汇编，共包括 73 项管理制度。

2. 维修与防护

深圳地铁车辆部根据地铁列车的性能和运行状态制定日检、双周检、三月检、定修、临修和定期设备维护的列车维修与防护计划。2005 年、2006 年地铁列车维修与防护工作都严格按照计划实施，保证了地铁列车运营安全。

3. 列车故障下线频率

深圳地铁车辆技术管理人员在地铁开通初期就注意对车辆各系统检修、下线相关作业进行提炼，开展质量控制关键项点的检查，有效地降低了列车故障下线频率。2005 年列车故障下线频率为 0.78 次/十万车公里，2006 年列车故障下线频率为 0.68 次/十万车公里，比 2005 年降低了 12.8%，如图 8.10。

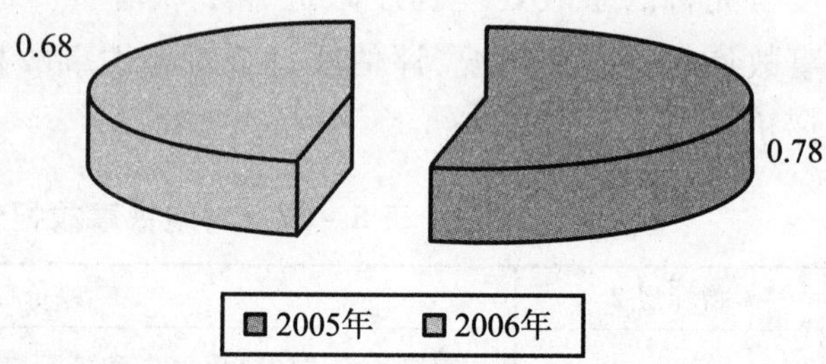

图 8.10 地铁列车故障下线频率(次/十万车公里)

4. 地铁车辆安全评价

表 8-29 地铁车辆安全评价指标及评价等级

评价系统	评价指标	评价等级
地铁车辆	管理制度	A
	维修与防护	A
	列车故障下线频率	A

8.3.2.2　线路及轨道系统

1. 管理制度

深圳地铁公司根据线路及轨道系统运营的安全检修维护标准及规范流程制定了以下管理制度:《轨道维修规程(修改)》、《轨道维修作业指导书汇编》、《深圳地铁钢轨探伤规程》、《钢轨探伤作业指导书汇编》。

除此之外,公司建立健全的监督,检查、惩处等管理机制,开展生产教育、员工培训等工作,对运营突发事件制定了《轨道与隧道系统应急抢修预案(暂行)(修改)》,对重大故障、障碍、隐患等作业进行原因分析,运用 EAM 系统规范事故处理流程,建立故障处理台账制度,实行管理工作总结和考核机制,进一步完善了线路及轨道系统的制度管理工作。

2. 维修与防护

深圳地铁公司对线路及轨道系统的维修与防护包括日检、月检、季检、年检。深圳地铁公司合理调配人力,加强员工检修技能的培训,提升检修人员技术水平、实操能力,并根据计划列表进行实时跟踪,保证维修与防护质量。截至 2006 年底,线路及轨道系统设备维修与防护的计划已经完成,符合线路及轨道系统运营的质量要求,设备状态良好。

3. 故障次数

如图 8.11 所示,截至 2006 年底,线路及轨道系统在深圳地铁开通运营的 2 年时间内,仅在 2005 年 3 月发生 2 次故障,5 月发生 1 次故障,故障发生时间都在地铁开通运营的头一年,其余运营时间均未发生故障,表明该设备在运营初期与其他系统需要一定的磨合。2006 年线路及轨道系统保持了零故障率。但是,目前深圳地铁的轮轨关系仍然存在问题,导致列车车轮的磨耗比较严重,降噪措施仍需加强。

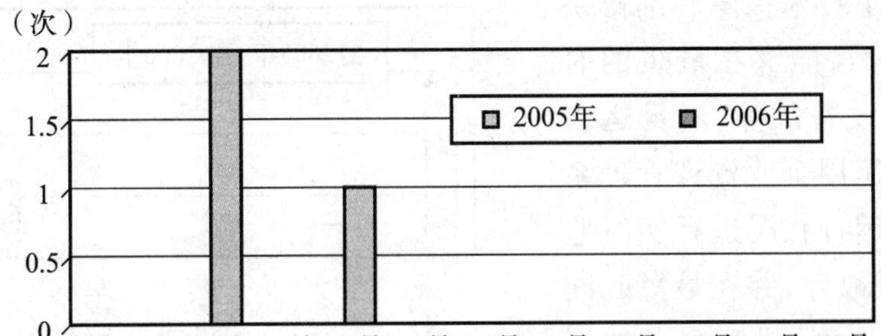

图 8.11　深圳地铁线路及轨道系统月故障次数比较

4. 线路及轨道系统评价指标

表 8－30 深圳地铁线路及轨道系统评价指标及评价等级

评价系统	评价指标	评价等级
线路及轨道系统	管理制度	A
	维修与防护	A
	故障次数	B

8.3.2.3 信号系统

1. 管理制度

地铁公司从运营开始就对正线 ATC 系统制定了一系列的管理规范文本，同时还针对应急状况制定了《信号设备抢修应急预案》，规范了信号系统的操作和维护作业，从而保障了该系统设备的运行安全。

可以说，地铁公司对该系统在管理制度方面已形成了体系，但在执行过程中，各部门间的协作和信息沟通尚存在一些问题，乘客咨询系统中对于突发事件乘客逃生知识缺乏宣传，建议在以上两方面给予改进。

2. 维修与防护

深圳地铁公司根据信号系统的地理位置分布，对每一处的信号设备制定详细的维修与防护计划，实行日巡检、月检、双周检、季检、半年检、年检 6 项检验措施，保证信号系统的正常运行。信号系统遍布地铁各个运行区域，且设备结构复杂、数量繁多，维修与防护工作较为困难。

地铁公司根据系统专业特点，形成了“专业工程师技术组＋混合工班”、“专业工程师兼工班长的专业班组”等灵活多样，精简的维修人员组织模式，不但提高了维修效率，培养工人一专多能，而且重点突出了技术保障和维修快速反应的能力，能够在最短的时间内处理好设备故障，满足运营要求。同时运用企业资产管理系统对该设备运行状况进行实时监控，及时发现故障，并在最短时间内力争排除故障，保障列车的正常运行。

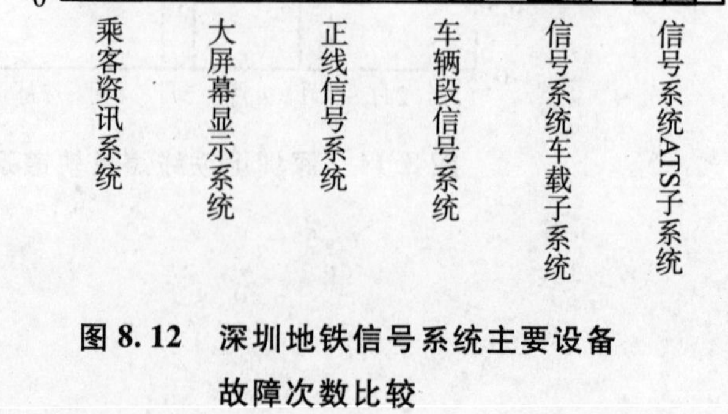

图 8.12 深圳地铁信号系统主要设备故障次数比较

3. 故障次数

如图 8.12 和图 8.13 所示，2006 年信号系统中的乘客咨询子系统、大屏幕显示子系统、车辆段

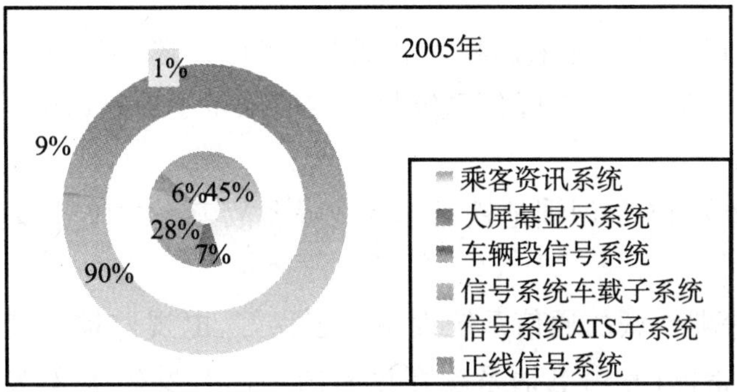

图 8.13 深圳地铁信号系统主要设备故障占总系统故障百分比

信号子系统故障发生次数相对2005年均有所下降，其中乘客咨询系统故障所占整个系统百分比由45%降低到0，大屏幕显示子系统由7%下降到0，车辆段信号子系统由1%降低到0，在2006年均实现了零故障指标；信号系统车载子系统、正线信号子系统、信号系统ATS子系统的故障次数比2005年的故障次数多，且在2006年故障所占百分比分别达到了90%、9%、1%，这主要是因为列车的开行密度增加所致。

总之，信号系统虽有部分子系统存在故障，未对地铁运营造成影响。但是，地铁公司仍然应该加强维修与管理，减少故障次数、消灭故障隐患。

4. 信号系统综合评价

表 8-31 深圳地铁信号系统评价指标及评价等级

评价系统	评价指标	评价等级
信号系统	管理制度	B
	维修与防护	A
	故障次数	B

8.3.2.4 通信系统

1. 管理制度

深圳地铁通信系统设备较为复杂，由多个子系统组成，对此地铁公司制定了管理和操作制度，严格按照相关制度实施管理，并且借助企业资产管理系统，对通信系统设备的运行状态信息能够及时、准确、迅速地获得，同时形成统一的综合管理报表，从而提高通信网络的维护质量和管理水平，充分保障了通信系统的正常运行。

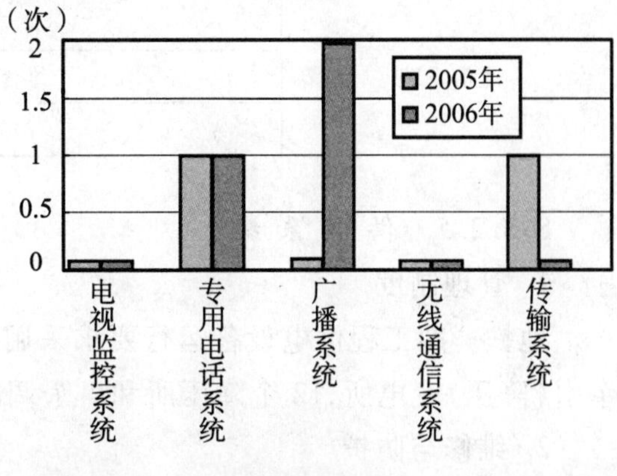

图 8.14 深圳地铁通信系统主要设备故障次数比较

2. 维修与防护

地铁公司对每个子系统采用模块化管理，实行日巡检、月检、年检制度，充分保障了该系统的正常运行，在降低系统故障方面取得了一定的成效。

3. 故障次数

图 8.14 和图 8.15 是深圳地铁通信系统设备故障次数比较和各设备故障占总系统的百分比。

由图可知，深圳地铁的通信系统设备状态良好，电视监控系统、无线通信系统均实现了零故障指标；专用电话系统在运营两年内共发生了 2 次故障，广播系统也仅在 2006 年发生 2 次故障，而传输系统自运营以来出现 1 次故障，表明通信系统设备状态运行良好。

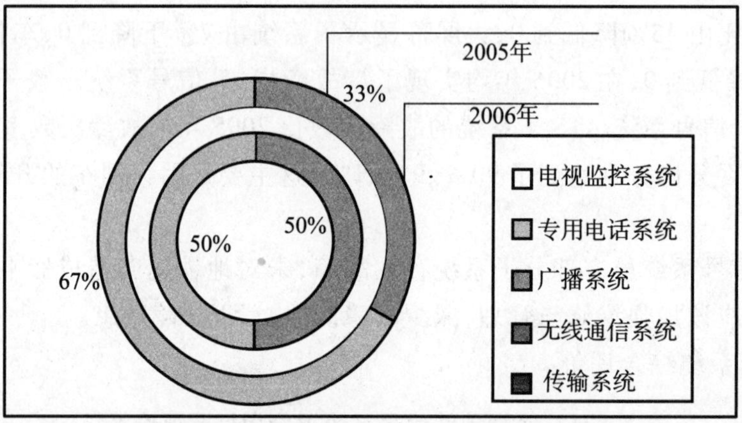

8.15 深圳地铁通信系统主要设备故障占总系统故障百分比

4. 通信系统综合评价

表 8－32 深圳地铁通信系统评价指标及评价等级

评价系统	评价指标	评价等级
通信系统	管理制度	A
	维修与维护	B
	故障次数	B

8.3.2.5 供 电 系 统

1. 管理制度

地铁一期工程供电设备运行要求采用相关的国家及行业标准规范，共设 9 个牵引(降压)变电所，12 个降压所和 1 个调度中心，7 个供电分区环网工程。

2. 维修与防护

供电系统的维护主要包括供变电系统的维护和接触网系统的维护工作深圳地铁对供变电系统制定了详细的实施计划，并且严格按照该计划执行，确保了供电系统的正常运行。截至 2006 年底，地铁公司对供电系统超额完成实施计划，充分保障了系统设备的正常运行。

3. 故障次数

2006 年，供电系统的各子系统故障次数均较 2005 年有大幅度下降，说明供电系统已经逐步进入了较好的运行状态。从图 8.16、图 8.17 中可以看出，变电子系统 2006 年故障次数所占整个系统百分比由 67% 降到 45%，尽管该子系统故障次数降低，但供电系统中的该子系统故障产生的可能性仍然较高，地铁公司对该子系统要加强维修与防护，尽可能降低故障次数，排除不可预期因素。

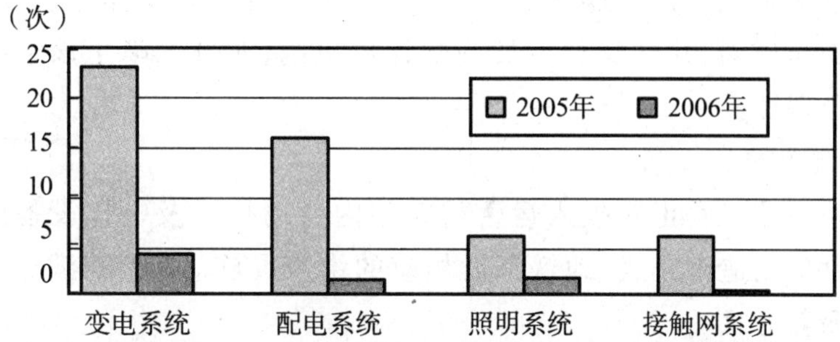

图 8.16　深圳地铁供电系统设备故障次数比较

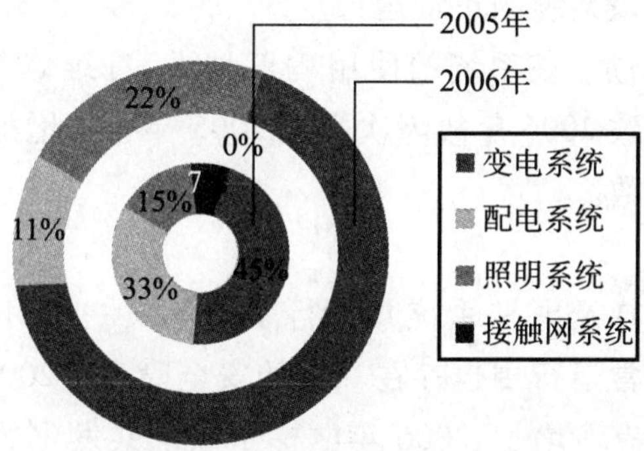

图 8.17　深圳地铁供电系统设备故障占总系统故障百分比

4. 供电系统综合评价

表 8-33　深圳地铁供电系统评价指标与评价等级

评价系统	评价指标	评价等级
供电系统	管理制度	A
	维修与维护	A
	故障次数	B

8.3.2.6 扶梯/电梯系统

1. 管理制度

深圳地铁扶梯及电梯系统的设计遵照《地下铁道设计规范》(GB 50157—92)、《自动扶梯和自动人行道的制造与安装安全规范》(GB 16899—1997)、《电梯制造与安装安全规范》(GB 7588—1995)等标准,设备技术安全可靠。

地铁公司对扶梯及电梯系统遵循“无人值守,自动监视”的原则进行管理,即:车站均不设专职工作人员、采用就地控制方式、由车站设备监控系统(EMCS)进行监视并将运行状态信息传输到控制中心。

扶梯及电梯系统的具体操作实施,地铁公司制定了各项操作制度,加强人员对该系统的操作培训,并且实行人员绩效评价机制,充分保障了该系统管理制度的规范性和合理性。

2. 维修与防护

深圳地铁一期工程正式投入运营后5年内自动扶梯及电梯设备的日常维修保养工作由设备制造商完成,地铁不设相应的维修设施。5年期满后双方重新协商确定维修保养方式。

目前该系统维护主要包括季检、双周检、年检。由于该系统采用委外维修方式,专业技术维修水平较高,同时借助资产管理系统平台对扶梯及电梯系统进行实时监控,充分保障了该系统的正常运行。

但由于客流量的增加,该系统的使用程度加大,且维修与防护时间受运行服务时间的限制,所以导致2006年故障次数比2005年普遍增加,需加强维修与防护工作,尽量减少故障次数。

3. 故障次数

至今,深圳地铁扶梯及电梯系统共运行了两年又一个月,在此期间没有造成重大伤亡事故,但在正常运行中也存在一定的安全隐患。2006年扶梯及电梯系统故障次数相对2005年有所增长,2006年电梯子系统共发生故障20次,为2005年故障次数的10倍;2006年扶梯子系统故障次数为25次,比2005年增长了8.6%,如图8.18所示。

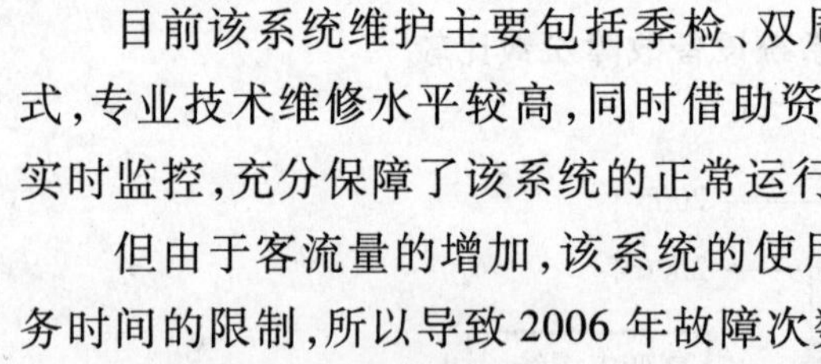

图8.18 深圳地铁扶梯及电梯系统故障次数比较

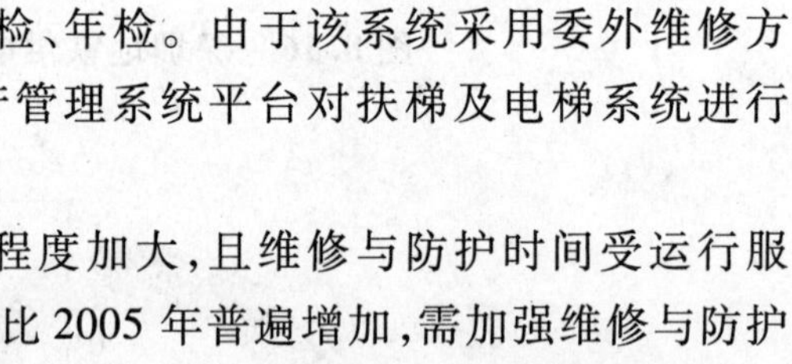

图8.19 深圳地铁扶梯及电梯系统故障百分比

图8.19表示扶梯及电梯各子系统故障占总系统中的百分比。从图8.19中可知,2006年电梯子系统故障所占百分比由2005年的8%增长到44%,表明该子系统在总系统中属于故障发生频繁设备,需列入重点维修与防护设备系列中。以上数据均表明,深圳地铁扶梯及电梯系统设备存在较大的安全隐患,地铁公司应对该系统提高重视,加强维修与防护工作,提高设备可靠程度,保障系统的正常运行。

4. 扶梯/电梯系统综合评价

表8－34　扶梯及电梯系统评价指标及评价等级

评价系统	评价指标	评价等级
电梯/扶梯系统	管理制度	A
	维修与维护	A
	故障次数	B

8.3.2.7　环 控 系 统

1. 管理制度

地铁公司根据该系统专业特点,形成了"专业工程师技术组＋混合工班"、"专业工程师兼工班长的专业班组"等灵活多样,精简的维修人员组织模式,借助设备监控系统和企业资产管理系统的自动化管理工具,制定电子专业流程的规范化管理,将实际维修工作中出现的典型或常见故障的现象、原因、处理方法等进行归纳总结编制故障案例库,建立设备台账制度,从而缩短故障处理时间,提高设备运行效率,保证系统的正常运行。

2. 维修与防护

深圳地铁环控系统采用屏蔽门制式,主要对冷水机组、水泵、冷却塔、组合式空调箱、空气处理机、风机、防火阀等设备系统实行年检、半年检、季检、月检、日检,同时制定合理规范的设备检查表,通过员工现场巡检和设备监控系统反映设备的实际运行状态,方便寻找故障点,为今后的设备改进改善、提高新购置设备的性能提供原始资料。

3. 故障次数

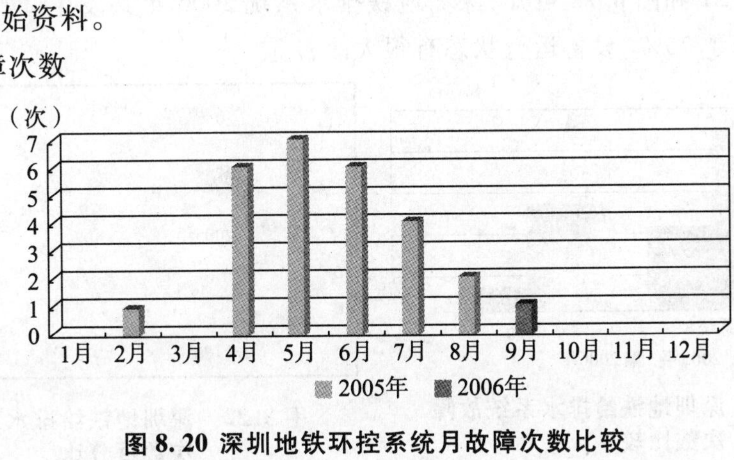

图8.20 深圳地铁环控系统月故障次数比较

如图 8.20 所示，深圳地铁环控系统设备故障主要集中发生在 2005 年，2006 年只在 9 月份发生了故障，且总体故障次数较 2005 年大幅度下降，说明该系统运行状态较好，符合运营安全要求。

4. 环控系统综合评价

表 8－35 深圳地铁环控系统评价指标及评价等级

评价系统	评价指标	评价等级
环控系统	管理制度	A
	维修与维护	A
	故障次数	B

8.3.2.8 给排水及消防系统

1. 管理制度

深圳地铁公司针对给排水系统各设备的性能，合理制定了对该系统维修、保养、操作的规程、规则和手册，合理划分人员职责，实施员工责任状的绩效考核体制，并针对该系统的设备特点制定设备检查表，通过员工的巡察和设备监控系统的跟踪，能够实时掌握该系统的运行状态。

然而在 2006 年 7 月份的建设部的安全检查中发现灭火器的统计数据不一致、列车内手提灭火器标志位置处缺乏操作说明，说明地铁公司对消防设备的动态管理存在不足，各部门之间存在一定的信息沟通问题。

2. 维修与防护

深圳地铁一期工程给排水系统主要设备包括消防栓、消防水泵、电动蝶阀、湿式报警阀、潜污泵、七氟丙烷气体自动灭火系统等。地铁公司按照年度工作计划对该系统设备采用日检、周检、月检、季检、半年检、年检等方式进行维修与防护工作，保证该系统设备的正常运行。

3. 故障次数

由图 8.21 和图 8.22 可知，深圳地铁排水系统 2006 年共发生 2 次故障，相对 2005 年下降了 75%，设备运行状态有很大改善。

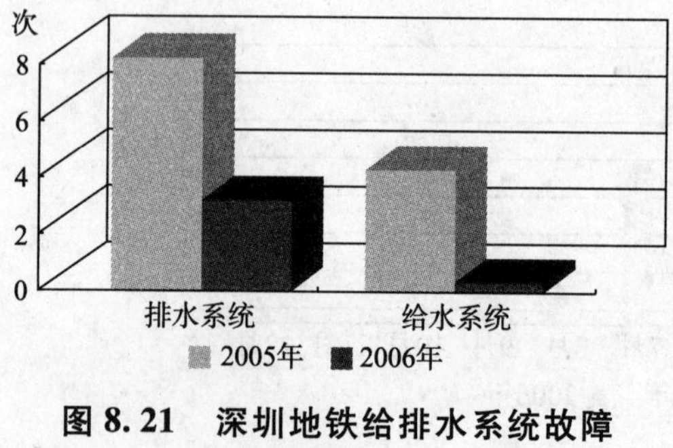

图 8.21 深圳地铁给排水系统故障次数比较

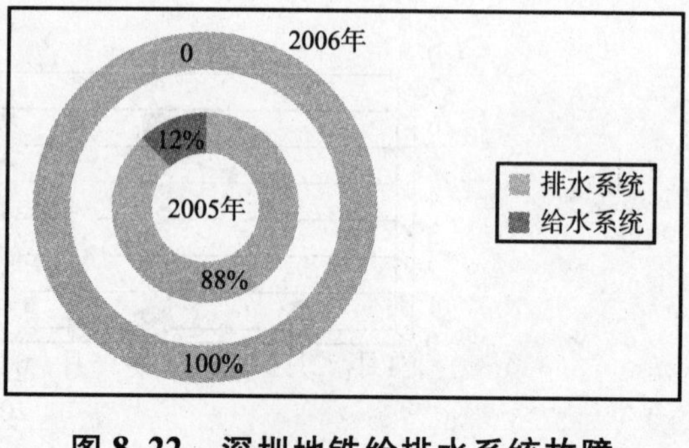

图 8.22 深圳地铁给排水系统故障次数百分比

给水系统 2005 年共发生了 3 次故障，2006 年无故障，说明深圳地铁给水系统设备可靠性较高。

由于轨道交通设施深处地下，车站内的生产生活用水、环境卫生的清洁用水、发生火灾时的消防用水等都需要采用城市自来水作为供水水源，其每年都需要耗用大量的城市用水资源。随着地铁客流量的加大，地铁列车开行密度的增加，各站的用水量也随之增长。2005 年深圳地铁的用水量为 465 074 m^3，2006 年用水量较 2005 年增长了 16 982 m^3，如图 8.23 所示。建议地铁加强用水管理，开源节流。

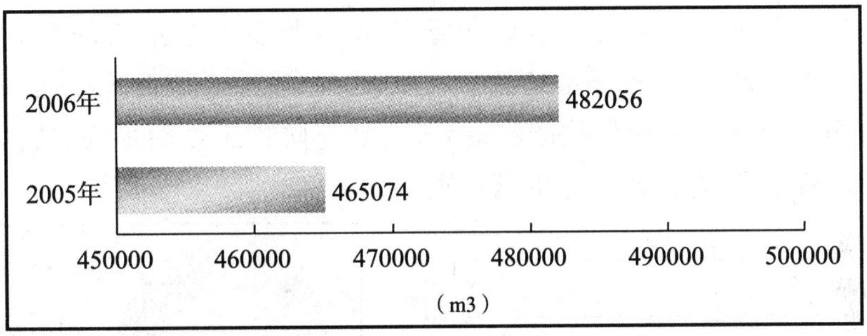

图 8.23　深圳地铁年用水量比较

4. 给排水及消防系统综合评价

表 8－36　给排水及消防系统评价指标及评价等级

评价系统	评价指标	评价等级
给排水及消防系统	管理制度	B
	维修与维护	A
	故障次数	B

8.3.2.9　综合监控系统

1. 管理制度

MACS－SCADA 系统运行方式为 24 h 无间断自动运行，根据该系统的特点，深圳地铁公司制定了《FAS 系统操作规程（修改）》、《气体灭火控制系统维护规程（B 版）》、《自动化车间应急抢修预案（B 版）》等一系列的操作、维修、应急作业的标准方案。

同时，形成了“专业工程师技术组＋混合工班”、“专业工程师兼工班长的专业班组”等维修人员组织模式，并且利用企业资产管理系统的电子化作业将实际维修工作中出现的典型或常见故障的现象、原因、处理方法等进行归纳总结，编制故障案例库，实行对该系统的台账制度，进一步完善了标准化作业工作。除此之外，对员工的设备操作技能、故障处理技能等加强培训，提高了员工的整体技能水平。

2. 维修与防护

深圳地铁 MACS－SCADA 系统是城市轨道交通重要的安全设施，地铁公司对该系统制定严格的计划性维修与防护制度，主要是对 EMCS、FAS、SCADA、IT 系统进行日检、双周检、月检、季检、半年检、年检，保证各子系统的正常运行，对与系统故障及时进行紧急抢修，同时通知相关部门采取临时应急措施，使系统降级运行，并严格依照企业资产管理系统的应急流程规范实施抢修作业，尽量减少故障处理时间，提高维修效率。

3. 故障次数

由图 8.24 和图 8.25 可知，2005 年 EMCS 系统、FAS 系统、SCADA 系统故障次数分别为 128 次、67 次、49 次，且各子系统故障所占整个系统的百分比分别为 53%、27%、20%，2006 年各子系统故障次数均为零，说明该系统在运营初期尚不稳定，随着员工对该系统操作技能的提升，维修与防护工作的加强，使得该系统在 2006 年故障为零，符合地铁安全运营的要求。

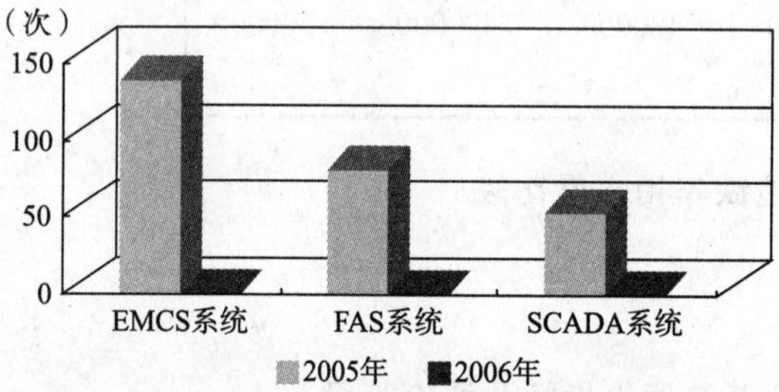

图 8.24 深圳地铁综合监控系统主要设备故障次数比较

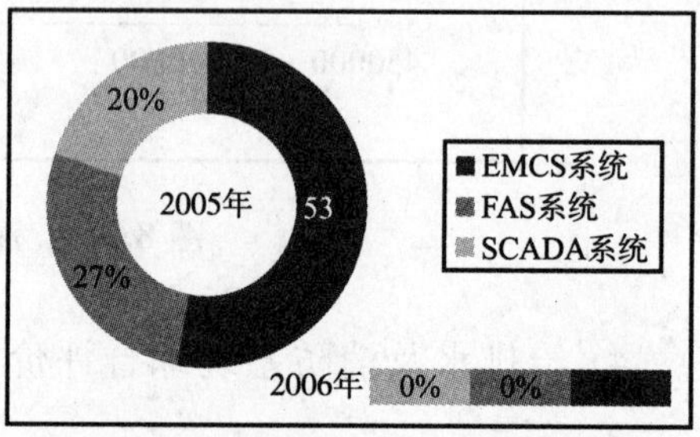

图 8.25 深圳地铁综合监控系统主要设备故障次数百分比

4. 综合监控系统综合评价

表 8－37 综合监控系统评价指标及评价等级

评价系统	评价指标	评价等级
综合监控系统	管理制度	A
	维修与维护	A
	故障次数	A

8.3.2.10 屏蔽门(PSD)系统

1. 管理制度

深圳地铁为了保证该系统设备的安全运行，结合该系统的特点，对运营前巡视检查、故障应急处理、日常维修作业、巡视作业、计划维修作业、设备运行管理等制定了一系列的标准方案，同时对屏蔽门系统使用的注意事项、使用规则也进行了明确的规定，并建立了设备台账制度，保障了该系统设备的安全运行。

2. 维修与防护

为有效减少车门故障,提高运营服务水平,地铁公司对该系统设备实施巡检、半年检、季检、双周检,并周期性的纠正了该系统运行后的可能累积的误差、磨损,或零部件使用寿命后的更换,调整设备达到良好的运行状态,但屏蔽门发生故障是不可避免的,应继续加强管理,使故障降到最低。

由于屏蔽门系统使用场合的特殊性,维修作业的内容存在时间、空间等因素的限制,因此地铁公司维修人员服从调度的统一安排,主要在轨行区内或可能侵入轨道的地区进行维修,时间确保在收车后进行,充分满足了地铁运营的行车安全、乘客安全。

3. 故障次数

图8.26表示2005年和2006年屏蔽门月系统故障次数。由图可知,2005年屏蔽门系统故障次数为55次,2006年该系统故障次数为33次,比2005年下降了40%,说明该系统设备在地铁开通运营初期存在安全隐患,通过一段时期的调节和维护,该系统才正式进入正常运行阶段,符合地铁安全运营要求。

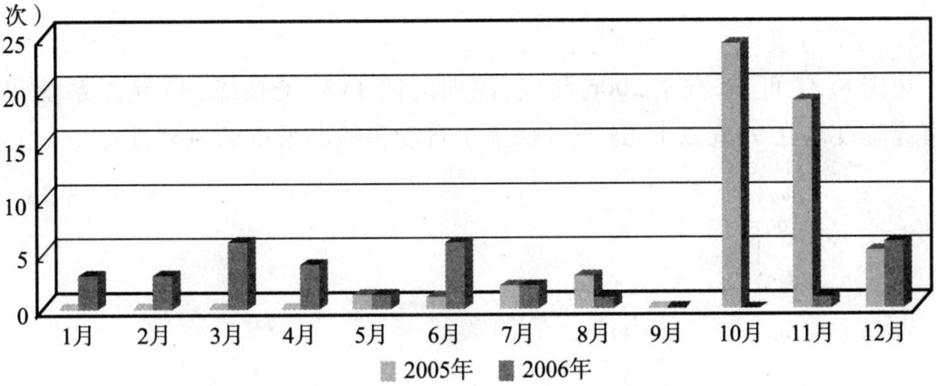

图8.26　深圳地铁屏蔽门系统故障次数比较

4. 屏蔽门(PSD)系统综合评价

表8-38　屏蔽门系统评价指标及评价等级

评价系统	评价指标	评价等级
屏蔽门系统	管理制度	A
	维修与维护	B
	故障次数	A

8.3.2.11　自动售检票系统

1. 管理制度

深圳地铁针对AFC系统的运行方式,制定了AFC系统中心机房出入人员管理制度、严格的操作规程、完备的系统维护制度等管理要求。同时,对于安全水平自动化管理流程进行完善,即:监控发现——分析判断——通知告警——优先次序——实施计划——测试通过——修补加固——状态报告，从而保证AFC系统设备状态处于较高的安全等级，基本满足了地铁运营的安全要求。

2. 维修与防护

深圳地铁AFC系统采用委外维修的方式，主要包括AFC系统的项目监理、系统维护和升级等委外维修内容。但在地铁开通初期，AFC设备并不稳定，功能也不完善。

深圳地铁积极配合承包商进行AFC设备功能的改进，建立了有效的检查制度；做好日常定检、巡检，建立设备故障日报制度和设备故障追问、上报制度，保证设备的迅速恢复，做好数据备份及检查，确保AFC系统安全、稳定、高效运作。

加强票务安全管理，对AFC系统内部存在的安全隐患进行分析，提出改进措施；注重设备的优化和升级，大大提高了闸机的通过能力和其他设备使用效率。

同时，针对AFC设备存在的局限性、购票能力不足的问题进行了整改，更新自动增值机和自动售票机硬件设备，优化系统软件，但仍需要加强技术创新，提高使用效率。

3. 可靠程度

由图8.27可知，截至2006年底，深圳地铁TVM子系统、AVM子系统和闸机的可靠程度均在99%以上，这充分保证了自动售检票系统的可靠性。

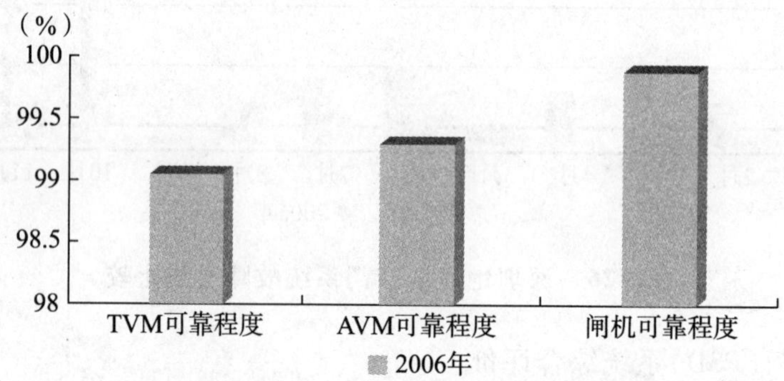

图8.27 深圳地铁自动售检票系统设备可靠程度比较

4. 自动售检票系统综合评价

表8-39 自动售检票系统评价指标及评价等级

评价系统	评价指标	评价等级
自动售检票系统	管理制度	A
	维修与维护	A
	可靠程度	A

8.3.2.12 小 结

深圳地铁设备系统可以说是比较复杂的网状结构，采用科学的多角度、多层次的评价各设备系统是确保地铁运营安全工作的必要手段之一。由于深圳地铁开通运营至今,仅仅两年时间,各系统设备尚处于磨合阶段,出现一些未预想到、不稳定甚至突发因素都是无法避免的,因此对深圳地铁设备因素评价将跳过个案看整体,根据各系统要素在地铁运营安全影响程度给予综合评价,具体评价结果如表8-40所示。

表8-40 设备系统综合评价

<table>
<tr><th>序号</th><th>评价项目</th><th>评价等级</th><th>评价等级</th></tr>
<tr><td>1</td><td>地铁车辆</td><td>A</td><td rowspan="11">A</td></tr>
<tr><td>2</td><td>线路及轨道系统</td><td>B</td></tr>
<tr><td>3</td><td>信号系统</td><td>A</td></tr>
<tr><td>4</td><td>通信系统</td><td>A</td></tr>
<tr><td>5</td><td>供电系统</td><td>A</td></tr>
<tr><td>6</td><td>扶梯及电梯系统</td><td>A</td></tr>
<tr><td>7</td><td>环控系统</td><td>A</td></tr>
<tr><td>8</td><td>给排水及消防系统</td><td>B</td></tr>
<tr><td>9</td><td>综合监控系统</td><td>A</td></tr>
<tr><td>10</td><td>屏蔽门系统</td><td>A</td></tr>
<tr><td>11</td><td>自动售检票系统</td><td>A</td></tr>
</table>

注:评价得分等于各系统评价指标得分及各指标权重相乘的和求得,指标权重由专家问卷获得,其中:管理制度为0.163、维修与防护为0.454、故障次数为0.383。

经综合计算,深圳地铁设备因素的最终得分是85.38分。按照评价等级划分,设备因素评价得分属于A,处于优秀的水平,其成绩值得肯定。

设备因素中线路及轨道系统、给排水及消防系统的评价得分低于总体得分,地铁公司要进一步加强管理,重点提高这些设备系统的性能。

8.3.3 人员因素分析

8.3.3.1 人员构成

1. 地铁运营分公司人员构成评价

截至2006年底,地铁运营分公司有员工1246人。其中:长期合同工1079人,占分公司总人数的86.6%;中级以上职称158人,占分公司总人数的13%;大学以上学历271人,占总人数的21.75%;30岁以下的773人,占总人数的62.04%。

通过一系列的努力,运营分公司既做到了保证运营生产和管理工作的正常需要,又起到了节约人工成本,提高企业效益的良好作用,运营分公司2005年员工1362人,平均62.25人/km;2006年减员116人,平均56.95人/km,工作效率明显提高。地铁运营分公司的员工结构经过了实践的检验,员工设置较为合理。从员工效率达到56.95 人/km 可知,深圳地铁在国内现有地铁中处于较高水平。依据调研情况,评估项目组对地铁分公司人员构成评价如表8-41。

表8-41 对运营分公司人员构成评价

指标层2	评价标准	评价等级
运营分公司人员	员工整体素质、构成	A

2. 地铁车站委外人员构成评价

深圳地铁各车站的保安工作、保洁工作均是外包给其他公司,引导员是由劳动局安排的下岗职工。地铁车站委外人员数占车站一线人员总数的比例超过了60%。

由于目前保安人员的工资较低,致使保安人员更换频繁。据了解,深圳地铁保安员工作最长的也只有半年。在编保安人员加班情况严重,工作状态差。这不但降低了地铁服务水平,而且成为了危害地铁安全的隐患。

车站外聘人员的素质较严重地影响到地铁运营安全,形成一定的安全隐患。评估项目组对地铁委外、临聘等工作人员构成的评价如表8-42。

表8-42 对地铁临时、委外人员构成的评价

指标层2	评价标准	评价等级
委外、临聘人员构成	委外、临聘人员的安全防范意识程度和安全处理能力	C

评估项目组建议地铁公司加强地铁车站的委外、临聘人员的培训与管理,强化他们的安全防范意识,加强他们对突发事件的应急处理能力。

综合以上分析,地铁运营分公司人员构成较好,而地铁车站委外及临聘人员的构成则处于较差水平,需要加强管理。在地铁人员构成项目中,地铁员工的整体素质是主要的方面,评估项目组对地铁整体人员构成的评价等级为A。

8.3.3.2 员工培训评价

地铁公司建立了完善的安全教育培训制度,经常组织地铁员工进行技能、安全教育培训,积极组织地铁员工赴外学习先进经验,博采众长,对特种作业人员进行了严格的上岗培训和审核,持证上岗率达100%,并对安全教育培训进了详细的台账记录,使各项教育培训活动得以顺利开展。形式多样、内容丰富的安全教育和培训大大增强了地铁员工的安全意识和安全技能,有力保障了行车安全。评估项目组对地铁公司的员工培训的进行了评价,详见表8-43。

表8-43 对员工培训的评价

指标层2	评价标准	评价等级
员工培训	员工安全培训、特种作业人员安全培训	A

8.3.3.3 员工考核评价

地铁公司制定了完善的员工考核制度,在实际工作中,严把上岗考核关,使地铁员工持证上岗率达到100%。同时,在员工薪资方面实行“工效挂钩”,有效地调动全体工作人员的积极性。在参阅地铁公司相关的员工考核制度及考核记录等文本资料的情况下,评估项目组对地铁公司员工考核的评价见表8-44。

表8-44 对员工考核的评价

指标层2	评价标准	评价等级
员工考核	员工考核制度的完善程度、员工考核制度的落实情况、员工持证上岗合格率	A

8.3.4 环境因素分析

8.3.4.1 内部环境评价

从地铁乘客满意度调查和现场调查情况看,深圳地铁拥有较好的硬件设施条件,为乘客提供了良好的候车、乘车环境,广大乘客较为满意,但地铁乘客也普遍反映车站卫生间和安全通道的卫生不尽如人意,仍需改进。

表8-45 地铁内部环境评价

指标层2	评价标准	评价等级
内部环境	地铁生产设施所构成的人工环境及周围空间	B

8.3.4.2 外部环境评价

深圳地铁公司根据深圳的地理、气候特点,制定了相应的安全对策措施,并配备较为完整及齐全的防护设备设施,为地铁提供了较为安全的运营环境。当然,自地铁运营至今,尚未发生重大自然灾害,其抗灾能力尚未得到检验。考虑深圳地理位置及气候等实际情况,评估项目组在查阅地铁运营公司提供的气象条件资料、防自然灾害对策措施及设备定期检查记录的情况下,对地铁公司防自然灾害能力进行了评价,详见表8-46。

表8-46 地铁外部环境评价

指标层2	评价标准	评价等级
外部环境 评价等级:B	(1)地铁所在地的气象条件(水灾、风灾、雷电及地震等)及特点分析	A
	(2)针对水灾、风灾、雷电及地震等危害所采取的安全对策措施	A
	(3)水灾、风灾、雷电及地震危害等安全防护设备设施的完整及有效性	B
	(4)水灾、风灾、雷电及地震危害等安全防护设备设施的定期检查记录情况	B

8.3.5 地铁运营安全综合评价

8.3.5.1 运营安全评价指标体系

评估项目组建立的深圳地铁运营安全评价指标体系,考虑了地铁运营安全的四个方面:管理因素、人员因素、环境因素和设备因素,具体评价指标如表 8-47,共选取 28 个明细指标进行评价。

表 8-47 地铁运营安全评估指标表

<table>
<tr><th colspan="2">准则层</th><th>指标层 1</th><th>指标层 2</th><th>评价等级</th></tr>
<tr><td rowspan="28">运营安全(B)</td><td rowspan="20">管理因素(B)</td><td rowspan="5">安全生产制度(A)</td><td>1. 安全生产管理机构</td><td>A</td></tr>
<tr><td>2. 安全生产责任制</td><td>A</td></tr>
<tr><td>3. 安全教育培训</td><td>A</td></tr>
<tr><td>4. 安全检查</td><td>B</td></tr>
<tr><td>5. 保险与防护</td><td>A</td></tr>
<tr><td rowspan="2">安全生产指标(A)</td><td>1. 伤亡事故控制指标</td><td>A</td></tr>
<tr><td>2. 生产运营事故控制</td><td>A</td></tr>
<tr><td rowspan="5">运营安全管理(A)</td><td>1. 危险源识别与控制</td><td>B</td></tr>
<tr><td>2. 专业管理(车站管理)</td><td>B</td></tr>
<tr><td>3. 落实消防规范</td><td>A</td></tr>
<tr><td>4. 消防管理</td><td>A</td></tr>
<tr><td>5. 危化用品管理</td><td>A</td></tr>
<tr><td rowspan="2">保护区内施工项目的安全管理(C)</td><td>1. 对与运营有关的施工方案进行论证、审核</td><td>C</td></tr>
<tr><td>2. 对保护区内施工项目的监护、巡查</td><td>C</td></tr>
<tr><td rowspan="2">安全标志与宣传(B)</td><td>1. 公众安全教育</td><td>B</td></tr>
<tr><td>2. 标志、标识</td><td>B</td></tr>
<tr><td rowspan="4">事故与救援(A)</td><td>1. 事故报告处理</td><td>B</td></tr>
<tr><td>2. 消防安全抢险救援队伍、装备、抢险练习</td><td>A</td></tr>
<tr><td>3. 生产安全抢险救援队伍、装备、抢险演练</td><td>A</td></tr>
<tr><td>4. 自然灾害抢险救援队伍、装备、抢险演练</td><td>A</td></tr>
<tr><td rowspan="3">设备因素(A)</td><td colspan="2">设备管理制度</td><td>A</td></tr>
<tr><td colspan="2">维修与防护</td><td>A</td></tr>
<tr><td colspan="2">故障次数</td><td>B</td></tr>
<tr><td rowspan="3">人员因素(A)</td><td colspan="2">人员构成</td><td>A</td></tr>
<tr><td colspan="2">员工培训</td><td>A</td></tr>
<tr><td colspan="2">员工考核</td><td>A</td></tr>
<tr><td rowspan="2">环境因素(B)</td><td colspan="2">内部环境</td><td>B</td></tr>
<tr><td colspan="2">外部环境</td><td>B</td></tr>
</table>

8.3.5.2 评价计算

1. 权重集

该项目采用目前AHP(层次分析法)以及Delphi(德尔菲)相结合的方法来确定权重集。计算和检验最终得到的指标层对目标层的相对权重见表8-48。

表8-48 指标层对目标层的相对权重

M_{11}	M_{12}	M_{13}	M_{14}	M_{15}	M_{16}	M_{21}
0.061	0.037	0.284	0.047	0.018	0.101	0.025
M_{22}	M_{23}	M_{31}	M_{32}	M_{33}	M_{41}	M_{42}
0.07	0.059	0.145	0.078	0.031	0.037	0.007

2. 评价矩阵

地铁安全性水平综合评价的目的就是在综合考虑所有地铁安全影响因素的基础上,从评价集中得出地铁安全性水平的一个比较合理的评判结果。在地铁安全水平的评价中,评估项目组通过认真计算、讨论并结合专家意见,最终得出深圳地铁运营安全的评价判断矩阵为:

$$V_1 = \begin{bmatrix} 4.84 & 5.00 & 4.40 & 3.20 & 3.65 & 3.73 & 4.42 & 4.50 \\ 3.91 & 3.64 & 4.65 & 4.40 & 4.05 & 4.24 & & \end{bmatrix}$$

3. 评价结果

经综合计算,最终得出深圳地铁运营安全的综合得分为:84.51分。按照评价等级划分的标准,运营安全综合评价得分属于B+,处于良好水平,其成绩值得肯定。

为了进一步提高深圳地铁运营安全水平,建议地铁公司着重从保护区内施工项目的安全管理、工作人员的安全防范意识和应急处理能力、设备的维修与防护方面予以改进。

8.4 地铁运营服务评估

目前,深圳地铁一期工程运营已满两年,通过运营服务评估,可以了解深圳地铁运营服务情况并提出改进意见。地铁运营服务可以分为列车运行服务、乘客服务和设备服务三部分。下面将分别就这三个方面(运行服务、乘客服务和设备服务)进行分析评估。

8.4.1 运行服务分析

8.4.1.1 地铁运力供给水平评价

评估项目组结合国内地铁行业发展的实际情况,通过评估项目组成员和部分交通专家的研讨，制定了地铁运力供给服务水平等级评定标准，见表 8－49。

表 8－49 地铁供给服务水平等级评定标准

等级	运营时间（小时）	高峰行车间隔（分钟）	平峰行车间隔（分钟）
A	≥18	≤5	≤10
B	≥15	≤10	≤15
C	≥12	≤15	≤20
D	<12	>15	>20

目前深圳与香港地铁的运力供给相关情况及对其评价见表 8－50。

表 8－50 深圳、香港地铁运力供给相关指标及评价

地铁名称	运力供给水平等级	运营时间（小时）	高峰行车间隔（分钟）	平峰行车间隔（分钟）
深圳地铁 1 号线	A	16.5	5	7
深圳地铁 4 号线	C	16.5	17	17
深圳地铁一期整体	A	16.5	——	——
香港地铁	A	19	2	3

8.4.1.2 地铁运力利用情况评价

评估项目组结合国内地铁行业发展的实际情况，通过评估项目组成员和部分交通专家的研讨，制定了地铁运力利用水平的评价标准。表 8－51 为地铁运力利用水平的评价标准及对深圳地铁运力利用评价表。

表 8－51 地铁运力利用水平的评价标准及对深圳地铁运力利用评价

	评价等级		平均满载率（%）	高峰满载率（%）
地铁运力利用评价标准	A		≥50	≥70
	B		≥30	≥50
	C		≥10	≥30
	D		<10	<30
深圳地铁运力利用评价	1 号线	B	46.5%	90.0%
	4 号线	D	6.3%	11.0%
	整　体	B	36.0%	65.0%

注：目前，由于深圳地铁运营公司并没有统计高峰满载率，评估项目组只能对其高峰满载率值进行估算，这可能会对评估结果产生一定的影响，建议地铁公司加强高峰客流数据的统计与分析。

8.4.1.3 运力供给质量情况评价

评估项目组根据国内地铁行业的实际情况，通过评估项目组成员和部分交通专家的研讨，选取了运行图兑现率、列车正点率及列车服务可靠程度作为衡量地铁运力供给质量的指标，并制定了地铁运力供给质量评价标准，详见表 8－52。

表 8－52 地铁运力供给质量等级评定标准

等级	满足条件		
	运行图兑现率（%）	列车正点率（%）	服务可靠程度（万车公里）
A	≥99	≥99	≥70
B	≥97	≥97	≥50
C	≥95	≥95	≥30
D	<95	<95	<10

根据此标准，得出了深圳和香港地铁运力供给质量的评价等级，详见表 8－53，深圳地铁运力供给质量评价等级为 A。

表 8－53 深圳与香港地铁运力供给质量评价

地铁名称	列车运力供给质量评价等级	运行图兑现率评价等级	列车正点率评价等级	列车服务可靠程度评价等级
深圳地铁	A	A	A	A
香港地铁	A	A	A	A

8.4.2 乘客服务分析

8.4.2.1 地铁乘车环境评价

1. 地铁卫生情况评价

根据评估项目组的实地调查，车站及车厢的卫生保洁工作做的较好，乘客乱扔垃圾现象基本杜绝，地铁站口乱派发广告传单现象也得到遏制，地铁进出口、站厅、通道、候车站台清洁明亮。同时，一些乘客接触较多的服务设施设备也较好地保持着整洁状态。但是，出入口的卫生情况则相对较差。评估项目组根据实地调查情况，对深圳地铁卫生的评价见表 8－54。

表 8－54 深圳地铁卫生情况评价

评价项目	总体卫生评价	进出口及通道卫生	站厅及站台卫生	服务设施设备卫生	列车车厢内卫生
评价等级	A	B	A	B	A

深圳地铁卫生总体表现优秀，但是进出口、通道和服务设施的清洁仍需加强。建议地铁公司加强对服务设施特别是乘客接触密切的售票机、充值机、IC 电话机等设备的卫生清洁，加强在站点整改期间的卫生维护工作，不能因施工建设而降低卫生要求。

2. 地铁通风情况评价

目前，深圳地铁环控系统运转正常，故障较少。即使发生故障，环控监控系统也会随时进行监控，及时发现。深圳地铁站通风及温度的设置符合《地下铁道设计规范》GB 50157－92 有关对地铁通风及环境控制的要求，夏季站厅温度维持在29 ℃，站台维持在27 ℃，为乘客提供了健康、舒适的乘候车环境。此外，环控系统具备在特殊情况下给乘客提供能接受的生存环境，如发生火灾事故时，它能够有效排烟，给乘客和消防人员输送足够的新鲜空气。不过，在高峰时段客流大时，空气不太流通，有高峰期空气闷、冬季车厢闷等情况。

评估项目组根据实地调查情况，对深圳地铁通风与温度情况进行了评价，评价结果见表 8－55。

表 8－55　评估项目组对地铁通风温度评价

评价项目	总体通风温度评价	车厢通风	车站通风	车站温度	车厢温度
评价等级	A	A	A	A	A

深圳地铁通风与温度的总体表现良好，对其评价等级为 A。根据评估过程中发现的问题，建议地铁公司在高峰时段及客流大的地方进一步增加空气流通速度，提高空气质量，向乘客提供更好的乘候车环境。

3. 客流秩序环境评价

目前深圳地铁客流组织较为合理，行人流动线简单，客流交叉对流、集聚拥挤的现象不多，乘客能够有序而且比较快速完成地铁出行的各个步骤。在处理大客流方面，地铁公司制定了大客流运营组织办法等指导性文件，顺利地完成了自运营以来出现的大客流的疏导工作，总结出了一套“客流预测与协调——行车组织计划——客运设施准备——人员调度配置——强化客流组织——票务组织计划——服务信息发布——客流三级限制”的处理大客流的有效程序与方法。

但是，在客流高峰时段，客流秩序表现一般，具体表现为客流交叉较为严重，如进出客流在通道上的交叉、进站购票客流与出站客流在站厅的交叉、上下车客流交叉及客流聚集较多等，特别是在设计与实际差异较大的地铁站（如华强路站等）表现更为严重。评估项目组对深圳地铁客流秩序情况的评价见表 8－56。

表 8－56　评估项目组对地铁客流秩序评价

评价项目	地铁秩序总体评价	站厅秩序	候车秩序	乘降秩序	大客流秩序
评价等级	B	B	B	B	B

4. 乘车环境评价

表 8－57 是根据前面 3 节评估项目组对地铁卫生、通风、温度、客流秩序等情况评价的汇总。

表8－57 深圳地铁乘候车环境评价

评价项目	乘候车环境	卫生	通风	秩序
评价等级	A	A	A	B

目前深圳地铁乘候车环境良好，给乘客提供了一个较为舒适、方便的乘候车环境。进一步分析，客流秩序的评价等级相对较低，这与部分地铁站点设计不合理、地铁运营公司对客流秩序维护不够力度有关，当然也与乘客素质有直接关系。建议地铁运营公司加强客流组织管理，特别是大客流组织管理，加大对乘客的教育宣传，培育文明的乘车秩序。

8.4.2.2 地铁配套设施评价

1. 广播系统情况评价

从评估项目组到各站点的实地考察情况来看，深圳地铁播放信息及时、正确、规范，音量也适中，美中不足的是广告较多。从地铁公司的设备维修记录来看，地铁广播系统的故障情况较少，故障率较低，发生故障也能够及时修复。依据广播系统播放的信息及时、正确、规范、适量和舒适程度，评估项目组对广播系统进行了评价，评价结果见表8－58。

表8－58 深圳地铁广播服务评价

评价项目	广播整体服务	正确性	规范性	舒适性
评价等级	A	A	A	A

2. 资讯系统情况评价

深圳地铁资讯系统整体运转良好，乘客可以方便地获取出行信息。资讯系统显示的信息简洁明了，乘客能够清晰理解其信息含义。但是，部分资讯设备显示屏显示信息效果不够理想，有些模糊不清且设置位置不够醒目；资讯显示的信息缺少公交换乘信息、车站周边情况信息等，资讯信息不够丰富；部分资讯设备出现故障而没有得到及时维修。

根据调查情况，依据系统设备设置合理、运行可靠、传递信息丰富程度，评估项目组对深圳地铁乘客资讯系统进行了评价，评价结果见表8－59。

表8－59 深圳地铁资讯服务评价

评价项目	资讯整体服务	设置合理性	运行可靠性	信息丰富性
评价等级	B	A	B	B

3. 导向标志情况评价

从实地调查的情况看，乘客在出行过程中，只要留意头顶前方悬挂的导向标志牌就能够较为顺利地完成出行。当然，深圳地铁标志系统依然存在一些不足，主要表现为站外导向、出站导向、站内导向标志设置不规范等问题。根据实地调研及乘客满意度调查情况，评估项目组对深圳地铁导向标志系统评价如表8－60。

表8－60　深圳地铁导向标志系统评价表

导向系统子指标评价等级		主要的导向标志牌等设施（从设置合理、清晰醒目等方面进行评价）
分指标	等级	
乘客从站外找到地铁入口的方便程度	B	站外路引标志、地铁站定位标志、地铁站入口标志等
乘客从站口顺利到达站厅的方便程度	A	地铁指向标志、线路站厅指向标志、线路站厅定位标志等
乘客获得地铁线路指引的方便程度	B	网络指引图、线路指引图、线路列车时刻表、站层图等
乘客找到售票处的方便程度	A	售票处指向标志、售票处定位标志、充值机指向标志、人工售票处标志、兑零处标志等
乘客找到检票闸口的方便程度	A	入口闸机指向标志、入口闸机定位标志、人工检票口定位标志等
乘客找到候车站台的方便程度	A	线路方向指引标志、线路方向指引图、站厅层指向标志、楼梯指向标志等
乘客判定列车方向及到站的方便程度	A	线路方向标志、线路指引图、列车运营信息标志等
乘客判定列车到达目的站的方便程度	A	列车线路标志（车身）、地铁网络指引图、线路指引图等
乘客寻找出闸口或换乘站台的方便程度	A	出口指向标志、出口指引图、换乘线路指向标志、换乘指引图、出口闸机指向标志、出口闸机定位标志、人工检票口标志等
乘客获得出口指引信息的方便程度	B	出口指引图、车站站区图、车站市区图、公交指引图等
乘客找到其他配套设备服务的方便程度	B	入口关闭时间标志、线路始末发车时刻表、公用电话定位及指向标志、公共厕所定位及指向标志。
乘客得到安全导向信息的方便程度	B	禁烟标志、危险标志、禁止通行标志、禁止依靠屏蔽门等标志
导向标志系统总体评价	B	导向标志设置较为规范，系统性强，基本符合地铁导向标志设计和设置的总体要求；导向标志清晰简洁，设计醒目美观，较好地满足了乘客需要，方便乘客出行。不过，在进站导向和出站导向方面稍有不足。

深圳地铁导向系统整体表现较好，特别是在站内乘车导向方面，在地面进站导向和出站导向方面稍有不足。建议地铁运营公司加强与市政及城管部门的协调，强化对站外导向标志的维护管理，增设站外路引标志，并尽量提高其醒目程度，让乘客容易发现。同时，增加出站等相关导向标志，如地铁站附近地图、公

交换乘信息等。此外,也应该考虑对全线导向标志系统进行全面整改,减少临时性、缺乏英文标志、没有及时更新等不规范的标志,更好地方便乘客出行,这也是2011年深圳举行世界大学生运动会的国际化需要。评估项目组对深圳地铁导向系统总体评价等级为B。

4. 配套设备评价

表8-61是对地铁广播、乘客资讯、乘客导向服务情况评价的汇总。

表8-61 深圳地铁广播服务评价

评价项目	配套设备表现	广播系统	资讯系统	导向系统
评价等级	B	A	B	B

深圳地铁配套服务设备整体表现较好,地铁公司还应加强导向系统的优化,丰富资讯系统内容,减少乘客询问,实现乘客自助式服务。评估项目组对深圳地铁服务配套设备的表现评价等级为B。

8.4.2.3 地铁人工服务

1. 站务人员架构

目前,深圳各地铁站主要依据站务管理需要和地铁客流大小而进行岗位设置及人员配置,岗位设置和人员配置总体合理,但在客流高峰时段和客流较大的地铁站点人员配置稍显不足。这与地铁运营时间不长,常客出行比例较低有很大关系。在目前阶段,建议地铁公司借鉴香港地铁的经验,在客流高峰时段以及客流大的地铁站增设临时服务人员,特别是临时的导购、导检人员,强化客流组织管理。当然,随着运营管理进一步完善,地铁公司应该向"无人化"管理方向迈进。

2. 人工服务表现

深圳地铁公司对一线站、车务管理人员的工作规范及工作责任有明确的规定,对员工的培训也较为系统实用,考核及奖罚科学有效,服务人员的服务能力、服务技巧、服务素质都较好。但是,深圳地铁车站有较多的委外和临聘人员,负责保安、引导及保洁工作,直接与地铁乘客接触。地铁保安员承担相当一部分站务人员的工作,但由于其整体素质较低,对乘客的问询并不能很好地解决。保安员待遇低,流动性大,对地铁公司的运营服务造成一定的影响。从乘客满意度调查可知,2006年全年责任乘客投诉次数为0,大部分乘客对地铁的人员服务满意,只有不到3%的乘客认为在某些细节方面做得不够好,主要表现在部分服务人员服务主动性和服务态度不够好。根据实地调研,结合乘客期望和公交巴士的乘务服务水平,深圳地铁人员服务表现评价见表8-62。

表 8-62 地铁人员服务表现评价

指 标	评价等级
1. 服装统一整洁、仪容整齐优雅	A
2. 了解乘客的需求，主动上前服务	B
3. 主动上前为特殊乘客提供服务	B
4. 员工能正确告知乘客的相关信息	A
5. 员工有良好的礼貌与亲切的态度	B
6. 以温馨方式让乘客明白各项规章	B
7. 能够迅速有效地处理乘客的问题	A
8. 服务人员有耐心处理抱怨与不满	B
9. 处理乘客投诉等及时与耐心程度	B
人工服务表现总评价等级	B

评估项目组在实地调查中发现，部分车站乘务人员工作不专心，兑零售票等服务有拖拉现象；一些服务人员语言生硬，态度冷淡，缺乏热情；服务人员工作的主动性还不够，主动服务乘客的意识不强，这些方面地铁公司需要加以改进。同时，地铁公司需要加强委外和临聘人员的管理，提高其服务水平和质量。

8.4.3 设备服务分析

8.4.3.1 售票机服务表现

1. 设置数量情况

根据评估项目组的调查，目前排队购票情况已不多，排长队（10 人以上）的现象只在高峰时段才出现。从实地调查五个地铁站点的情况来看，乘客平均购票（包括排队等候时间）用时最多的为华强路站，其平峰时段乘客平均排队购票时间为 31.3 s，高峰时段乘客平均排队购票时间则为 58.4 s。

乘客排队等候购票的时间是较短的，说明各站售票设备足够应付一般的高峰客流。当然，一些大客流站点应付高峰客流特别是超高峰客流的能力略有不足。

为了解决以上问题，2007 年 2 月，深圳地铁公司对全线的售票机、检票机进行了检核，重点是华强路站、老街站的设备位置调整、数量补充。改进后进站购票和出入站通行能力均得到了改善，乘客秩序明显好转。

建议地铁公司大力推广“深圳通”等储值卡，降低单程票客流比重。目前深圳地铁储值票使用率仅为 37% 左右，与香港接近 90% 的比例相差很远。随着地铁客流的增加，如果储值票使用率依然处于低水平，单靠自动售票机或者人工售票来解决购票瓶颈是非常困难的，这也不利于运营服务水平的提高。值得高兴的是，地铁公司一直为提高储值票使用率而开展一系列的储值票优惠活动，储值票使用率也由2005年的26%提高到2006年的37%。评估项目组对售票机设置合理性的评价等级为A。

2. 可靠程度情况

目前,地铁全线有自动售票机134台,运行可靠,故障率低,当自动售票机发生故障时,维修工作人员会马上赶赴现场进行维修。根据深圳地铁公司提供的数据,2006年TVM可靠程度为99.05%,分别比去年实际值的96.1%和今年计划值的98%高出了2.95和1.05个百分点。设备使用可靠程度指标是设备硬件技术水平及公司维修管理水平的综合体现,深圳地铁自动售票机99.05%的可靠程度足以说明自动售票机设备的先进稳定和地铁公司高效的设备维修管理。

评估项目组根据国内地铁自动售票机的可使用水平情况制定了地铁自动售票机使用可靠程度的评价标准,见表8-63。根据此标准,深圳地铁自动售票机可靠程度等级为A。

表8-63 自动售票机可靠程度评价标准

满足条件	≥99%	≥97%	≥95%	<95%
评价等级	A	B	C	D

3. 操作方便情况

经评估项目组测算,在持续排队的情况下,单台自动售票机平均每分钟售出约为7.7张次,与正常情况下自动售票机单台售票能力的10张次/min有些差距。

整体上看,乘客购票过程顺利,基本上能够独自顺利地购买到所需要的车票,但对于首次乘坐地铁的乘客来说,依然存有一些障碍。首次(占5%左右)或者很少乘坐地铁出行的乘客一般都不是很清楚如何进行购票,在购票过程中或多或少需要旁边乘客或者导购员的指引才能完成购票操作,但在现场协助乘客购票的导购员过少,部分乘客得不到协助,造成购票操作时间过长,影响了购票速度。此外,设备零钱补充不及时;有时前面的乘客可以用纸币购票,但轮到下一位乘客购票时却不能用纸币,只好到兑零处兑零后再排队购票;部分乘客不清楚取票方法,把车票及硬币洒落在地上;售票机对钱币的感应度不是很高,乘客用一些稍微旧点的纸币或硬币就感应不了而不能使用;售票机卡币的现象也时有发生。

依据乘客平均购票操作时间指标值及其他相关情况,评估项目组对自动售票机操作方便情况的总体评价等级为B。

4. 服务表现评价

衡量售票机服务表现的子指标主要有售票机设置数量合理性、售票机的使用可靠程度和售票机操作的方便程度,评价体系见图8.28。

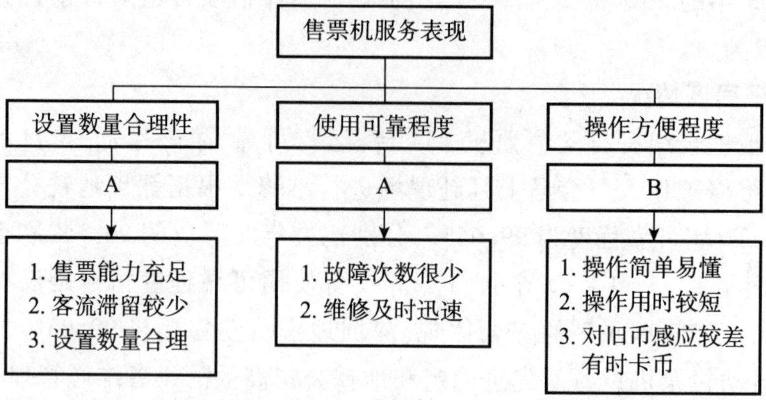

图 8.28 售票机服务表现评价

根据自动售票机设置合理性、使用可靠程度、及其操作方便程度等情况，评估项目组对自动售票机整体服务表现的评价等级为 B。

8.4.3.2 检票机服务表现

1. 设置数量情况

深圳地铁在 2006 年 4 月根据各站客流需求，对检票机在各站的设置数量做了调整。各站设置的检票闸机都是国内同一生产商生产的，单台闸机正常检票通过能力为 25 人/min。2006 年 4 月调整后，闸机在各站的设置较为合理，客流大的站点设置闸机较多，客流小的站点设置闸机较少，同时还根据潮汐客流的特点而灵活设置双向检票闸机。此外，还考虑特殊情况及特别乘客需要，在每个地铁站检票处设置了特殊通道闸机，满足特殊需要。目前，大部分车站检票闸口的检票能力较为充足，乘客基本不需排队就能够检票出入闸。2007 年 2 月，深圳地铁公司对检票能力稍显不足的老街和华强路站等站进行了改造，进出站能力大大加强。检票机设置情况的评价等级为 A。

2. 可靠程度情况

深圳地铁自动检票机的技术在国内处于较高水平。在实际运营过程中，自动检票机出现的故障次数少，故障率低。2006 年，自动检票机的故障率水平为：每检票1 000次中，出现不到 0.02 次的检票故障。也就是说每检票 5 万人次，出现 1 次检票故障。目前，地铁全线有闸机 403 台，地铁公司已建立了完善的闸机维修保养制度，发生故障时，维修工作人员会马上赶赴现场进行抢修，确保闸机正常使用。2006 年闸机使用可靠程度达到了 99.8%，即全年所有出入闸机的累计正常服务时间达到全年计划运行时间的 99.8%，比计划值 98% 增加了 1.8 个百分比。评估项目组根据国内地铁自动检票机的技术水平制定了地铁自动检票机使用可靠程度的评价标准，见表 8－64。

表 8-64　自动检票机可靠程度评价标准

满足条件	≥99%	≥97%	≥95%	<95%
评价等级	A	B	C	D

根据此标准，深圳地铁自动售票机可靠程度达到了 A 等级。

3. 操作方便情况

深圳地铁检票操作流程非常简单，乘客（无论是否首次乘坐地铁）基本都能自如地检票通过闸口进出站台。稍有不足的地方是少许持单程票的乘客在出闸检票的时候经常忘了将车票放入闸机回收口内，影响出闸速度。而从乘客反馈的意见来看，乘客普遍觉得检票操作简单方便，对检票操作方便程度感到满意。根据实地测算，在排队持续情况下，乘客平均检票通过时间约为 3.3 s，平均每分钟通过单台闸机检票 18 人次，这与单台闸机正常检票通过能力 25 人/min 有一些差距。造成这些差距主要是乘客不熟悉检票机操作所致，同时也与车票的可靠程度及闸机性能参数的设定有一定关系。闸机开关闸口的时间稍长、乘客站在闸机通道内检票、乘客不懂闸机检票操作是影响闸机通过速度的主要因素。

评估项目组认为：自动检票机操作方便，乘客基本能够无障碍地完成检票流程。对自动检票机操作方便程度的评价等级为 A。

4. 服务表现评价

根据对自动检票机设置情况、使用可靠程度情况及操作方便情况的分析评价，汇总成图 8.29。

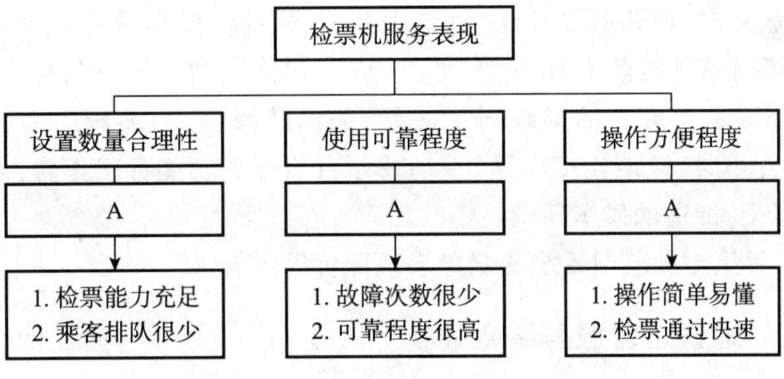

图 8.29　检票机服务表现评价

根据自动检票机设置合理性、使用可靠程度以及操作方便程度等情况，评估项目组对自动检票机服务表现的评价等级为 A。

8.4.3.3　其他设备服务表现

1. 自动储值机服务表现

目前深圳地铁全线有自动储值机 99 台，每个地铁站配置有 4～8 台自动储值机，乘客基本不用排队就可进行自助储值服务。由于有非常完善的巡查巡检及维修保养制度,自动储值机的故障率很低,2006 年全年所有自动储值机的累计正常服务时间达到全年计划运行时间的 99% 以上,比 2005 年的 97.1% 高出 2 个百分点,比计划值 98% 高出一个百分点以上。此外,自动储值机的操作也相当简单,按照提示就能很快完成储值。根据乘客储值所需时间的调查统计,乘客平均每次储值所需时间约为 28 s。随着乘客对储值机的操作越来越熟悉,这一数值还将会降低。综合以上,自动储值机的评价等级为 A。

2. 电扶梯系统服务表现

深圳地铁全线电扶梯系统共设置 204 台自动扶梯和 40 台垂直电梯,极大地方便了乘客上落地铁层。严格的检修制度减少了电梯故障及电梯停梯待修时间,提高了电扶梯的使用率,保证了有足够的电扶梯为乘客服务。目前,深圳地铁电扶梯系统服务良好,为乘客提供了安全快捷方便的上落运送服务。

2006 年,深圳地铁电扶梯系统故障率处于较低水平。深圳地铁自动扶梯故障 25 次,可靠程度 99.28%;垂直电梯故障次数 20 次,可靠程度 99.20%。此外,电扶梯系统运转安全平稳,没有出现夹伤摔伤乘客的事件。

评估项目组对电扶梯系统的服务表现评价等级为 A。

3. 屏蔽门系统服务表现

深圳地铁为了保证该系统设备的安全运行,结合该系统的特点,制定了完善的巡视检查、故障应急处理、日常维修作业、巡视作业、计划维修作业、设备运行管理等制度规范,同时对屏蔽门系统使用的注意事项、规则也进行了明确的规定,并建立了设备台账制度,保障了该系统设备的安全运行。同时,屏蔽门设有明显的安全标志、使用标志和应急情况操作指示。根据屏蔽门的故障记录,2005 年屏蔽门系统故障次数为 55 次,2006 年故障次数为 33 次,比 2005 年下降了 40%。影响乘客较大的屏蔽门无法开、关的故障极少,屏蔽门运营故障率接近了 0 次/百小时,接地连接牢固,手动及站台级开关功能都很正常,屏蔽门为乘客提供了安全、舒适的候车环境。

评估项目组对屏蔽门系统的服务表现评价等级为 A。

8.4.4 地铁运营服务综合评价

8.4.4.1 运营服务评价指标体系

评估项目组建立的深圳地铁运营服务评价指标体系,考虑了地铁运营服务的三个方面:运行服务、乘客服务、设备服务,具体评价指标如表 8-65,共选取 24 个明细指标进行评价。

表 8－65 地铁运营服务评估指标表

目标层	准则层	指标层 1	指标层 2	评价等级
运营服务（B）	运行服务（A）	运力供给水平（A）	运营时间（h）	B
			高峰发车间隔（min）	A
			平峰发车间隔（min）	A
		运力供给质量（A）	运行图兑现率（%）	A
			列车正点率（%）	A
			服务可靠程度（万车公里）	B
		运力利用水平（B）	平均满载率（%）	B
			高峰满载率（%）	B
	乘客服务（B）	乘车环境（A）	卫生	A
			通风	A
			秩序	B
		乘务配套设施（B）	广播系统	A
			资讯系统	B
			导向系统	B
		人工服务水平		B
	设备服务（A）	售票机服务（A）	设置合理性	A
			使用可靠性	A
			操作方便性	B
		检票机服务（A）	设置合理性	A
			使用可靠性	A
			操作方便性	A
		储值机服务		A
			电扶梯服务	A
			屏蔽门服务	A

8.4.4.2 评 价 计 算

1. 权重集

根据计算和检验得到的指标层对目标层的相对权重见表 8－66。

表 8－66 指标层对目标层的相对权重

w_{11}	w_{12}	w_{13}	w_{21}	w_{22}	w_{23}
0.37	0.238	0.113	0.059	0.025	0.022
w_{31}	w_{32}	w_{33}	w_{34}	w_{35}	
0.065	0.041	0.015	0.024	0.029	

2. 评价矩阵

在地铁运营服务水平的综合评价中，评估项目组通过认真计算、讨论并结合专家意见，最终得出深圳地铁运营服务的评价判断矩阵为：

$$V_2 = \begin{bmatrix} 4.30 & 4.45 & 3.75 & 4.35 & 3.90 & 3.80 \\ 4.00 & 4.30 & 4.45 & 4.30 & 4.35 & \end{bmatrix}$$

3. 评价结果

经综合计算，最终得出深圳地铁运营服务的综合得分为:84.82 分。按照评价等级划分的标准，运营服务综合评价得分属于 B +，处于良好水平，其成绩值得肯定。

在以上对运营服务进行详细评估的基础上，结合地铁运营执法情况分析、客流分析、地铁乘客满意度和非地铁乘客意见调查等情况，对地铁运营服务情况进行综合评估，得到深圳地铁运营服务属于 B +，处于良好水平，乘客比较满意。

为了进一步提高深圳地铁运营服务水平，建议地铁公司着重从人工服务水平和售票机服务方面予以改进。

8.5 地铁运营执法情况分析

见第 5 章 5.2.7 深圳地铁运营执法实例。

8.6 满意度调查与分析

8.6.1 地铁员工满意度调查与分析

8.6.1.1 指标体系

根据马斯洛需求理论以及员工激励理论，结合深圳地铁运营分公司自身的特性和管理需要，设计员工满意度评价模型的指标体系见表 8 - 67。

表 8 - 67 员工满意度调查指标体系

一级指标(6 个纬度)	二级指标(18 个纬度)	三级指标(88 个纬度)
对工作回报的满意度	物质回报	1. 工资收入
		2. 加班工资
		3. 奖金
		4. 福利
		5. 社会保险
		6. 薪资系统
		7. 假期

续上表

一级指标(6个纬度)	二级指标(18个纬度)	三级指标(88个纬度)
对工作回报的满意度	精神回报	8. 工作乐趣
		9. 成就感
		10. 尊重与关怀
		11. 友谊与朋友
		12. 个人能力及特长的发挥
		13. 职位与权力
		14. 威信与影响力
		15. 表扬与鼓励
	奖惩管理	16. 物质或金钱奖励
		17. 评比优秀
		18. 罚款
		19. 记过或降级、降职处罚
对个人成长的满意度	个人成长与发展	20. 培训
		21. 机遇
		22. 晋升
		23. 知识的进步
		24. 社会地位
		25. 能力的提升
工作背景的满意度	后勤保障及支持	26. 劳动合同
		27. 公司食堂
		28. 公司宿舍
		29. 休息场所
		30. 医疗保障
		31. 劳保
	工作休息制度	32. 上下班时间
		33. 休息
		34. 加班制度
		35. 请假制度
	工作配备	36. 资源充裕性
		37. 设备(办公设备)的维护及保养
		38. 资源(办公资源)配备的效率
		39. 固定资产管理
		40. 新设备(新办公设备)的配置
		41. 新技术的运用
	工作环境	42. 舒适感
		43. 安全感
		44. 美观

续上表

一级指标(6个纬度)	二级指标(18个纬度)	三级指标(88个纬度)
对工作群体的满意度	内部和谐度	45.行为、礼节与礼仪
		46.沟通与交流人际关系
		47.工作配合
		48.信息与经验
		49.员工士气及心态
		50.舆论控制
		51.团队精神
	工作方法和作风	52.工作质量
		53.工作效率
		54.工作成本
		55.工作计划
		56.责任感及能动性
		57.灵活性与技巧
		58.会议效率
	人员素质	59.品格、修养
		60.观念
		61.学识水平及经验
		62.体质与健康
		63.能力表现
对企业管理的满意度	管理机制	64.管理创新和改进
		65.管理的连续性和稳定性
		66.组织机构
		67.用人机制
		68.监察机制
	管理风格	69.管理才能
		70.情感管理
		71.管理的有效性
	公司制度	72.内部投诉
		73.制度建设
		74.认可程度
		75.实施效果

续上表

一级指标(6 个纬度)	二级指标(18 个纬度)	三级指标(88 个纬度)
对企业管理的满意度	企业文化	76. 对企业的认同感及归属感
		77. 企业形象
		78. 文体、娱乐活动
		79. 生日及节假日问候
		80. 报纸、图书杂志
		81. 内部刊物
对企业经营的满意度	服务质量	82. 乘客投诉
		83. 乘客信心及满意度
	社会形象	84. 对深圳公共交通的贡献
		85. 与深圳政府的关系
		86. 就业解决
	发展远景	87. 企业远景及规划
		88. 企业经济指标

8.6.1.2 抽样方案

员工满意度问卷调查样本的抽取遵循覆盖各主要部门、各学历和职务层次、保持适当性别比例等原则,抽样结果如表 8 - 68 所示。

表 8 - 68 员工满意度问卷调查样本的抽样结果

部门	安全技术部	车辆部	车务部	调度票务部	计划经营部
人数	4	18	115	16	3
部门	维修工程部	物资部	自动监控部	综合部	总计
人数	35	4	22	7	224

此次调研发放问卷 224 份,回收问卷 224 份,回收率为:100% 。其中有效问卷 223 份。

8.6.1.3 员工满意度分析

1. 评价标准

根据满意度评价理论,满意度得分的高低代表满意程度的高低,此次员工满意度调研结果参照表 8 - 69 对应标准进行评价。

表 8 - 69 满意度标准

100 分	80 ~ 100 分	70 ~ 80 分	60 ~ 70 分	60 ~ 40 分	40 分以下
最满意	非常满意	比较满意	一般满意	比较不满意	非常不满意

2. 总体满意度得分

此次员工调研总体满意度,以及双高分所占人数百分比见表 8 – 70。

表 8 – 70 员工调研总体满意度

总体满意度得分	80 分以上人数百分比	70 分以上人数百分比
73.9	39.5%	70.0%

从总体满意度上看,员工总体满意度得分 73.9 分,属于比较满意的状态,其中,评分 80 分以上的员工占 39.5%,评分 70 分以上的员工占 70%。从问卷统计结果来看,约 7 成员工对目前工作比较满意。

3. 分项满意度——总体情况

"公司经营"满意度得分为 72.3 分,是 6 个纬度中得分最高的因素,属于比较满意,说明公司员工对公司的经营状况相对来讲最为满意,对公司的未来发展前景比较看好有信心。

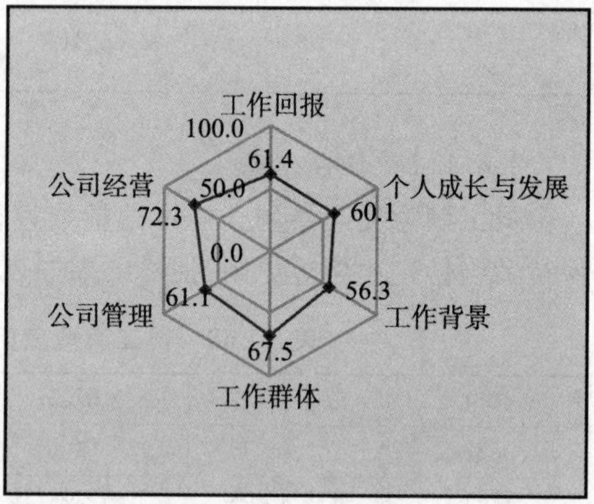

图 8.30 分项满意度示意图

"工作背景"满意度得分 56.3 分,是 6 个纬度中得分最低的因素,属于比较不满意指标,"工作背景"是指公司的后勤保障、工作休息、工作配备以及工作。

8.6.1.4 员工满意度现状分析

1. 满意度最高以及最低的 10 个指标

(1)满意度最高的 10 个指标分析

从图 8.31 可知,员工满意度最高的 10 个指标依次是:公司对深圳交通的贡献,工作中获得的友谊与朋友,工作中经常会获得新信息并分享别人的经验,与同事之间的沟通交流状况,培训机会,专业和社会知识的进步,同事之间的行为、礼节与礼貌,员工在工作中间体现出来的灵活性与技巧性,周围同事的观念跟得上时代,公司提倡的企业精神与价值观。

(2)满意度最低的 10 个指标分析

从图 8.32 可知,员工满意度最低的 10 个指标依次是:住房或者房补制度,公司内部投诉的处理,加班工资的计算与给付,加班制度,工作环境的舒适性,奖金的计算与给付,劳动合同,休息场所的安排,假期的安排,一年来员工的士气与心态。

2. 员工满意度提升方向分析

对员工总体满意度重要性高(影响程度较高),但其满意度较低,建议立即采

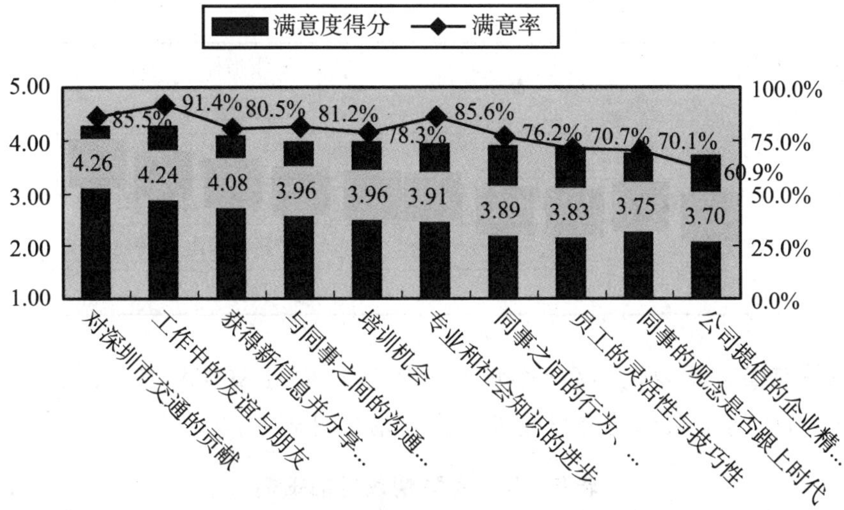

图 8.31　员工满意度最高的 10 个指标

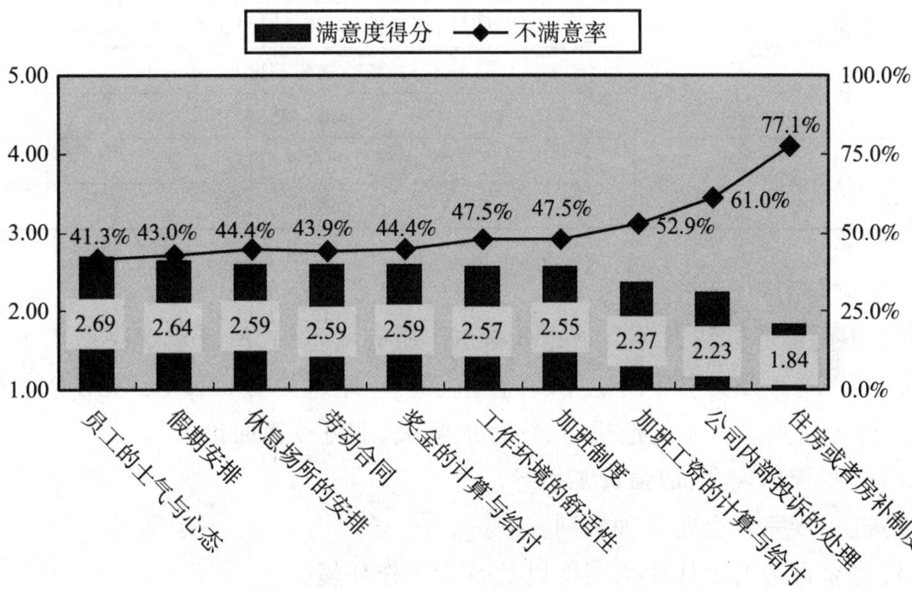

图 8.32　员工满意度最低的 10 个指标

取行动进行改进的指标见表 8－71 所示。

表 8－71　需要改进的指标

二级指标	三级指标
工作环境	舒适感
	美观
后勤保障及支持	住房或者房补制度
	休息场所场所的安排

续上表

二级指标	三级指标
工作环境	舒适感
	美观
物质回报	加班工资的计算与给付
	奖金工资的计算与给付
	假期的安排

对总体满意度重要性不高(影响程度较低)、而且满意度较低(低于3),建议充分关注、可酌情采取行动进行改进。主要指标见表8-72。

表8-72 可酌情改进的指标

二级指标	三级指标
工作休息制度	上下班时间
	休息时间的安排(尤其一线员工倒班休息时间)
	加班制度
	请假制度
公司制度	内部投诉沟通渠道的建设
	公司制度的完善性

3. 建议与对策

由于不同的群体特点对企业的影响和作用有所不同,所以在解决员工工作满意度问题上,既有分类引导问题,又有轻重、缓急、主次之分,所以必须对企业员工的心理、行为特点进行系统地思考,统筹地解决,不可一概而论。

(1)转变管理观念,加强员工引导。

(2)进一步完善企业管理机制。

(3)建立合理的工作休息制度以及改善工作环境。

根据一线员工的实际情况,考虑一线员工的实际需求,建立更加合理灵活的工作休息以及加班制度;体恤员工特殊工作环境的需求,比如:给车控室电脑装防辐射屏,给各个车站放置绿色植物等等。

(4)加强企业的人力资源管理工作。

(5)从小处着手,提升员工的积极性、归属感和受关注感。

8.6.2 地铁乘客满意度调查分析

见第6章的6.2.7实例分析。

8.6.3 非地铁乘客意见调查

8.6.3.1 调查对象和方法

调查对象均为在与地铁1号线走向相近的公交大巴线路公交站点上随机的公交乘客。以在不同地点随机抽取非地铁乘客为调查样本的方式对非地铁乘客进行问卷调查和询问调查,并当场回收表格。

8.6.3.2 调查数据处理

在本次调查数据的处理中,主要采取了建立EXCEL数据库的形式,对所收集的第一手资料录入并进行相应的统计分析。本次地铁乘客满意度问卷调查共发出了250份问卷,其中深圳书城站70份、上海宾馆站60份、世界之窗站60份、竹子林60份,具体情况见表8-73。

表8-73 调查问卷发放及回收情况汇总表

调查时间	调查地点	计划问卷数	实施问卷数	有效问卷数	完成计划比例(%)
2007年1月20日 9:00-13:00	深圳书城站	50	70	65	130.0
	上海宾馆站	50	60	56	112.0
	世界之窗站	50	60	53	106.0
	竹子林站	50	60	54	108.0
合计		200	250	228	114.0

8.6.3.3 调查对象基本信息汇总

从调查对象的性别来看,调查对象的男女比例比较合理,分别为56%和44%;年龄则主要以35岁以下年龄段为主,所占比例达到了90%,其中24至35岁年龄段占了样本总量的63%,另56岁以上的非地铁乘客所占比例几乎为零;学历类别中,大专学历相对较多,达到37%,然后是高中以下学历(32%)以及本科学历(30%),而研究生以上学历仅为1%;从调查对象的职业来看,企业职工接近一半,达到45%,接下来是专业技术人士(17%)、学生(12%)、自由职业者(10%)、其他(9%),私营业主(4%)以及离退休人员(2%)。具体如表8-74所示:

表8-74 调查对象结构特征

调查对象结构	性别		年龄					学历				职业							
	男	女	23岁以下	24至35岁	36至45岁	46至55岁	56岁以上	高中以下学历	大专学历	本科学历	研究生以上学历	公务员	企业职工	私营业主	专业技术人士	自由职业者	学生	离退休人员	其他
比例(%)	56	44	27	63	7	3	0	32	37	30	1	1	45	4	17	10	12	2	9

8.6.3.4 调查对象乘车信息汇总

从调查内容的介绍可知，本次调查问卷中乘客乘车信息包括了乘客居住地区、常用交通方式、一般出行目的三项内容，以下则为对各项调查数据的统计及分析。

1. 非地铁乘客居住地区

从图8.33调查对象居住地区所占比例可以看出，居住区为罗湖区、福田区、南山区的调查对象居多，占样本总量的比例分别为29%、32%及26%，这可能与所选调查站点均在特区内有关。

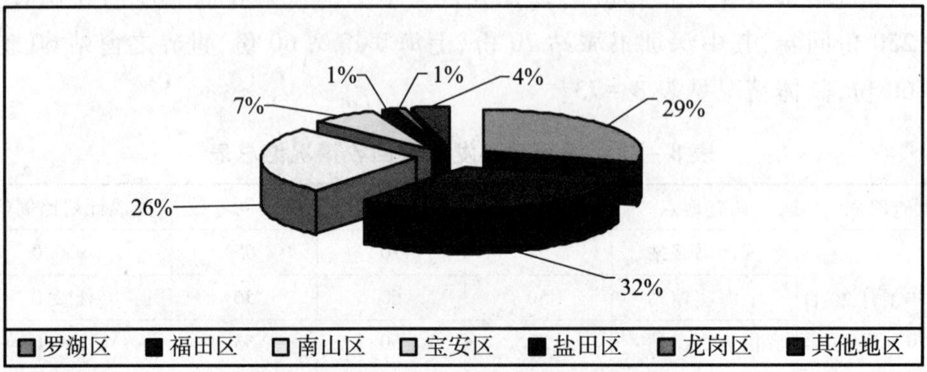

图8.33 调查对象居住区所占比例图

2. 非地铁乘客常用交通方式

从图8.34调查对象常用交通方式的选择可以看出，公交车是非地铁乘客最主要的交通方式，所占比例达94%，排在第二位的是地铁26%。

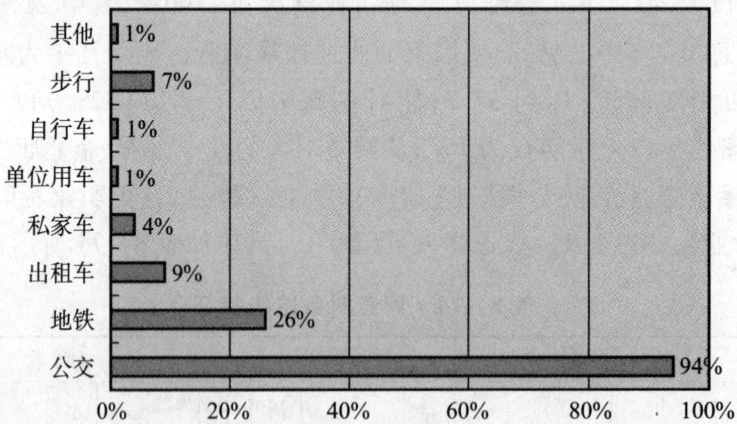

图8.34 调查对象出行时选择的交通方式

3. 一般出行目的

从图8.35调查对象一般出行目的统计图可以看出，调查对象出行的目的主要以逛街购物、探亲访友居多，占了整体比例的38%，这可能与调查时间为周六有关;而上班/下班和外出办事、公干、跑业务的仍是主力军,所占比例达到了53%;上学/放学的占7%。

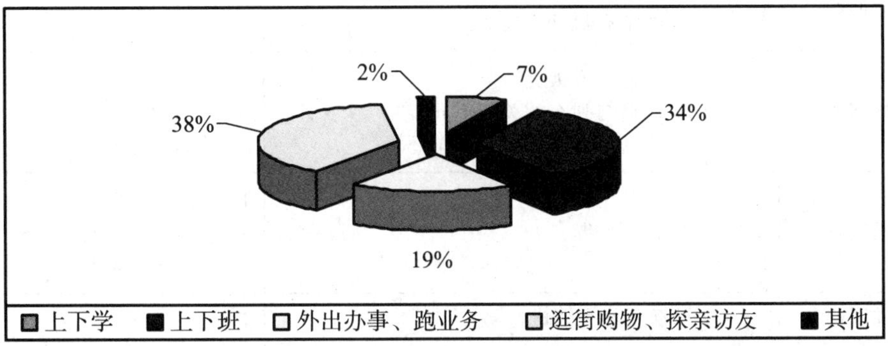

图 8.35 调查对象一般出行目的统计图

8.6.3.5 调查对象不选择地铁出行的原因分析

从图8.36可以看出,乘客不选择乘坐地铁的最主要原因是:地铁不可以直接到达目的地,占67%;就近公交方便,占31%;地铁线路太少,占37%。选择地铁票价较高的比例达到了10%,买票不便的占了9%,这说明非地铁乘客对地铁票价较为敏感。

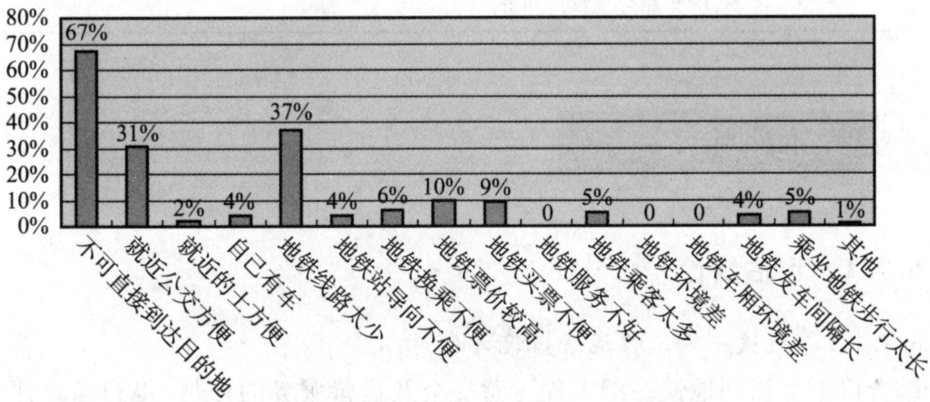

图 8.36 乘客不选择地铁出行的原因

8.6.3.6 非地铁乘客建议汇总

表 8-75 非地铁乘客对深圳地铁的建议

项目名称	数量	所提问题摘要	所体建议摘要
线路问题	54	1. 现有线路太短 2. 线路太少	1. 尽快加大建设 2. 加快深南大道地铁的施工
价格问题	14	1. 票价高了点 2. 换乘接驳没有优惠	建议实行一票制

续上表

项目名称	数量	所提问题摘要	所体建议摘要
购票问题	8	1. 要经常排队购票 2. 经常有机子不能买票	无
广播问题	7	1. 广播声音太大 2. 广播与列车的关门不同步 3. 广播声音太大影响乘车环境	无
换乘问题	6	要走很远路	1. 地铁与公交衔接需改进 2. 新站点要考虑到乘客步行的距离不要太大
速度问题	4	高峰车速不够快	无
发车频率问题	4	4 号线发车间隔太长	建议双向开车
导向问题	4	1. 有些地方很难找到地铁站 2. 出去时不知道哪出	无
环境问题	4	1. 空气不好 2. 有时不够光;	无
卫生间问题	3	找不到卫生间	无
其　他	2	1. 地铁禁止饮食不人性化 2. 站点设计与市民出行需求有很大差距 3. 车厢环境没广州好	无

8.7 评估结论及建议

8.7.1 评估结论

8.7.1.1 地铁一期工程运营情况评估

综合以上对深圳地铁一期工程运营安全及运营服务的评估,得到综合评估表 8－76。

表 8－76 深圳地铁一期工程运营情况综合评估表

评估项目	评估等级	评估分数
运营安全评估	B +	84.51
运营服务评估	B +	84.82
运营情况评估	B +	84.67

结合地铁运营执法情况分析、客流分析、地铁乘客满意度和非地铁乘客意见调查等结果,评估项目组得到深圳地铁一期工程运营情况评估结果如下:

深圳地铁一期工程设备系统(包括11个子系统)评价等级为A,属于优秀水平,地铁设备现阶段是安全的、性能是可靠的、运行是节能的、造价是最低的、国产化设备系统是最先进的;运营安全和服务的评价等级为B+,运营管理、员工素质、服务指标等都表现良好。深圳地铁公司已经用其高水平的技术创新为乘客提供了安全的设施、方便的服务。总体来说,深圳地铁一期工程运营情况综合评估分数为84.67,评估等级为B+,接近优秀水平。

深圳地铁公司两年来的成绩值得肯定,但是在以下方面仍需加强:地铁保护区内施工项目的安全管理;工作人员的安全防范意识、应急处理能力和服务水平;设备的维修与防护。

8.7.1.2 运营执法情况

在地铁运营执法方面,运管办取得了较好的执法成效,各类违章行为得到了有效控制,地铁运营得到了安全保障。针对各种执法难点问题,政府相关部门、运管办及地铁公司需要加大对乘客及市民文明乘坐地铁的宣传教育力度;运管办应该加强与地铁运营公司的沟通,提高站务管理人员对执法工作的积极性。

8.7.1.3 员工、乘客及非乘客意见调查

地铁公司员工满意度调查表明员工对公司目前的状况和待遇比较满意。公司需要关注、改进的指标有:住房或者房补制度、公司内部投诉的处理、加班工资的计算与给付、加班制度、工作环境的舒适性、奖金的计算与给付、劳动合同、休息场所的安排、假期的安排及一年来员工的士气与心态。

地铁乘客满意度调查表明乘客对深圳地铁的满意度为一般。地铁公司需要重点改善的指标有:导向指引、票务服务、设备设施、准时快捷及安全保障。

非地铁乘客对地铁的期望较高,而且认为深圳地铁的服务、环境较好,不选择地铁出行的最主要原因为:地铁不可以直接到达目的地、就近公交方便及地铁线路太少。非地铁乘客希望深圳地铁加快建设步伐,提供方便、快捷的地铁线网。

8.7.2 改进措施与实施建议

1. 建立规划、设计、建设与运营有机结合的地铁建设机制

借鉴香港地铁经验,从地铁的规划、设计、建设及运营,均有与地铁规划、设计、建设与运营的政府管理部门参与、指导并监督,有地铁运营公司参与意见修正。这样,才能保证建成后的地铁满足运营管理的需要,避免建成后需要改建等将会造成巨大损失的事项发生。

2. 建议市政府给予地铁公司部分地铁沿线一定的土地开发权,以减少政府财政补贴,促进深圳轨道交通建设可持续发展

建议市政府给予地铁公司部分地铁沿线一定的土地开发权,使得地铁公司在使用地铁开发地段的特许经营权时所获得的利润能够弥补大部分地铁建设费用,

从而使地铁在保持低票价的同时,能够维持其正常经营,减轻财政负担,促进深圳轨道交通建设的可持续发展。

3. 完善安全管理体系建设,探索安全管理的长效机制

加强行业主管部门对地铁的监管,建立完善的监管体系。由政府部门拨付专项资金支持地铁开展大型多部门协作的综合性应急演练。

地铁公司应将安全贯穿于每个员工的日常工作中,成为员工每日工作的一部分;定期跟踪员工在岗工作情况,深入了解员工培训需求,有系统有步骤地对员工进行培训,提高员工的业务水平;根据员工服务主动性不强的情况,有针对性地把服务主动性作为考核员工绩效的一个方面,推动员工积极主动服务。

4. 加强对地铁安全保护区工程建设项目的监管

在现有管理模式的基础上,加强运管办地铁建设工程监理类专业人才的引入,并联合市交通局以及地铁公司,组建“地铁保护区施工安全小组”,对地铁保护区内的施工进行联合监管。此外,可以借鉴上海地铁公司的作法,采用外包的形式,聘请专业的监理公司,对其地铁保护区内的施工项目进行专业监管,聘请的监理公司接受运管办的监督。建议市政府提升对地铁保护区内施工安全管理工作的重视程度,并从财政上予以支持,保证地铁安全。

5. 改善地铁运营服务质量

车辆灵活编组,适应不同时段客流需求,提高满载率。依托高度集成的自动化系统,在技术上完全可以实现用不同车辆编组的方法来适应客流的变化,这样可以节约电能、节约维修、节约成本、节约投资。

地铁公司应该认真进行车站客流分时段分析,制订科学、合理的运输生产计划,以达到控制运营成本与满足乘客需要之间的平衡。

深圳地铁车站服务人员素质有待进一步提高,尤其需加强对地铁外聘保安员、引导员等临时聘用人员的管理,提高其业务水平,增强其安全与服务意识,将外聘人员的管理纳入地铁公司管理考核系统之中。

针对高峰时期客流较大,部分站乘客秩序较混乱的现状,可采取以下几种方式予以改善:加强对各地铁站点(特别是与设计预测差异很大的站点,例如华强路站、老街站等)售检票设备的调整与改进,以适应实际客流需要。细化客流组织管理,减少交叉客流(如可仿照香港,用铁质活动隔离护栏按高、平、低峰时间灵活分流乘客),加强大客流的组织管理工作;加强信息发布和基层员工(包括保安员、引导员和保洁员)的应急处理能力与服务技能培训;加大乘客文明乘车的教育宣传,要求乘客自觉排队乘车,培育良好的文明乘车习惯。

在乘客信息引导建设方面,建议地铁公司加强与市政及城管部门的协调,强化对站外导向标志的维护管理工作,增设站外路引标志,并尽量提高其醒目清晰程度,让乘客容易发现;增加出站等相关导向标志,如地铁站附近地图、公交换乘

信息等标志;考虑对全线导向标志系统进行全面整改,减少临时性、缺乏英文标志、没有及时更新等不规范的标志;丰富资讯系统显示信息,增加公交换乘信息、车站周边情况信息等。

6. 改进地铁服务设备的使用

建议地铁运营公司在均衡效率与人性需求的同时,缩短开关闸口的间隔时间,并与供应商协商,尽量加强闸机连续刷卡能力及乘客进入检票通道时仍然可以刷卡的能力,尽可能提高单程票及储值卡使用的可靠程度,降低其在检票时因车票失效而造成检票口人流阻塞。

建议地铁公司继续关注售票机的使用情况,定期根据客流变化调整各站点售票机的设置数量及设置地点,更好地方便乘客购票和提高售票机的整体利用效率。同时,要解决好售票机缺零及售票机卡币问题,进一步与供应商沟通协商,提高售票机的稳定性。

建议加大深圳通卡的宣传和推广力度,让更多乘客了解深圳通卡;通过对深圳卡予以更大幅度的折扣,以增加深圳通卡对乘客的吸引力;加大深圳通商务合作的品种和范围,提高卡的使用范围,从而增加吸引力;增加深圳通卡的售卡点和储值点,方便市民购卡和充值。

7. 加快推进地铁换乘系统建设

树立"主建筑群与地铁一体化"的规划思想。深圳应在规划与建设时借鉴香港的先进经验,让地铁站真正成为市民换乘到各个目的地的重要节点,使地铁真正融入到城市居民的生活当中。

加快兴建更多的大型地铁换乘枢纽中心,实现地铁与其他公交、社会车辆的无缝接驳,以提高地铁和其他公交的吸引力,优化城市交通出行结构,缓解城市交通拥挤程度。

尽快研究、制定地铁与其他公交之间的换乘优惠方案。

8. 推广地铁知识宣传,倡导文明乘车

地铁公司应加强文明乘车宣传力度,教导乘客如何文明乘坐地铁、如何使用地铁设施。

加强地铁安全宣传力度,教导乘客在乘坐地铁时哪些行动或举止是有危险和不妥当的,不要这样做的原因;教导乘客在乘坐地铁时发生紧急事故时该如何行动,建立全民的应急防范意识。

在节假日或客流高峰时段增设临时导购、导检人员指导不熟悉的乘客购票及检票,提高乘客的购票和检票速度,减少逃票及单程票的流失。

9. 进一步增强地铁信息透明度,接受政府与公众监督

建议在政府相关部门的统筹下,地铁公司建立一套科学、合理、长效的信息发布机制,定期向行业主管部门报送全面和详细的运营情况统计信息,定期在地铁

网站上公布譬如:各类客运量、高峰小时客运量、列车开行次数、平均运距、列车服务可靠程度等运营和服务的统计指标。

10. 优化统计指标体系,加强数据分析与使用

建议地铁公司在将来的客流统计中除了统计各站的年流量、月流量、日流量外,还可以更加细化到分时段分站点的客流统计,包括各站每日高峰小时客流统计、超高峰小时客流统计、低峰小时客流统计、平峰小时客流统计等,并定期向有关政府主管部门汇报。

附录 1

王江科研课题汇总(2005 年至今)

项　目	签约日期	项目来源	备注
2005 年项目			
深圳市公路客运服务点规划	2004 年 11 月	深圳市交通局	结项
深圳港油气码头公司综合成本效益评价专题研究报告	2005 年 7 月	深圳市交通局	结项
深圳市停车场机动车停放服务收费调整方案对城市营商环境影响的总体评估	2005 年 11 月	深圳市政府	结项
深圳市驾驶培训训练场规划	2005 年 11 月	深圳市交通局	结项
深圳市驾驶培训市场宏观政策分析研究	2005 年 11 月	深圳市交通局	结项
深圳市道路货运产业政策引导	2005 年 12 月	深圳市交通局	结项
2006 年项目			
深圳市公交票价体系研究	2006 年 7 月 7 日	深圳市物价局	结项
深圳市集装箱拖车行业缴纳规费及企业运营成本研究	2006 年 8 月 18 日	深圳市交通局	结项
深圳市建立治理公路“三乱”长效机制的研究	2006 年 8 月 1 日	深圳市交通局	结项
深圳市食盐流通现代化体系研究	2006 年 9 月 12 日	深圳市盐业管理办公室	结项
深圳市盐业行政许可项目研究	2006 年 10 月 25 日	深圳市盐业管理办公室	结项
深圳市盐业行业总体规划《2006—2010》	2006 年 10 月 25 日	深圳市盐业管理办公室	结项
深圳地铁一期工程运营情况评估	2006 年 11 月 22 日	深圳市交通局	结项
2007 年项目			
2007 年深圳市道路货运市场供求状况报告	2007 年 4 月 5 日	深圳市交通局	结项
西部通道口岸深港合作过境旅客运输方案	2007 年 4 月 5 日	深圳新福港运输发展有限公司	结项
深圳市公交换乘优惠方案研究	2007 年 5 月 31 日	深圳市深圳通有限公司	结项
深圳市公交票价优惠方案研究	2007 年 6 月 1 日	深圳市交通局	结项
关于福田口岸开通及皇岗口岸改造后出入境客流组织的建议	2007 年 6 月 4 日	深圳新福港运输发展有限公司	结项
深圳市宝安区 500 个公交站牌架布点规划	2007 年 6 月 16 日	深圳市宝安区交通局	结项
深圳巴士集团公交联乘优惠方案深圳公交换乘优惠方案	2007 年 6 月 9 日	深圳巴士集团股份有限公司	结项
深圳市特殊群体免费乘坐公交财政补贴政策调研报告	2007 年 7 月 6 日	深圳市财政局	结项
深圳市福田主枢纽换乘中心运营方案	2007 年 8 月 30 日	深圳公路客货运输服务中心	结项

续上表

项　　目	签约日期	项目来源	备注
惠阳淡水高速公路枢纽中心及牌坊广场项目可行性研究报告	2007 年 9 月 4 日	深圳新福港运输发展有限公司	结项
深圳市交通局港口安全生产监督管理检查细则	2007 年 11 月 9 日	交通局港航管理分局	在研
公交特许经营监管模式研究	2007 年 11 月 16 日	深圳市交通局	在研
深圳市公交特许经营监管模式研究前期研究	2007 年 11 月 28 日	深圳市交通局	结项
驻深异地道路集装箱运输车辆备案研究	2007 年 12 月 29 日	深圳市集装箱拖车运输协会	结项
深圳市公交运距测量及票价核实	2007 年 12 月 28 日	深圳市物价局	结项
第一次全国污染源普查	2008 年 1 月 22 日	深圳市宝安区环境保护局	在研

附录 2

王江发表的相关论著目录

著述方式	题　目	字数	出版单位/报刊名称	时　间
论文	深港物流一体化研究	4 000	《物流科技》	2008 年 5 月
论文	城市公交站点发展规模研究	4 200	《交通标准化》	2008 年 6 月
论文	道路货运市场信息发布机制研究	5 000	《物流技术》	2008 年 6 月
论文	出租车牌照拍卖制下的牌照合理估值	4 800	《科学中国人》	2008 年 5 月
论文	对交通运输业特性的重新认识	4 220	《综合运输》	2008 年 4 月
评论	联邦快递的启示	11 000	《对话改革》	2008 年 3 月 5 日
评论	珠三角限制私家车渐行渐近	3 263	《南方日报》	2008 年 1 月 8 日
合著	深港国际大都会形成机理研究	50 000	中国城市出版社	2008 年 1 月
评论	深圳明年追上，香港港口地位或急跌沦落第四	1 000	《香港文汇报》	2007 年 12 月 22 日
评论	深圳拟征“交通拥堵费”反响强烈	1 000	《深圳新闻网》	2007 年 11 月 13 日
评论	2000 红的牌照近日开拍 - 首次采用“估低价淘汰”拍卖限制拍出天价将以实际得牌数投放的士数量 - 理性拍卖，避免国有资产流失	1 900	《南方都市报》	2007 年 10 月 30 日
论文	深港物流强强联合，推动区域经济发展	5 200	《经济动态》	2007 年 9 月
评论	公交区域专营是降价灵丹	3 153	《南方都市报》	2007 年 8 月 31 日
评论	深圳通不通深圳降价难奏效	2 500	《南方都市报 》	2007 年 8 月 30 日
评论	提升管理水平改善停车服务	3 000	《深圳特区报》	2007 年 8 月 27 日
评论	西部通道每日櫃車不足 20 輛	1 200	《香港大公报》	2007 年 8 月 8 日
评论	珠船与深圳结成联盟！推行珠江战略	1 000	《香港文汇报》	2007 年 7 月 18 日
评论	票价平民化 深圳拟定公交改革时间表	2 500	《经济观察报》	2007 年 5 月 12 日
论文	发展物流总部经济，推进深港物流合作	5 000	《经济动态》	2007 年 7 月
评论	科学规划合理设置方便市民快捷出行	5 000	《深圳特区报》	2007 年 04 月 15 日
评论	专家开药方治高价公交 - 建议实行月票、双程票、深圳通折扣、周票等多种形式优惠	1 500	《南方都市报》	2007 年 3 月 22 日

续上表

著述方式	题　　目	字数	出版单位/报刊名称	时　　间
评论	专家畅谈深圳公交票价改革－资金成本定价已经不合时宜	1730	《深圳晚报》	2007年3月22日
评论	停车场缴费一卡通应该可行	750	《深圳商报》	2007年1月29日
论文	深圳BRT系统建设的思考	6235	《交通标准化》	2006年12月
论文	论“知识失业”与产业结构调整	8000	《特区经济》	2006年4月
论文	深圳市长途公路客运市场的现状思考	4800	《交通标准化》	2006年2月
评论	咪表管理规范停车才能省心	6300	《深圳特区报》	2005年5月31日
评论	电召的士“赶走”黑的	2000	《深圳法制报》	2005年10月26日
评论	深圳市民月均增加停车费用由694元降至186元	3000	《深圳晶报》	2005年10月25日
评论	我市居民公交出行费用偏高	800	《深圳商报》	2005年10月12日
论文	深圳静态交通管制的工具——“咪表”的理论依据与应用浅析	5800	《特区经济》	2005年10月
评论	多数代表理解停车费合理上调	1700	《深圳晶报》	2005年9月16日
评论	咪表里有个价格杠杆	1520	《深圳特区报》	2005年5月31日
论文	深圳城市道路交通发展模式的设想	5760	《特区经济》	2005年5月
评论	何日地铁如香港,雨天上班不打伞也不会湿身	4860	《南方都市报》	2005年1月28日
评论	听证会:咪表与丢车赔偿为关注要点	3000	《南方都市报》	2002年11月24日
评论	走出“两张皮”的困境－对我市公交站点规划的思考	1650	《深圳特区报》	2001年9月9日
独立完成	城市公交管理决策方式的探讨	8000	《汽车运输》	1999年8月
该文转载	深港交通合作构想	6000	《中国人民大学》	1997年12月
独立完成	我国运输企业的发展趋势	7000	《汽车运输研究》	1997年1月
第二作者	交通投资管见	8000	《深圳大学学报》	1996年3月
第二作者	试论政府部门宏观调控公路配载网络系统	8000	《汽车运输研究》	1994年1月

参考文献

[1] 张国宝.城市轨道交通运营组织[M].上海:上海科学技术出版社,2006.

[2] 伦敦世界地铁发源地[J].中国城市经济,2007(12):28.

[3] 陶林芳.国内外城市快速轨道交通的现状与发展趋势[J].上海建设科技,2005(5):10-14.

[4] 陈国杰.墨西哥城地铁交通业的迅速发展[J].现代城市轨道交通,2004(3):1-3.

[5] 苏晓声.日本地铁现状[J].现代城市轨道交通,2007(2):66-67.

[6] 王元.香港地铁发展模式对北京的启示[D].北京:北京交通大学,2006.

[7] 韩宇,韩宝明,李得伟.地铁站乘客上下车效率因素影响分析[EB/OL].http://www.cc-metro.com/newsite/zeadnews.aspx? id=39426.

[8] 肖贵平,朱晓宁.交通安全工程[M].北京:中国铁道出版社,2004.2 :21-22.

[9] 林伯泉,张景林.安全系统工程[M].北京:中国劳动社会保障出版社,2007.8 :5.

[10] 钱新民等.安全分析中数据与信息合成的方法[J].北京理工大学报,1998,18(2):26-27.

[11] Gilstrap,John. Safety management by the rules[J]. Scrap,2005,62(1):33-34.

[12] Harms-Ringdahl,Lars. Relationships between accident investigations,risk analysis,safety management[J]. Journal of Hazardous Materials,2004,111(1):13-19.

[13] 李传贵.安全评价中的方法问题[J],劳动保护科学技术,1997,17(5):23-25.

[14] 张兴荣,何恭雨.麦氏模式在事故分析和预防中的应用初探[J],铁道劳动安全卫生与环保,1994,21(3):26-28.

[15] 何咏玲.系统安全分析—HAZOP方法的应用及扩展[J].安全,1994(6).

[16] J. Wang. Formal Safety Analysis Methods and Their Application to the Design Process[M]. Doctoral Thesis of the University of Newcastle, UK. 1994:27-34.

[17] J. Wang. The Current Status of Future Aspects of Formal Safety Assessment of Ships[J]. Safety Science,2001:38-40.

[18] NFPA 101,Life Safety Code,Quincy MA NFPA[M]. London. 2003:10-29.

[19] NFPA,NFPA 130 Standard for Fixed Guideway Transit and Passenger Rail Systems 2003[M]. 2003:40-49.

[20] Tan,G. T,Sany. M. N,Road Transport Safety Management-A Successful Transformation Journey[M]. International Conference on Health,Safety and Environment in Oil and Gas Exploration and Production,2002:1087-1095.

[21] 叶秀品,刘伟.增强环境影响评价中公众参与的有效性[M].北京:中国环保产业,2003:47-51.

[22] 宋淑运.准时安全的日本地铁[J].城市交通,2003,17(2):29-30.

[23] United States Office of Personnel Management, A FEDERAL EMPLOYEE'S EMERGENCY GUIDE[M].2003:35-49.

[24] 黄典剑,李传贵.突发事件应急能力评价[M].北京:冶金工业出版社,2006,11:39-42.

[25] 朱小瑶.乘客满意是地铁运营服务的唯一追求[A]. 首届亚洲质量网大会暨第17届亚洲质量研讨会——首届中国质量学术论坛论文集.2003(2):694-699.

[26] 韦福祥.服务质量评价与管理[M].北京:人民邮电出版社.2005.

[27] 叶义成,柯丽华,黄德育.系统综合评价技术及其应用[M].北京:冶金工业出版社,2006.

[28] 季令,张国宝.城市轨道交通运营组织[M].北京:中国铁道出版社,2003.

[29] 谢小星,谢小惠.地铁服务品质的测量分析[J].现代城市轨道交通,2006(5):56-58.

[30] 耿先锋,董进才,何志哲.服务质量的构成及其测量方法评述[J].工业技术经济,2007(3):111-113.

[31] 金涛.关于铁路旅客服务质量评价指标体系的建立及综合评价方法的探讨[J].吉林铁道,2002(7):11-15.

[32] 徐远.服务质量及其绩效评价[J].技术经济与管理研究,2007(1):61-62.

[33] 刘菊美,张滔.如何提高地铁服务质量[J].交通企业管理,2000(9):31-32.

[34] 符全胜,李华.服务质量改进的策略矩阵分析[J].商场现代化,2007(1):279-280.

[35] 金涛.铁路客运服务质量评价系统研究[D].成都:西南交通大学,2005.

[36] 吴毅州,王劲松,卢晓春,古水灵,阎子刚.高速公路营运服务质量评价模型及其应用研究[J].交通标准化,2005(6):124-127.

[37] 杨绍波,唐忆文.世界城市轨道交通发展趋势[J].综合运输,2003(11):58-59.

[38] 敖汉华.我国地铁的运营模式研究[D].华南师范大学,2007.

[39] 陈应鑫.教育行政执法研究——扶绥县的个案考察[D].中央民族大学,2007.

[40] 蔡恒.执法效率与有效组织——我国农业行政执法体制构建研究[D].南京农业大学,2004.

[41] 陈文茜.行政执法与刑事司法的衔接机制研究[D].中国政法大学,2007.

[42] 冯尚宗.论法治国家建设中的执法和司法问题[J].山东行政学院山东省经济管理干部学院学报,2008(2):52-54.

[43] 谭大琮.现代司法理念与司法公正[J].恩施州党校学报,2006(1):56-60.

[44] 肖扬.努力建设公正高效权威的社会主义司法制度[J].求是杂志,2008(3):13-15.

[45] 斯庆图.浅议我国草原执法环境的改善问题[J].甘肃农业,2007(12):74-75.

[46] 李新刚.促进行政执法规范化的现实思考[J].河北理工大学学报,2008(1):52-55.

[47] 刘芸.如何实现员工满意与企业绩效的"双赢"[J].经济师,2004(11):163-164.

[48] 袁玉玲.员工满意度评价及FD公司实证分析[D].南京:南京理工大学,2006.

[49] 安娜.满意度测评方法及应用研究[D].天津:天津大学管理学院,2006.

[50] Claes Fornell,刘金兰.顾客满意度与ACSI[M].天津:天津大学出版社,2006.

[51] 金勇进,梁燕,张宗芳.满意度评估系统应用研究[M].北京:中国统计出版社,2007.

[52] 唐晓芬.顾客满意度测评[M].上海:上海科学技术出版社,2001.

[53] Alan Black. Urban mass transportation planning. New York:McGraw-Hill,Inc. 1995.

[54] Jennifer Wilson. The Evolution of Emergency Management and the Advancement Towards a Profession in the United States and Florida. Safety Science,2001,39:117 - 131.

[55] Satoru Sone. Squeezing capacity out of commuter lines. Developing metros. 1990.

[56] Glover John, Principles of London underground operations. Ian Allan Publishing Ltd,2000.

[57] Peter Derrick. Development of the New York city rail system. Japan Railway&Transport Review, 2000(3).

后　记

2006 年 11 月 22 日，我带领团队中标《深圳地铁一期工程运营情况评估》时就一直思考并着手准备本书的构思与撰写。2007 年 9 月 20 日，我的团队又中标了《深圳地铁 2007 年度乘客满意度调研》，给本书提供了更加丰富的思想与素材。该书的撰写决不是我一个人的智慧，应该说是各位朋友的支持，是集体的结晶。

我要感谢深圳大学我的校长章必功教授，他总是以博学而有哲理的思想感染着我；我要感谢深圳大学副书记兼经济学院院长陶一桃教授，副校长阮双琛、后勤处长杜龙、科技处长李学金、刘懿萱、王瑜、曾坤才，他们对我的工作在制度规范、行政管理、后勤保障及学术交流上给予了重大支持；我要感谢我的同事王镜（她也是我的妻子）、聂伟、赵宜、张双、李梅、朱云桦、高原、蒋娜、刘志雄、王依波、于庆辉、李健康、李丽敏等，他们前期所研究的课题是本书的基本素材。我要感谢我的老同事长安大学的马荣国、郗恩崇教授，哈尔滨工业大学深圳研究生院的谢秉磊博士后，他们给了我许多学术上的支持。

我要感谢深圳市交通局的黄敏、赵一平、朱各英、罗小虎、薛博、薛永忠、袁迎胜等各位领导和专家；感谢深圳市轨道办的胡春雷，他当时还在交通局是我们甲方的联系人；感谢轨道研究所的宗传苓所长。他们均给了我很多的指导与忠告。我还要感谢深圳地铁公司的简炼、胡晖辉、陈琪、马羽，香港港铁公司的李圣基、孟荣辉、胡瑞华、龚文平等领导和专家们，在调研中给予了我们大力的支持和帮助，尤其是在数据的采集、相关资料的搜集、实用性分析等方面都做了非常好的服务与辅导。

衷心感谢中国铁道出版社对本书的专业审核与编辑，使该书又好又快的顺利出版。由于时间仓促，又无前车之鉴，调研领域较受局限，再加之本人水平有限，不足之处还望各位专家和读者多提宝贵意见。

我的 E - mail：w26534100@126.com　电话：0755 - 26534100

王江　谨记于

深圳大学海山楼 102 室

2008 年 5 月 28 日